Fritz-Ulrich Kolbe · Sabine Reh · Till-Sebastian Idel
Bettina Fritzsche · Kerstin Rabenstein (Hrsg.)

Ganztagsschule als symbolische Konstruktion

AF156061

Schule und Gesellschaft
Band 38

Herausgegeben von

Franz Hamburger
Marianne Horstkemper
Wolfgang Melzer
Klaus-Jürgen Tillmann

Fritz-Ulrich Kolbe · Sabine Reh
Till-Sebastian Idel · Bettina Fritzsche
Kerstin Rabenstein (Hrsg.)

Ganztagsschule als symbolische Konstruktion

Fallanalysen zu Legitimationsdiskursen
in schultheoretischer Perspektive

VS VERLAG FÜR SOZIALWISSENSCHAFTEN

Bibliografische Information der Deutschen Nationalbibliothek
Die Deutsche Nationalbibliothek verzeichnet diese Publikation in der
Deutschen Nationalbibliografie; detaillierte bibliografische Daten sind im Internet über
<http://dnb.d-nb.de> abrufbar.

1. Auflage 2009

Alle Rechte vorbehalten
© VS Verlag für Sozialwissenschaften | GWV Fachverlage GmbH, Wiesbaden 2009

Lektorat: Monika Mülhausen

VS Verlag für Sozialwissenschaften ist Teil der Fachverlagsgruppe
Springer Science+Business Media.
www.vs-verlag.de

Das Werk einschließlich aller seiner Teile ist urheberrechtlich geschützt. Jede
Verwertung außerhalb der engen Grenzen des Urheberrechtsgesetzes ist
ohne Zustimmung des Verlags unzulässig und strafbar. Das gilt insbesondere
für Vervielfältigungen, Übersetzungen, Mikroverfilmungen und die Einspei-
cherung und Verarbeitung in elektronischen Systemen.

Die Wiedergabe von Gebrauchsnamen, Handelsnamen, Warenbezeichnungen usw. in diesem
Werk berechtigt auch ohne besondere Kennzeichnung nicht zu der Annahme, dass solche
Namen im Sinne der Warenzeichen- und Markenschutz-Gesetzgebung als frei zu betrachten
wären und daher von jedermann benutzt werden dürften.

Umschlaggestaltung: KünkelLopka Medienentwicklung, Heidelberg
Satz: Tilman Drope
Druck und buchbinderische Verarbeitung: Krips b.v., Meppel
Gedruckt auf säurefreiem und chlorfrei gebleichtem Papier
Printed in the Netherlands

ISBN 978-3-531-15601-9

Danksagung

Viele Beiträge dieses Buches stellen Ergebnisse aus dem gemeinsam an der Technischen Universität Berlin und der Johannes Gutenberg-Universität Mainz durchgeführten Forschungsprojekt „Lernkultur- und Unterrichtsentwicklung an Ganztagsschulen" (LUGS) dar. Für dessen großzügige finanzielle Förderung durch das Bundesministerium für Bildung und Forschung möchten wir uns herzlich bedanken. Des Weiteren gilt unser Dank allen wissenschaftlichen und studentischen MitarbeiterInnen für ihr ausdauerndes Engagement im Rahmen des Projektes. Tilman Drope danken wir für die sorgfältige Mitarbeit bei der Durchsicht und Fertigstellung des Manuskriptes.

Berlin und Mainz, im September 2008

Fritz-Ulrich Kolbe
Sabine Reh
Till-Sebastian Idel
Bettina Fritzsche
Kerstin Rabenstein

Inhalt

III. **Symbolische Konstruktionen des Ganztages aus schultheoretischer**
   Perspektive

Ganztagsschule als symbolische Konstruktion – Analysen und Falldarstellungen aus schultheoretischer Perspektive. Zur Einleitung

Fritz-Ulrich Kolbe, Sabine Reh, Till-Sebastian Idel, Bettina Fritzsche, Kerstin Rabenstein

Die derzeitige Einführung ganztagsschulischer Lernangebote stellt eine grundlegende Veränderung des Schulehaltens in Deutschland dar, die einem Traditionsbruch gleichkommt. Auch wenn inner- und außerhalb des bundesdeutschen Regelschulwesens immer schon Ganztagsangebote als Alternative zur Halbtagsschule bestanden, deutet sich momentan eine kontinuierliche Systemtransformation in nahezu allen Bundesländern an, die langfristig auf die Einführung der Ganztagsschule als verpflichtender Normalform hinauslaufen könnte.

Die Anfänge der Diskussion um eine zeitliche Ausweitung pädagogisch in besonderer Weise ambitionierter Angebote reichen bis um die vorletzte Jahrhundertwende und die Vorschläge zur Einrichtung reformpädagogisch orientierter „Halbinternate", „Tagesschulen" oder „Waldschulen" zurück (vgl. Ludwig 1993; Reh 2008a). Die Diskussion über eine Ausdehnung der Schulzeit erlebte Konjunkturen, etwa nach dem Zweiten Weltkrieg und in den 1950er Jahren über die „Tagesheimschulen", wie sie nun hießen, in Zeiten also, in denen eine Art „erzieherische Notsituation", (Nohl 1947), ein „sozialer Notstand" (Klinger 1961) diagnostiziert wurde. Erneut entbrannte die Diskussion in den 1990er Jahren und seitdem wurde eine zeitliche Ausdehnung der Schule vorangetrieben mit der in vielen Bundesländern im Primarbereich eingerichteten verlässlichen Halbtagsgrundschule, die die verbindlichen Anwesenheitszeiten der Schüler und Schülerinnen bis zum Mittag ausdehnte und damit andere Betreuungsgarantien gab als bisher üblich (vgl. Holtappels 1997).

Im internationalen Vergleich wird die Tradition der Halbtagsschule fast als eine Art „deutscher Sonderweg" (vgl. Hagemann/Gottschall 2002) erkennbar; die Ganztagsschule ist in vielen Industrieländern die historisch gewachsene oder in den letzten Jahrzehnten eingeführte Normalform von Schule, die keiner besonderen Begründung mehr bedarf (vgl. Allemann-Ghionda 2005; die Beiträge in Otto/Coelen 2005; Coelen in diesem Band). In Deutschland dagegen erzwingt der Bruch mit der Tradition der Halbtagsschule, die Ausweitung von Schule auf den Nachmittag einen hohen Legitimationsaufwand. Die Rezeption der Ergebnisse der großen internationalen Leistungsvergleichsstudien hat sicherlich die Verbreitung ganztagsschulischer Angebote in Deutschland beschleunigt (vgl. Kuhlmann/Tillmann in diesem Band). Im Dezember 2001 wurde die Ganztagsschule als wichtiger Topos von der Kultusministerkonferenz auf die bildungspolitische Agenda gesetzt und im Rahmen des ‚Investitionsprogramms Zukunft Bildung und Betreuung des Bundes (IZBB)' finanziell gefördert. In einer unmittelbar auf PISA bezogenen Argumentationslinie wird davon ausgegangen, dass mit der Ganztagsschule eine wesentliche Rahmenbedingung zur Steigerung der schulischen Leistungserträge geschaffen wird. Das reformpädagogisch orientierte Ganztagsschulprogramm einer Förderung von Selbständigkeit und Eigenaktivität konnte – vor allem vor dem Hintergrund einer sich durchsetzenden konstruktivistischen Lerntheorie – versprechen, durch Herkunft und Migration entstandene Bildungsbenachteiligung auszugleichen (vgl. Kolbe/Reh 2008).

Es wurden in den politischen Diskussionen noch andere, weitreichende Argumentationen in Anschlag gebracht, die deutlich machen, dass die Ganztagsschule als Reaktion auf eine Veränderung der soziokulturellen Bedingungen des Aufwachsens von Kindern und Jugendlichen, auf Veränderungen der ökonomischen Strukturen und Veränderungen im generativen Verhalten der Bevölkerung in den westlichen Industriestaaten verstanden werden kann. In Rheinland-Pfalz etwa, das seine bildungspolitische Ganztagsinitiative bereits vor PISA gestartet hat, werden sozial-, familien- und schul- bzw. reformpädagogische Legitimationsfiguren verbunden. In sozialpolitischer Hinsicht sollen die kognitiven Anregungsdefizite bildungsferner Milieus mit dem Ziel größerer Bildungsgerechtigkeit und geringerer Armutsrisiken ausgeglichen werden. In einer reformpädagogischen Zielsetzung, die sich ebenfalls in den rheinland-pfälzischen Konzepten zur Ganztagsschule in Angebotsform auffinden lässt, sollen die Lebensferne der Lernkultur, der formalisierte Rollencharakter schulischer Sozialbeziehungen und die fehlende Sensibilität im pädagogischen Umgang mit den Kindern und Jugendlichen reduziert werden. Und familienpolitisch gesehen werden mit der Einführung von Ganztagsschulen eine Entlastung von Familien und eine bessere Vereinbarkeit von Familie und Beruf angestrebt (vgl. Kolbe/Kunze/Idel 2005). Auf der Ebene des politischen Diskurses treffen wir also auf ein Spektrum verschiedener Legitimationsfiguren, die den Ganztagsschulen Anerkennung verschaffen können.

Die Ganztagsschule hat sich tatsächlich also als besonders gut geeignet erwiesen, im Zuge eines entstehenden politischen Handlungsdrucks „nach PISA"

zu einer Antwort auf die deutlich gewordenen Probleme des deutschen Schul-
und Bildungswesen zu werden. Und obwohl eine solche Wirksamkeit der Ganztagsschule empirisch bisher nicht nachgewiesen wurde, reüssierten die – gewissermaßen in den Schubladen einiger Bildungsverwaltungen lagernden – Konzepte zum Ausbau von Ganztagsschulen, weil diese gleichzeitig zu einer Maßnahme neoliberaler Politik wurden: ein Baustein zur Herstellung von Bedingungen, die die Menschen, nicht nur, aber gerade auch Akademikerinnen, zu einem
veränderten Reproduktionsverhalten, dazu, mehr Kinder in die Welt zu setzen,
anregen sollen (vgl. Coelen 2006; Reh 2006). Die unter anderem mit der Ganztagsschule angestrebte Modernisierung von Familien- und Schulpolitik (vgl.
Bertram 2006) und generell neue time politics und time policies im Hinblick auf
Kinderpflege und Erziehung (vgl. Hagemann 2006) können als „Biopolitik"
bezeichnet werden, als eine Politik, deren Objekt die Bevölkerung und deren
Thema das Leben und die Bildung des Humankapitals sind (vgl. Foucault 1983:
161-173 und 2004).

Den ersten Teil dieses Buches bilden zwei Aufsätze, die deutsche und internationale bildungspolitische Diskurse zur Ganztagsschule thematisieren.
Exemplarisch stellen Kuhlmann und Tillmann, die aus einem Forschungsprojekt
zu ministeriellen Steuerungsprozessen im Bildungswesen berichten (vgl. Till-
mann/Dedering/Kneuper u.a. 2008), dar, in welcher Weise verschiedene Schul-
administrationen auf den durch PISA entstandenen öffentlichen Druck mit der
Propagierung der Ganztagsschule und der Auflage eines Ganztagsschulpro-
gramms, der Förderung des Ausbaus der Ganztagsschulen reagiert haben. Die
Autoren weisen mit einem Blick auf den öffentlichen bildungspolitischen Diskurs über Ganztagsschulen in Tageszeitungen, der nach der Veröffentlichung
der PISA-Ergebnisse entstand, nach, dass die Wirksamkeit der Ganztagsschule
trotz eines fehlenden Nachweises öffentlich nicht angezweifelt wurde. Sie zeigen, wie sich vor diesem Hintergrund wiederum mit der Förderung von Ganztagsschulen Legitimitätsgewinne für eine eigene Politik erzielen ließen. Coelen
stellt dar, dass in anderen Ländern – auch in solchen, die derzeit wie Deutschland erst längere Schulzeiten einführen – die Verbesserung von Lernleistungen
im bildungspolitischen und pädagogischen Diskurs kaum als Argument für die
Einführung der Ganztagsschule angeführt wird. In Diskursen verschiedener
europäischer Länder spielen auch Elemente einer reformpädagogischen Schulkritik an der Lebensferne der Schule eine Rolle, es finden sich aber z.T. stärker
als in Deutschland sozial-ökonomische Erwägungen.

Legitimation ist eine Funktion auch der Diskurse, die die pädagogischen
Akteure an den Schulen selbst führen. Diese wird in den Aufsätzen des zweiten

Teils, in den Falldarstellungen aus dem seit Oktober 2005 durchgeführten und durch das ‚Investitionsprogramm Zukunft Bildung und Betreuung (IZBB)' vom Bundesministerium für Bildung und Forschung finanzierten Forschungsprojekt ‚Lernkultur- und Unterrichtsentwicklung in GanztagsSchulen (LUGS)'[1] deutlich. In dem Forschungsprojekt LUGS werden in jeweils vier Schulen unterschiedlicher Schulform in Rheinland-Pfalz, Brandenburg und Berlin Prozesse der Unterrichts- und Angebotsentwicklung in Ganztagsschulen untersucht.[2] In einem ersten Schritt, dessen Ziel es war, schulspezifische Besonderheiten der Ganztagsangebote zu erkunden, um auf dieser Basis zu fokussierende Unterrichts- und Lernangebote auszuwählen, wurden u. a. problemzentrierte, narrativ orientierte Interviews zur Entwicklungsgeschichte der Schule (vgl. Witzel 1985; Mey 2000; vgl. auch Friebertshäuser 1997) mit der Schulleitung und Lehrkräften bzw. Gruppendiskussionen (vgl. Loos/Schäffer 2001; Bohnsack/Przyborski/ Schäffer 2006) mit den in der Entwicklung des Ganztags engagierten Lehrerinnen und Lehrern erhoben.[3] Nachdem thematische Verläufe der Interviews bzw. Gruppendiskussionen angefertigt wurden, um einen Überblick über die Themen der Organisation, also der jeweiligen Schule, zu gewinnen (vgl. Bohnsack 2003), wurden im Anschluss daran Passagen aus den Protokollen ausgewählt und in Orientierung an der Objektiven Hermeneutik sequentiell rekonstruiert (vgl. Oeverman/Allert/Konau/Krambeck 1979; Wernet 2000), in denen die Akteure zum ersten Mal – und im Vergleich dazu in ähnlicher oder kontrastierender Weise – auf das Thema Ganztag zu sprechen kommen. Auf der Basis der Interpretation dieser Passagen wurde rekonstruiert, welches Verständnis von Ganztag an jeder der insgesamt 12 Schulen besteht. Es wurde herausgearbeitet, wie in den einzelnen Schulen die Ausweitung des Ganztagsangebots begründet wird, welche grundlegenden Ziele damit verfolgt werden, kurz gesagt: wie der Ganztagsschule Geschichten erzählend Sinn verliehen wird. Die Sinngebungen

---

[1] Durchgeführt wird das Projekt an der TU Berlin und der Johannes Gutenberg-Universität Mainz, geleitet von Fritz-Ulrich Kolbe und Sabine Reh unter Mitarbeit von Bettina Fritzsche, Till-Sebastian Idel und Kerstin Rabenstein, vgl. www.lernkultur-ganztagsschule.de.

[2] Ziel des Projektes ist es zu erforschen, inwiefern mit der Umstellung auf den Ganztagsbetrieb Transformationen der Lernkultur einhergehen, vgl. für den dafür entwickelten praxistheoretisch fundierten Begriff von Lernkultur Kolbe/Reh/Fritzsche/Idel/Rabenstein 2008, und welche Gelingens- und Misslingensbedingungen sich in den einzelschulischen Entwicklungsprozessen identifizieren lassen, vgl. zur Methodologie und zum Design fallorientierter bzw. einzelschulischer Prozessforschung Combe/Reh 2000; Kolbe 2004; Reh/Schelle 2004).

[3] Vgl. für die methodische Anlage und erste Ergebnisse des gesamten Forschungsprojektes, aus dem im zweiten Teil dieses Buches nur Ergebnisse eines kleinen Ausschnitts dargestellt werden, Kolbe/Reh/Idel/Rabenstein/Weide 2008; Fritzsche/Rabenstein/Reh 2008; Kolbe/Reh/Fritzsche/Idel/Rabenstein 2008).

und Bedeutungszuschreibungen, die in den Schulen entstehen und kursieren, werden „symbolische Konstruktionen" genannt.

Angesichts der in der empirischen Schulforschung problematisierten Bedeutung der Kategorie der „Schulform"[4] scheint sich eine Kontrastierung der symbolischen Konstruktionen des Ganztags von Schulen gleicher Schulform und mit denen von Schulen anderer Schulform anzubieten, um zu weitergehenden Generalisierungen der einzelschulischen Rekonstruktionen zu kommen. Nach bisher gewonnenen Erkenntnissen und auf Grund der hier vorgelegten Ergebnisse kann begründet formuliert werden, dass einzelschulspezifische symbolische Konstruktionen je nach Schulform mit typischen Problemlagen in Ganztagsschulentwicklungsprozessen identifiziert werden können.

Erstaunlich ist in den interpretierten Protokollen angesichts des scheinbaren öffentlichen Einverständnisses mit der Ganztagsschule zunächst ein großes Legitimationsbedürfnis: Es ist offensichtlich auch in der jetzigen bildungspolitischen Situation in Deutschland – der öffentlichen Anerkennung der Ganztagsschule als einer Möglichkeit, die Schulen bzw. den „output" der Schulen zu verbessern – tatsächlich sozusagen „vor Ort" noch notwendig, die Ausweitung schulisch in Anspruch genommener Zeit zu legitimieren – im kollegialen Gespräch und gegenüber der Klientel, den Eltern und Schülern und Schülerinnen.

Gegenüber den in der bildungspolitischen Diskussion anzutreffenden Argumentationsmustern und Begründungen, die ihrerseits zum Teil schon ein kompensatorisches Programm entwerfen und hohe Ansprüche an die Schulentwicklung formulieren, stellen die rekonstruierten einzelschulischen Sinngebungen offensichtlich eine Steigerung dar. Man kann also davon ausgehen, dass in den Schulen häufig enorme Legitimationsanforderungen wirksam werden, die die schulischen Akteure in Form symbolischer Sinnkonstrukte bearbeiten, die mit hohem pädagogischen Anspruch vertreten werden. Die Einzelschule muss, will sie Schüler und Schülerinnen länger in der Schule halten, auf besondere pädagogische, teilweise emphatische Begründungsfiguren rekurrieren. Diese, so ließ sich in ersten Studien zeigen (vgl. Kolbe/Kunze/Idel 2005; Kunze/Kolbe 2006), stellt eine der entscheidenden Rahmungen für die Entwicklung der Lern- und Unterrichtskultur an der einzelnen Ganztagsschule bzw. Schule mit Ganztagsangebot dar.

---

[4] So etwa ist einerseits deutlich, dass die pädagogische Handlungseinheit die Schule ist, in der sich die Qualität der Arbeit entscheidet - z.B. sind „Klasseneffekte" häufig auffälliger als die sogenannten „Systemeffekte" hinsichtlich der Qualität des Unterrichts, vgl. Fend 1998, andererseits wird im Hinblick auf den Einsatz von unterschiedlichen Methoden durchaus von einer Schulform-Typik gesprochen, Hage/Bischoff/Dichanz u.a. 1985.

Nachdem im zweiten Teil des Buches zunächst der unterschiedliche bildungspolitische Rahmen und die unterschiedlichen Vorgaben für die am Forschungsprojekt LUGS beteiligten Schulen skizziert werden (vgl. Schütz/Weide in diesem
Band), gelten die folgenden vier Aufsätze der Darstellung der symbolischen
Konstruktionen der Schulen. In diesen ist das Feld der Begründungen weit auf-
gespannt. In den Daten bzw. den Protokollen aus den Grundschulen konnten
Begründungsfiguren von Ganztagsschule als einer Art „Ersatzfamilie" gefunden
werden, in der Schule zum Ersatz eines ganzheitlichen, basalen Sozialisationsraums der Familie wird oder in der Schule zumindest Defizite eines anregungs-
armen familiäre Bildungsmilieus durch das Angebot eines anderen Lernens,
eines ganzheitlichen, entschulten Lernens, einer an reformpädagogischen Vorstellungen orientierten Überwindung der Grenze zwischen Schule, schulischem
Lernen und dem Leben, durch das Angebot einer pädagogisch wertvollen Freizeit, deren Grenzen zum Unterricht fließend werden, kompensiert werden sollen
(vgl. Fritzsche/Idel/Reh/Labede u.a. in diesem Band). Gerade in den Förderschulen scheint sich eine nicht unabhängig von der Schulform zu sehende, widersprüchliche Lage durch die Einführung von Ganztagsangeboten zu steigern.
Angesichts verschiedener Defizite ihrer Klientel ist der Ganztag an den Förderschulen Kompensation, dient er der Ermöglichung einer besseren Erziehung, der
Förderung sozialer Kompetenzen und stärkt eine Tendenz zur Reduktion schulischer Leistungsansprüche an eine ohnehin schon negativ selektierte Schülerschaft (vgl. Bechthold/Krause/Scholz/Schütz in diesem Band). Die Sinngebung
des Ganztags an den beiden weiterführenden Schulen ist in unterschiedlicher
Weise aber doch deutlich durch eine prekäre und teilweise als bedroht empfundene Lage der je eigenen Schule im Ensemble der vorhandenen anderen Schulen
bestimmt. Dabei werden ausgemachte Defizite unterschiedlich verortet: ist es
einerseits die Schülerschaft, auf die erzieherisch eingewirkt werden muss, so
sind es andererseits die schulischen Verhältnisse, die verantwortlich gemacht
werden für eine problematische Lage. Schule selbst wird der Kritik unterzogen
und als mangelnde Förderinstanz dafür skizziert, implizit mit gemeinte Schüler-
defizite zu beheben oder nicht entstehen zu lassen. Dem kann – so das sinnstif-
tende Bild – begegnet werden durch einen pädagogisch ausgestalteten Nachmittag und schülerorientierte Förderung und die langsame Veränderung eines tatsächlichen oder vermeintlichen Hauptschulimage (vgl. Brehler/Weide in diesem
Band). An beiden Gymnasien entsteht der Eindruck von Schule als Erziehungs-
instanz für eine gymnasiale Arbeitshaltung. Das zu kompensierende Defizit,
mangelnde „Gymnasialfähigkeit", wird im Inneren des Schülers oder der Schülerin vermutet. Durch eine Veränderung ihrer Schülerschaft sehen sich die Schu-

len in Not versetzt, die schulspezifischen Voraussetzungen, eine gymnasiale Arbeitshaltung erst schaffen zu müssen, den gymnasialen Habitus erst am Nachmittag durch Zusatzangebote mit hervorbringen und die Schülerinnen und Schüler zu Gymnasiastinnen und Gymnasiasten machen zu müssen – etwa indem Schule Förderangebote macht, die der Produktion selbstorganisierter und selbstdisziplinierter Arbeitshaltungen dienen (vgl. Rabenstein/Kolbe/Steinwand/ Hartwich in diesem Band).

Im dritten Teil des Buches werden ausgehend von den Fällen und den symbolischen Konstruktionen des Ganztags durch die schulischen Akteure zusammenfassend verschiedene Bereiche ausgemacht, in denen von einer „Grenzverschiebung" des Schulischen gesprochen werden kann. Die schultheoretisch informierte Lektüre der Daten, deren Ausgangspunkt die in der Nachfolge Parsons' stehende Theorie einer funktionalen Differenzierung Luhmanns und seiner Beschreibung der Funktionen des Erziehungssystems bzw. der Schulen ist, macht verschiedene Bereiche aus und kann die Veränderungen schulischer Institutionalisierung und schulischen Lernens systematisieren. Wenn wir die symbolischen Konstruktionen mit Hilfe dieses Theorieansatzes interpretieren, unterstellen wir damit bestimmte Unterscheidungen, die selbstverständlich als historische Produktionen zu begreifen sind. Unterschieden wird Schule als eine Art öffentlicher Erziehungsraum von dem privaten Raum der Familie, unterschieden wird Unterricht als das Spezifische der Schule bzw. die spezifische Erscheinungsform der schulischen, systematisierten, curricularisierten Erziehung von einem (sozialpädagogisierten) informellen Lern-Raum, als der auch „Freizeit" gelten kann, also die Künstlichkeit des schulischen Lernens von der Authentizität des lehrenden Lebens und unterschieden wird die Schülerrolle von der vielfältigen Adressierung der „ganzen Person", vom Hervorbringen eines Innenraumes, der Entstehung dessen, was problematisch vielleicht als „Kern" des Subjekts erlebt wird (vgl. dazu auch die Einleitung in Teil 3). In mehreren Aufsätzen werden diese Unterscheidungen und deren Reflexion im pädagogischen Diskurs rekonstruiert. So wird in einem historischen Rückblick herausgearbeitet, in welcher Weise das Verhältnis zwischen Schule und Familie seitens schulischer und schulpädagogisch reflektierender Akteure bestimmt wird und in Modellen einer Pädagogisierung der Eltern schließlich seinen Kulminationspunkt findet (vgl. Scholz/Reh in diesem Band). Dargestellt wird, in welcher Weise sowohl in der didaktischen wie komplementär dazu auch in sozialpädagogischer Literatur Unterricht als ein zu informalisierender, dem „Leben" gleichgestellter Bereich konstruiert und „Freizeit" der Forderung ständigen Lernens unterstellt wird (vgl. Idel/Reh/Fritzsche in diesem Band). In einem weiteren Aufsatz wird analysiert, in welcher Weise die Selbständigkeitsanforderung an die Schüler und Schülerinnen sowohl im schulpädagogisch-didaktischen wie im pädagogisch-psychologischen Diskurs einer Steigerung von Ansprüchen gleichkommt, die zunehmend die „ganze Person" adressiert (vgl. Kolbe/Rabenstein in diesem Band).

Ein spezifisch Schulisches wird so in unterschiedlicher Weise und in unterschiedlichem Grade von den analysierten und dargestellten symbolischen Konstruktionen in Frage gestellt. Diese können gelesen werden als Widersprüche produzierende Grenzverschiebung der Schule bzw. eines Schulischen und gleichzeitig als Herausforderung an eine Schultheorie, die solche Veränderungen – historisch betrachtet sowohl im Hinblick auf die Institutionalisierung als einem spezifischen Problemlösungsmuster als auch die Konstituierung des Subjekts – konzeptionalisierbar machen und Erklärungsmodelle dafür anbieten können sollte.

Literatur

Allemann-Ghionda, Christina (2005): Ganztagsschule im internationalen Vergleich – von der Opposition zur Arbeitsteilung zwischen Staat und Familie? In: Hansel, Toni (Hrsg.): Die Ganztagsschule. Halbe Sache – großer Wurf? Herbolzheim: Centaurus: 199-223.

Bellmann, Johannes/Waldow, Florian (2006): Die merkwürdige Ehe zwischen technokratischer Bildungsreform und emphatischer Reformpädagogik. Berlin (Manuskript).

Bertram, Hans (2006): Modernity Forgotten: The Family Today. Vortrag auf der Konferenz „Welfare State Regimes, Public Education and Child Care" vom 1. 3.-1. 4.2006 in Potsdam Potsdam (Manuskript).

Bohnsack, Ralf (2003): Rekonstruktive Sozialforschung. Einführung in qualitative Methoden. Opladen: Leske+Budrich.

Bohnsack, Ralf/Przyborski, Aglaja/Schäffer, Burkhard (Hrsg.) (2006): Das Gruppendiskussionsverfahren in der Forschungspraxis. Opladen: Leske+Budrich.

Loos, Peter/Schäffer, Burkhard (2001): Das Gruppendiskussionsverfahren. Opladen: Leske+Budrich

Coelen, Thomas (2006): Jugend(-hilfe) im demographischen Wandel. Antrittsvorlesung an der Fakultät für Pädagogik der Universität Bielefeld (Manuskript).

Combe, Arno/Reh, Sabine (2000): Zur Neubestimmung der Schulforschung im Zuge der Schulentwicklungsforschung und zum methodischen Vorgehen unserer Untersuchung. In: Arnold, Eva/Bastian, Johannes/Combe, Arno/Schelle, Carla/Reh, Sabine: Schulentwicklung und Wandel der pädagogischen Arbeit. Hamburg: Bergmann+Helbig Verlag: 23-34.

Fend, Helmut (1998): Qualität im Bildungswesen. Schulforschung zu Systembedingungen, Schulprofilen und Lehrerleistung. Weinheim und München: Juventa

Foucault, Michel (1983): Der Wille zum Wissen. Sexualität und Wahrheit 1. Frankfurt am Main: Suhrkamp.

Foucault, Michel (2004): Geschichte der Gouvernementalität II. Die Geburt der Biopolitik. Vorlesungen am Collège de France 1978-1979. Frankfurt am Main: Suhrkamp.

Friebertshäuser, Barbara (1997): Interviewtechniken – ein Überblick. In: Friebertshäuser, Barbara/Prengel, Annedore (Hrsg.): Handbuch qualitative Forschungsmethoden in der Erziehungswissenschaft. Weinheim und München: Juventa: 371-395.

Fritzsche, Bettina/Rabenstein, Kerstin/Reh, Sabine (2008): Organisationstypik als Organisationskultur – Einzelschultypische Lernkulturen in der multiperspektivischen Rekonstruktion von Geschichten und Praktiken. Vortrag auf der Jahrestagung der Kommission Erziehungswissenschaftliche Biographieforschung in der DGfE. „Repräsentanzen, Typenbildung und Theoriegenerierung. Aktuelle methodische Herausforderungen an die Biographieforschung" vom 244. -26. September in Hersching.

Hage, Klaus/Bischoff, Heinz/Dichanz, Horst u.a. (1985): Das Methodenrepertoire der Lehrer. Eine Untersuchung zum Schulalltag der Sekundarstufe I. Opladen: Leske+Budrich.

Hagemann, Karen/Gottschall, Karin (2002): Die Halbtagsschule in Deutschland – ein Sonderfall in Europa? In: Aus Politik und Zeitgeschichte B 41/2002: 12-22.

Hagemann, Karen (2006): Between Ideology and Economy: The ‚Time Politics' of Child Care and Public Education in the Two Germanys. In: Social Politics (13. Jg.) H. 1/2006: 217-260.

Holtappels, Heinz Günter (1997): Grundschule bis mittags. Innovationsstudie über Zeitgestaltung und Lernkultur. Weinheim: und München: Juventa.

Klinger Karl (1961): Ursprung und Entwicklung des Tagesheimschulgedankens. In: Klinger, Karl (Hrsg.): Erfahrungen mit Tagesheimschulen. Frankfurt am Main/Offenbach am Main: 8-10

Kolbe, Fritz-Ulrich (2004): Schulentwicklungsforschung als Prozessforschung. Ein Beitrag zur rekonstruktiven empirischen Bildungsforschung am Beispiel der Einführung ganztägiger Schulangebote. In: sozialersinn 3: 477-505.

Kolbe, Fritz-Ulrich/Kunze, Katharina/Idel, Till-S. (2005): Wissenschaftliche Begleitung der Ganztagsschule in neuer Form in Rheinland-Pfalz. In: Radisch, Falk/Klieme, Eckhard (Hrsg.): Ganztagsangebote in der Schule. Internationale Erfahrungen und empirische Forschungen. Ergebnisse einer Fachtagung 2003. Bonn und Berlin: BMBF: 124-137.

Kolbe, Fritz-Ulrich/Reh, Sabine (2008): Reformpädagogische Diskurse über die Ganztagsschule. In: Coelen, Thomas/Otto, Hans-Uwe (Hrsg.): Grundbegriffe Ganztagsbildung. Das Handbuch. Wiesbaden: VS Verlag (i. Dr.).

Kolbe, Fritz-Ulrich/Reh, Sabine/Fritzsche, Bettina/Idel, Till-Sebastian/Rabenstein, Kerstin (2008): Lernkultur. Überlegungen zu einer kulturwissenschaftlichen Grundlegung qualitativer Unterrichtsforschung. In: ZfE 11, H. 1: 125-143.

Kolbe, Fritz-Ulrich/Reh, Sabine/Idel, Till-Sebastian/Rabenstein, Kerstin/Weide, Doreen (2008): LUGS - ein Forschungsprojekt zur Lernkultur- und Unterrichtsentwicklung in Ganztagsschulen. In: Appel, Stefan/Ludwig, Harald/Rother, Ulrich/Rutz, Georg (Hrsg.): Jahrbuch Ganztagsschule 2008. Lernkultur. Schwalbach/Ts.: 30-41.

Kunze, Katharina/Kolbe, Fritz-Ulrich (2007): Reflexive Schulentwicklung als professionelle Entwicklungsaufgabe. In: Appel, Stefan/Ludwig, Harald/Rother, Ulrich/Rutz, Georg: Jahrbuch Ganztagsschule. Ganztagsschule gestalten. Schwalbach/Ts.: Wochenschau-Verlag: 255-264

Ludwig, Harald (1993): Entstehung und Entwicklung der modernen Ganztagsschule in Deutschland. Band 1 und 2. Köln, Weimar und Wien: Böhlau.

Nohl, Herman (1947): Die pädagogische Aufgabe der Gegenwart. In: Die Sammlung (2): 694-701

Mey, Günter (2000): Erzählungen in qualitativen Interviews: Konzepte, Probleme, soziale Konstruktion. In: sozialersinn 1: 135-151.

Oevermann, Ulrich/Allert, Tilmann/Konau, Elisabeth/Krambeck, Jürgen (1979): Die Methodologie einer „objektiven Hermeneutik" und ihre allgemeineforschungslogische Bedeutung in den Sozialwissenschaften. In: Soeffner, Hans-Georg (Hrsg.): Interpretative Verfahren in den Sozial- und Textwissenschaften. Stuttgart: Metzler: 352-434.

Otto, Hans-Uwe/Coelen, Thomas (2005) (Hrsg.): Ganztägige Bildungssysteme. Innovation durch Vergleich. Münster: Waxmann.

Reh, Sabine (2006): Commentary to Hans Bertram: Modernity Forgotten. Vortrag auf der Konferenz „Welfare State Regimes, Public Education and Child Care" vom 1. 3.-1. 4.2006 in Potsdam. Potsdam. (Manuskript).

Reh, Sabine (2008a): Die Ganztagsschule in Deutschland – eine Schule für alle? Zu einer Geschichte programmatischer Schulentwürfe. In: Prüß, Franz/Kortas, Susanne/Schöpa, Matthias (Hrsg.): Die Ganztagsschule – von der Theorie zur Praxis. Weinheim und München: Juventa (i.Dr.).

Reh, Sabine (2008b): „Der aufmerksame Beobachter des modernen großstädtischen Lebens wird zugeben, dass die Familie heute leider nicht mehr den erziehlichen Wert früherer Tage besitzt". Defizitdiagnosen zur Familie als wiederkehrendes Motiv in reformpädagogischen Schulentwürfen und Schulreformdiskursen Deutschlands im ersten Drittel des 20. Jahrhunderts. In: Ecarius, Jutta/Groppe, Carola/Malmede, Hans (Hrsg.): Familie und öffentliche Erziehung. Theoretische Konzeptionen, historische und aktuelle Analysen. Wiesbaden: VS (im Druck).

Reh, Sabine/Schelle, Carla (2004): Fallorientierte Schulentwicklungsforschung – Was Schulen dabei über sich erfahren können. In: Ackermann, Heike/Rahm, Sybille (Hrsg.): Kooperative Schulentwicklung. Wiesbaden: VS Verlag: 249-267.

Wernet, Andreas (2000): Einführung in die Interpretationstechnik der Objektiven Hermeneutik. Opladen: Leske+Budrich.

Witzel, Andreas (1985): Das problemzentrierte Interview. In: Jüttemann, Gerd (Hrsg.): Qualitative Forschung in der Psychologie. Weinheim: Beltz: 227-255.

I. Ganztagsschule in bildungspolitischen Diskursen

Mehr Ganztagsschulen als Konsequenz aus PISA? Bildungspolitische Diskurse und Entwicklungen in den Jahren 2000 bis 2003

Christian Kuhlmann, Klaus-Jürgen Tillmann

Als im Dezember 2001 die 16 Kultusminister/innen zeitgleich mit der Veröffentlichung der ersten PISA Ergebnisse mit ihrem KMK-Handlungskatalog an die Öffentlichkeit treten, demonstrieren sie damit Einigkeit und Entschlossenheit. Das „Handlungsfeld" dieses Katalogs zielt auf einen Ausbau von Ganztagsschulen. Dort werden Maßnahmen angekündigt

> „zum Ausbau von schulischen und außerschulischen Ganztagsangeboten mit dem Ziel erweiterter Bildungs- und Fördermöglichkeiten, insbesondere für Schülerinnen und Schüler mit Bildungsdefiziten und besonderen Begabungen" (KMK 2001).

Das bedeutet, dass im Zuge der beginnenden PISA-Diskussion sich alle Bundesländer darauf verständigt haben, den Anteil der Heranwachsenden, die schulische Ganztagsangebote besuchen, deutlich zu erhöhen. Damit wird implizit davon ausgegangen, dass dies eine Maßnahme ist, die dazu beitragen kann, die bei PISA festgestellten Defizite zu beseitigen. Es wird somit unterstellt, dass (zumindest für einen Teil der Schülerschaft) Ganztagsschulen bessere Bedingungen bieten, um die notwendigen fachlichen Kompetenzen zu erwerben und dass damit die soziale Auslese zu reduzieren sei.

In diesem Beitrag skizzieren wir zunächst die bundesweite Diskussion, die sich im Kontext der Studie PISA 2000 in den Jahren 2000 bis 2003 über den Ausbau der Ganztagsschulen entwickelt hat. Die von uns vorgenommene differenzierte Analyse der entsprechenden bildungspolitischen Entwicklungen in den drei Bundesländer Brandenburg, Bremen und Rheinland-Pfalz können wir hier nicht im Detail präsentieren.[1] Vielmehr wollen wir – bezogen auf diese drei

---

[1] Die vorgestellten Ergebnisse entstammen dem DFG-geförderten Forschungsprojekt „Ministerielle Steuerung und Leistungsvergleichsstudien" (MiSteL), das von 2003 bis 2006 an der Fakultät für Pädagogik der Universität Bielefeld von Kathrin Dedering, Daniel Kneuper, Christian Kuhlmann, Isa Nessel und Klaus-Jürgen Tillmann (Leitung) durchgeführt wurde. Sie sind in einer demnächst erscheinenden Monographie nachzulesen (vgl. Tillmann u.a. 2008).

Fallstudien – vergleichend darstellen, in welcher Weise die jeweiligen Schulministerien auf den durch die PISA-Ergebnisse entstandenen Legitimationsdruck reagiert haben – und zwar auch durch den Ausbau des Ganztagsschulwesens.

1   Ganztagsschulen – die bundesweite Entwicklung

Dass sich Ende 2001 die 16 Schulminister/innen aus CDU und SPD auf die Ausweitung des Ganztagsschulbereichs verständigen, kann durchaus nicht als selbstverständlich angesehen werden. Denn über viele Jahre gab es in diesem Feld einen deutlichen Dissens zwischen den Parteien, der sich – leicht vereinfacht – wie folgt beschreiben lässt: Während die CDU in der Ganztagsschule vor allem eine Gefährdung der Familie sah, versprach sich die SPD davon vor allem einen Beitrag zur Herstellung von Chancengleichheit. Dementsprechend setzte sich die SPD für eine Ausweitung des Ganztagssektors ein, während die CDU dies lange Zeit zu verhindern trachtete. Wir werden dies weiter unten im Einzelnen ausführen. Und schließlich ist für die Entwicklung in diesem Feld von erheblicher Bedeutung, dass die Bundesregierung im Juni 2002 – und damit kurz vor der Bundestagswahl – ein 4-Milliarden Programm zur Unterstützung der Ganztagsschulentwicklung auflegte. Bevor wir dies im Einzelnen beschreiben, ist es jedoch notwendig, einige Daten zum Ausbaustand von Ganztagsschulen in der Bundesrepublik zu präsentieren.

1.1   Verbreitung von Ganztagsschulen

Ein typisches Merkmal des deutschen Schulwesen ist sein Halbtagscharakter: Der Unterricht endet in aller Regel gegen 13 Uhr, nachmittags haben die Schüler/innen Hausaufgaben zu erstellen. Ganztagsschulen gab es lange Zeit nur als Ausnahmeerscheinung, so im Rahmen von Schulversuchen[2] oder Internaten (vgl. Ludwig 2004). In diesem Organisationsmerkmal unterscheidet sich das deutsche Schulwesen von vielen anderen entwickelten Ländern, in denen der Ganztagsbetrieb selbstverständlich ist (z. B. England, Frankreich, Kanada, Schweden).

---

[2] So wurden auch die meisten Ganztags-Gesamtschulen überwiegend zunächst als Versuchsschulen gegründet.

Wenn man von „Ganztagsschulen" – im Unterschied zu Halbtagsschulen – spricht, ist es jedoch zunächst notwendig, sich darüber zu verständigen, was damit gemeint ist. Die KMK unterscheidet drei Varianten von Ganztagsschulen (vgl. KMK 2006: 5):

1. In der *voll gebundenen* Form sind alle Schüler/innen verpflichtet, an mindestens drei Wochentagen für jeweils mindestens sieben Zeitstunden an den ganztägigen Angeboten der Schule teilzunehmen.

2. In der *teilweise gebundenen* Form verpflichtet sich ein Teil der Schüler/innen, an mindestens drei Wochentagen für jeweils mindestens sieben Zeitstunden an den ganztägigen Angeboten der Schule teilzunehmen.

3. In der *offenen Form* ist ein Aufenthalt – verbunden mit einem Bildungs- und Betreuungsangebot – in der Schule an mindestens drei Wochentagen von täglich mindestens sieben Zeitstunden möglich. Die Teilnahme an den ganztägigen Angeboten ist freiwillig; sie ist durch die einzelnen Schüler/innen bzw. deren Erziehungsberechtigten für mindestens ein Schuljahr verbindlich zu erklären.

Alle Schulen, die den Schüler/innen weniger Lern- und Betreuungszeiten bieten, werden nicht als Ganztagsschulen angesehen. In der schulischen Wirklichkeit sind sowohl die gebundene als auch die offene Form vorzufinden. Dabei dominiert im Grundschulbereich die offenen Form (2004: 89%), während in der Gesamtschule die gebundene Form (2004: 81%) vorherrscht (vgl. KMK 2006: 11). Bei Hauptschulen, Realschulen und Gymnasien bewegen sich die Anteilswerte zwischen diesen Extremen.

Im Jahr 2002 – also kurz nach Bekanntwerden der PISA-Ergebnisse – waren in Deutschland 18 % aller allgemeinbildenden Schulen als Ganztagsschulen organisiert[3] (vgl. KMK 2006: 1*). Da aber in den „offenen Ganztagsschulen" lange nicht alle Schüler/innen das Ganztagsangebot wahrnehmen, nutzten in diesem Jahr insgesamt nur etwa 10 % aller Schüler/innen ein ganztägiges Angebot. Seit 2001, und damit seit der durch PISA angeschobenen neuen Diskussion um Ganztagsschule, ist zu beobachten, dass die Zahl der Ganztagsschulen in allen Schulformen und -stufen wächst (vgl. Abb. 1).

---

[3] Dieser Wert ist leicht unscharf, weil einige der neuen Bundesländer ihre Hortangebote als Ganztagsschulen rechnen, andere hingegen nicht.

Abbildung 1: Anteil der Ganztagschulen an allen Schulen pro Schulform in Prozent von 2002-2004

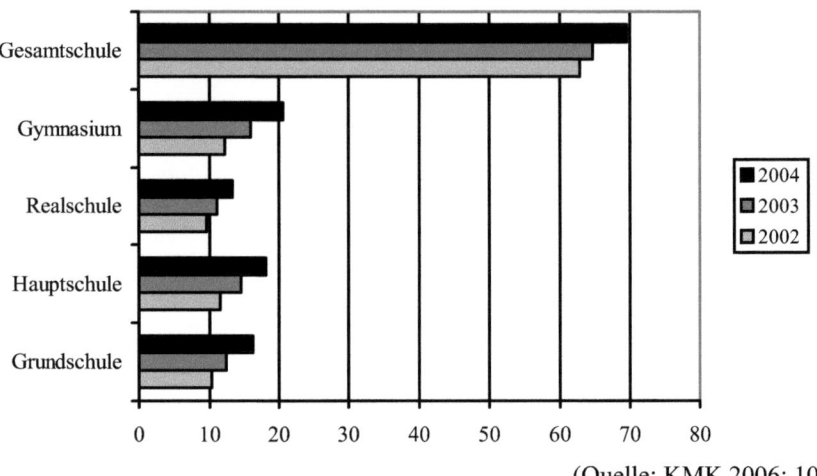

(Quelle: KMK 2006: 10)

Der Anstieg ist besonders bemerkenswert im Grundschulbereich: Während 2002 nur 10,3 % aller Grundschulen als Ganztagsschulen geführt wurden, waren es 2004 schon 16,3 %. Im Jahre 2004 besuchten bundesweit 214.800 Schüler/innen eine Ganztagsschule, das ist gegenüber 2003 ein Zuwachs von 35 % (vgl. KMK 2006: 13). Im Bereich der Sekundarstufe I hat das Ganztagsschulangebot insbesondere an den Hauptschulen zugenommen. Dort besuchten 2004 14,4 % aller Schüler/innen eine Ganztagsschule. Deutlich geringere Schüleranteile finden sich hingegen für die Realschulen (5,4 %) und für die Gymnasien (6,7 %). Insgesamt besuchten 2004 in Deutschland 12,5 % aller Schüler/innen eine Ganztagsschule, 2002 waren es nur 9,8 % (vgl. KMK 2006: 30*).

Auch wenn seit 2001 der Anteil der Ganztagsschulen (und ihrer Schüler/innen) insgesamt gewachsen ist, sind zugleich aber die schon zuvor bestehenden massiven Länderunterschiede erhalten geblieben. Bezieht man dies nur auf die „alten" Bundesländer, so finden wir in Bayern einen Anteil von 2,3 % aller Schüler/innen in Ganztagsschulen, in Nordrhein-Westfalen hingegen 14,6 % (KMK 2004, zit. nach Höhmann u.a. 2004: 263). Hinter diesen Zahlen steckt eine langjährige bildungspolitische Kontroverse zwischen Christ- und Sozialdemokraten. Betrachtet man unsere drei Fallstudien-Länder, so liegen deren Ganztagsschulquoten im unteren bzw. mittleren Bereich: Während im Schuljahr

2002/03 bundesweit 9,6 % aller Schüler/innen des allgemeinbildenden Schulsystems ein ganztägiges Angebot nutzten, waren es in Brandenburg 10,7 %, in Bremen 4,6 % und in Rheinland-Pfalz 5,7 % (vgl. Höhmann u.a. 2004: 263). Kurz: Ganztagsschüler/innen waren und sind in allen Bundesländern in der Minderheit; doch diese Minderheiten unterscheiden sich in ihrem Umfang ganz erheblich.

1.2 Politische Rahmenbedingungen

Die Ganztagsschul-Diskussion, die es nach PISA in allen Bundesländern gibt, wird vor allem durch zwei bundesweite Rahmenbedingungen beeinflusst: Zum einen wirkt der jahrzehntelange bildungspolitische Dissens zwischen SPD und CDU immer noch nach. Und zum anderen wird die Entwicklung massiv durch das Ganztagsschul-Förderprogramm der Bundesregierung gestützt. Beides soll im Folgenden skizziert werden.

1.2.1 Parteipolitische Positionen zur Ganztagsschule

Die Einführung von Ganztagsschulen kann bis zum Jahr 2001 als ein bildungspolitisches Konfliktthema zwischen den beiden Volksparteien CDU und SPD angesehen werden: In der CDU spielte das Thema als bildungspolitisches Handlungsfeld über viele Jahre keine Rolle, denn Ganztagsschulen wurden entweder mit großer Skepsis betrachtet oder auch explizit abgelehnt. Deshalb verwundert es nicht, wenn man im Grundsatzprogramm der CDU von 1994 das Thema vergeblich sucht (vgl. CDU 1994). Wenn es in den 1980er und 1990er Jahren Äußerungen dazu gab, dann als deutliche Ablehnung. So heißt es z. B. in der Regierungserklärung des baden-württembergischen Ministerpräsidenten Lothar Späth (CDU) zur Bildungspolitik aus dem Jahre 1985:

„Wir brauchen die vertrauensvolle Partnerschaft zwischen Elternhaus und Schulen; den gefährlichen Tendenzen zur Ganztagsschule, die den elterlichen Einfluss entscheidend schmälert, werden wir nicht folgen" (zit. nach Pitsch 1989: 156).

Deutlich wird hier: Die Ganztagsschule wird abgelehnt, um den Einfluss der Familie auf die Erziehung zu sichern. Nun hat die CDU in den letzten Jahren in ihren familienpolitischen Positionen einen Wandel vollzogen, der sich auch auf die Ganztagsschule bezieht. Dies verdeutlicht beispielsweise eine Interviewaus-

sage des NRW-Ministerpräsidenten (und stellv. CDU-Vorsitzenden) Jürgen
Rüttgers. Er verweist darauf, dass die CDU ihr Familienbild der Lebensrealität
angepasst habe, zu der auch die große Zahl berufstätiger Mütter gehöre. Daraus
schließt er: „Die CDU muss zum anderen ihr Verhältnis zu Ganztagsschulen
verändern" (Die Welt, 14. 04. 2006). Insgesamt lässt sich damit feststellen, dass
in der CDU bis in die späten 1990er Jahre eine eher ablehnende Haltung zur
Ganztagsschule vorherrschte, die in einem traditionellen Familienverständnis
verwurzelt war. Dabei wurden die Erziehungsrechte der Eltern stark betont,
zugleich gab es eine deutliche Distanz zur Berufstätigkeit von Müttern.

Dass an dieser Stelle ein erheblicher Dissens zu den Positionen der SPD
liegt, wird plastisch deutlich, wenn Gabriele Behler, ehemalige NRW-
Schulministerin (SPD), von dem „jahrzehntelangen Kampf" der CDU „gegen
die Ganztagsschule unter der Parole der Verteidigung der christlichen Familie"
(Die Zeit, 11. 05. 2005) spricht. Die damit anklingende bildungspolitische Position der SPD wurde in zentralen Punkten bereits Ende der 1960er Jahre festgelegt. Schon in der Regierungszeit von Willy Brandt (1969 – 1973) wurde die
Einrichtung von mehr Ganztagsschulen als bildungspolitische Zielsetzung formuliert (vgl. Lohmann 1968). Man erhoffte sich von ihr eine bessere individuelle Förderung und einen Abbau der Chancenungleichheit. Dies drückte sich u. a.
in der Zielvorstellung aus, die die damalige sozial-liberale Bundesregierung
verfolgte und die im „Bildungsgesamtplan" (1973) festgeschrieben wurde: Bis
1985 sollten bis zu 30 % der Schüler/innen an Primarstufe und Sekundarstufe I
eine Ganztagsschule besuchen (vgl. Bund-Länder-Kommission 1973: 28). Allerdings konzentrierte sich die Bildungspolitik der SPD in den 1960er und
1970er Jahren sehr stark auf die Durchsetzung der Gesamtschule, so dass das
Thema Ganztagsschule eher am Rande behandelt wurde (vgl. z. B. Evers 1969).
Es lässt sich aber aufzeigen, dass in verschiedenen Bundesländern, in denen die
SPD regierte, immer wieder Aktivitäten zur Ausweitung des Ganztagsschul-
Sektors unternommen wurden. So wurde beispielsweise 1988 in Hamburg der
Ausbau von Ganztagsschulen in die Koalitionsvereinbarungen (SPD/FDP) auf-
genommen[4]. Dass die rheinland-pfälzische SPD 2001 das Thema Ganztagsschu-
le im Landtagswahlkampf zu einem zentralen Thema machte (vgl. Wunder
2006) und dass die SPD-geführte Bundesregierung sich dafür entschied, mit
einem Programm zum flächendeckenden Ausbau von Ganztagsschulen in den
Bundestagswahlkampf von 2002 zu gehen, steht somit in einer historischen
Kontinuität.

---

[4] www.spd-bildungsserver.de/schule/ganztagsschulentwicklung_hh.htm

Zusammenfassend lässt sich feststellen, dass der KMK-Konsens des Jahres 2001 zum Ausbau der Ganztagsschulen vor allem dadurch zustande gekommen ist, dass die CDU ihre ursprünglich ablehnende Haltung aufgeben hat. Signale in diese Richtung gab es spätestens seit der Veröffentlichung der Empfehlungen des „Forums Bildung" (2001). Dieses Forum, mit hochkarätigen Bildungspolitikern aus CDU/CSU und SPD besetzt, erstellte auch ein Gutachten zum Thema Ganztagsschule (vgl. Arbeitsstab 2001: 7). Darin werden weitere Ganztagsschulen gefordert – und zwar sowohl als Voraussetzung einer optimalen Unterstützung von Benachteiligten als auch als im Sinne einer erfolgreichen Begabtenförderung. Neben diesen beiden Zielen weist das „Forum Bildung" die Vereinbarkeit von Familie und Beruf als wichtiges bildungspolitisches Ziel aus, das mit Ganztagsschulen erreicht werden kann. Dieses Gutachten des „Forums Bildung" ist das erste Dokument, in dem CDU- und SPD-Bildungspolitiker/innen gemeinsam eine Ausweitung der Ganztagsschul-Bereichs fordern. Es drängt sich der Eindruck auf, dass der KMK-„Handlungskatalog" gerade an dieser Stelle von den Formulierungen des „Forums Bildung" inspiriert wurde, denn der Bezug auf die Förderung sowohl von Benachteiligten wie von besonders Begabten findet sich im KMK-„Handlungskatalog" in der gleichen Weise wieder.

Zu ergänzen ist noch, dass alle drei „kleinen" Parteien (FDP, Grüne, PDS) in ihren bildungspolitischen Programmen der Ganztagsschule positiv gegenüber stehen und insbesondere aus familienpolitischen Gründen den Ausbau des Ganztagsschulsektors fordern. Der Beschluss des 54. FDP-Parteitags (2003) formuliert im Prinzip die gleiche Position wie das Wahlprogramm der Grünen (2005) oder das Parteiprogramm der PDS (2003). Somit ist das Thema Ganztagsschule in den parteipolitischen Positionen ganz überwiegend positiv besetzt.

1.2.2 Das Ganztagsschulprogramm der Bundesregierung

Seitdem die Empfehlungen des – von Bundes-Bildungsministerin Buhlman (SPD) mit-initiierten – „Forums Bildung" vorliegen, stellt sich für die Bundesregierung die Frage, in welcher Form sich der Bund für die Umsetzung dieser Empfehlungen engagieren kann und will. Angesichts der im September 2002 anstehenden Bundestagswahl erhält diese Frage ein erhebliches politisches Gewicht. Anfang 2002 ist dann in der Bundesregierung auf höchster Ebene die Entscheidung gefallen, im Feld der Bildungspolitik auf eine einzige öffentlichkeitswirksame Maßnahme – auf den Ausbau der Ganztagsschulen – zu setzen

(Interview Herr X, BMBF 2007)[5]. Hier gibt es nun etliche Hinweise, dass dabei die guten Erfahrungen, die die rheinland-pfälzische SPD mit diesem Thema kurz vorher in ihrem Landtagswahlkampf 2001 gemacht hat, eine erhebliche Rolle gespielt haben (Interview Herr V. , KMK, 2007). Hatte sich in Rheinland-Pfalz doch gezeigt, dass insbesondere das Konzept der „offenen" Ganztagsschule sowohl bei den Wählern wie auch bei den Eltern sehr gut ankam.

Nachdem im Dezember 2001 die KMK den Ausbau von Ganztagsschulen als eines der nach PISA relevanten Handlungsfelder auf die Tagesordnung gesetzt hat, wird darüber in der ersten Jahreshälfte 2002 eine breite öffentliche Diskussion geführt. An dieser Diskussion beteiligt sich sehr bald auch Bundeskanzler Schröder. Bereits im Februar 2002 erklärt er, dass der Ausbau von Ganztagsschulen massiv vorangetrieben werden müsse, und dass dieses Thema zentral in die nächsten Wahlkämpfe getragen werden solle (vgl. z. B. Weserkurier, ID 0077, 03. 02. 2002). Schröder kündigt zugleich an, dass er zwar in die Kompetenz der Länder nicht eingreifen wolle, dass aber die Nutzung aller Begabungsreserven eine gesamtgesellschaftliche Angelegenheit sei, für die sich auch der Bund einsetzen müsse. Dies sei zudem nicht nur eine humanitäre Frage, sondern auch ein ökonomisches Erfordernis. In den folgenden Monaten haben sich im Bundes-Bildungsministerium die Überlegungen zur Unterstützung der Ganztagsschulentwicklung weiter konkretisiert. Am 14. 06. 2002 weist Bundeskanzler Schröder dann in einer Regierungserklärung vor dem Bundestag darauf hin, dass Bildung die zentrale Aufgabe des Landes sei. Die Ausweitung von Ganztagsschulen sei schon aus familienpolitischen Gesichtspunkten unumgänglich (vgl. z. B. Weserkurier, ID 57, 14. 06. 2002). Der Bund werde 4 Mrd. Euro bereitstellen, um den Ausbau von Ganztagsschulen in den Ländern zu unterstützen. Sodann appelliert der Bundeskanzler zusammen

> „mit Bildungsministerin Edelgard Buhlman (…) eindringlich an die Länder, sich der Mitarbeit nicht zu verschließen und das Angebot des Bundes zur Errichtung von 10.000 Ganztagsschulen anzunehmen. An die Union gerichtet sagte Schröder: ‚Ihr Fingerzeig auf Zuständigkeiten führt nicht weiter'" (Weserkurier, ID 57, 14.06.2002).

Unmittelbar nach dieser Parlamentsdebatte (und etwa zeitgleich mit der Veröffentlichung der Bundesländerergebnisse PISA-E) stellen Kanzler Schröder und Bildungsministerin Buhlman das Investitionsprogramm „Zukunft Bildung und Betreuung" (IZBB) der Öffentlichkeit vor (vgl. Bundesministerium für Bildung

---

[5] Neben einer umfassenden Presse- und Dokumentenanalyse haben wir auf Bundes- und Landesebene etwa 30 Experteninterviews durchgeführt.

und Forschung 2004). Mit diesem Programm, das auf die Jahre 2003 bis 2007 angelegt ist, sollen durch den Einsatz von 4 Mrd. Euro insgesamt 10.000 zusätzliche Ganztagsschulen eingerichtet werden. Damit erweist sich die Bundesregierung als außerordentlich entschlossen, auch in Zeiten „knapper Kassen" erheblich in den Bildungsbereich zu investieren. Zugleich wird sie damit aber in einem Feld tätig, in dem die Zuständigkeit ausschließlich bei den Ländern liegt – und dies auch noch kurz vor der Bundestagswahl: Denn die Bundesregierung bietet den Ländern Investitionsmittel an, verlangt aber zugleich, dass diese bestimmte inhaltliche Vorgaben des Bundes akzeptieren. Insbesondere die CDU-regierten Länder sehen in diesem Programm den Versuch des Bundes, sich in schleichender Weise Kompetenzen im Bildungsbereich anzueignen; entsprechend kritisch oder gar abweisen reagieren sie (vgl. z. B. Süddeutsche Zeitung, ID 1052, 27. 06. 2002). Auch deshalb ziehen sich die Verhandlungen zwischen dem Bund und den Ländern zur Umsetzung des Programms relativ lang hin; die entsprechende Verwaltungsvereinbarung wird erst weit nach den September-Bundestagswahlen – nämlich am 23. Mai 2003 – unterzeichnet (vgl. Bundesministerium für Bildung und Forschung 2003). Dort wird festgehalten, dass das Programm drei Zielen dienen soll:

1. Aufbau bzw. Weiterentwicklung neuer Ganztagsschulen
2. Schaffung zusätzlicher Plätze an bestehenden Ganztagsschulen
3. Qualitative Weiterentwicklung bestehender Ganztagsschulen.

Die Schaffung neuer Ganztagsschulen soll dabei auch durch Kooperationsmodelle zwischen Schulen und Jugendhilfe realisiert werden. Die Unterstützungsleistungen des Bundes beziehen sich insbesondere auf Neubau-, Ausbau-, Umbau- und Renovierungsmaßnahmen. Die Förderung von Personal ist somit nicht Bestandteil des Programms. Die Entscheidung, welche Schulen Ganztagsschulen werden, obliegt den Ländern genauso wie die inhaltliche und die personelle Ausgestaltung. Der Einfluss des Bundes wird hier deutlich begrenzt. Auch wenn die pädagogische Ausgestaltung der Ganztagsschulen nicht Bestandteil des Programms ist, so können die Schulen und Schulverwaltungen doch auf Unterstützungsleistungen durch vom Bund finanzierte „Regionale Serviceagenturen" rechnen, die den Schulen vor Ort Erfahrungsaustausch, den Transfer guter Beispiele sowie Beratungs- und Fortbildungsangebote ermöglichen sollen[6]. Es wird damit überdeutlich, dass sich bei dieser Maßnahme – beim Ausbau der Ganztagsschulen – die Bundesregierung in einer ganz außergewöhnlichen Weise

---

[6] http://www.ganztaegigeslernen.de/(rzddane5wopqcr1gecafiqv)/serviceagenturen/asp. (Zugriff 11.04.07)

engagiert und die Entwicklung mit einem erheblichen finanziellen Betrag gestützt hat.

1.3 Der bundesweite Pressediskurs

Über die PISA-Studie, ihre Ergebnisse und die sich daraus ergebenden bildungspolitischen Konsequenzen wird seit Dezember 2001 in der Presse breit
berichtet. Das Gleiche gilt auch für die Forderung, mehr Ganztagsschulen einzu-
richten. Im Folgenden wollen wir Umfang, Inhalte und Argumente dieses Diskurses, wie er in den überregionalen „Leitmedien" zu beobachten war, knapp
darstellen. Grundlage dieser Darstellung ist eine Analyse der Presseartikel, die
zwischen dem 01. 08. 2000 und dem 31. 12. 2002 in den überregionalen Wo-
chenschriften „Focus", „Spiegel" und „Die Zeit" und in der überregional bedeutsamen „Süddeutschen Zeitung" (SDZ), veröffentlicht wurden. In diesem
Untersuchungszeitraum finden sich in diesen vier Presseorganen insgesamt 155
Artikel zum Thema Ganztagsschule, die sich auf die drei Phasen unserer Untersuchung sehr unterschiedlich verteilen (vgl. Tab.1).

Tabelle 1: Presseartikel zur Ganztagsschule in den überregionalen Medien

Zeitschrift/Zeitung	Phase I (vor PISA-I) 8/01 – 11/01	Phase II (nach PISA-I) 12/01 – 7/02	Phase III (nach PISA-E) 8/02 – 12/02	Gesamt
Focus	1	18	6	25
Süddeutsche Zeitung	3	45	21	69
Zeit	3	4	7	14
Spiegel	1	22	14	37
Gesamt	8	89	48	155

Zu erkennen ist zunächst einmal, dass im Kontext von PISA 2000 das Thema
Ganztagsschule in den überregionalen Leitmedien breit diskutiert wird. Zu einem zentralen bildungspolitischen Thema avanciert es aber erst nach der Veröffentlichung der ersten PISA-Ergebnisse im Dezember 2001. In der ersten Jahreshälfte 2002 wird es besonders intensiv behandelt, in der 2. Jahreshälfte (nach
Veröffentlichung der PISA-E-Ergebnisse) nimmt diese Intensität leicht ab. Im

Folgenden soll in Orientierung an diesen drei Phasen knapp dargestellt werden, welche Aspekte des Themas in der überregionalen Presse behandelt werden.

1.3.1   Phase I: Vor PISA-I

In den vier Monaten vor dem Erscheinen der PISA-I 2000 Ergebnisse (8/01 – 11/01) spielt das Thema Ganztagsschule in der überregionalen Presse nur eine marginale Rolle. Dies lässt sich an mehreren Indikatoren festmachen: Zum einen finden sich in den vier Publikationsorganen in dieser Zeit nur acht Artikel, das ist im Verhältnis deutlich weniger als in der zweiten und dritten Phase. Zum anderen nimmt der Pressediskurs nur auf sehr wenige Akteure Bezug. Im Fokus dieser knappen Berichterstattung stehen die bildungspolitischen Aktivitäten in den Ländern Bayern und Rheinland-Pfalz. Die hierzu zitierten Akteure – die Ministerinnen Hohlmeier (CSU) und Ahnen (SPD) – sprechen sich für den Ausbau von Ganztagsschulen in ihren Ländern aus. Beide Ministerinnen argumentieren dabei familien- und bildungspolitisch, weil sie sich von mehr Ganztagsschulen sowohl eine bessere Vereinbarung von Familie und Beruf als auch eine höhere Schulqualität versprechen (vgl. SDZ, ID 0836, 14. 11. 2001)

Kritische Stimmen werden in diesem Diskurs erst ca. 14 Tage vor dem Erscheinen der PISA-I-Ergebnisse erkennbar: So wird im „Focus" vom 26. 11. 2006 die Position des saarländischen Bildungsministers Jürgen Schreier (CDU) wie folgt wiedergegeben:

> „Der saarländische Bildungsminister hält außerdem den Plan von Buhlman, ‚langfristig' die verpflichtende Ganztagsschule ‚zur Regelschule zu machen', für problematisch. Schule den ganzen Tag ‚finde ich etwas Fürchterliches', spottet Schreier. Stattdessen müssten die Länder ‚verlässliche Unterrichtszeiten und Betreuungsangebote am Nachmittag anbieten - aber auf freiwilliger Basis. Eben ein Plus an Schule'" (Focus, 26. 11. 2006, S. 2).

Allerdings spielen solche kritischen Stimmen im Pressediskurs nur eine marginale Rolle. Insgesamt erfährt das Thema Ganztagsschule auch bei dieser knappen Berichterstattung überwiegend positive Konnotationen, die über die Parteigrenzen hinweg gehen.

1.3.2   Phase II: Zwischen PISA-I und PISA-E

In der zweiten Untersuchungsphase, die mit dem Erscheinen der PISA-I Ergebnisse beginnt, gewinnt das Thema Ganztagsschule in der überregionalen Presseberichterstattung erheblich an Bedeutung. Dieses wachsende öffentliche Interesse drückt sich in der Zahl von 89 Artikeln aus, die sich in diesen acht Monaten mit dem Thema Ganztagsschule beschäftigen. Im Vergleich zur ersten Untersuchungsphase nimmt aber nicht nur die Zahl der Artikel, sondern auch die Zahl der Akteure zu, die sich zu verschiedenen Aspekten des Themas öffentlich äußern. Unter ihnen finden sich neben Bildungspolitikern von SPD und CDU (auf Bundes- und Landesebene) auch Verbandsvertreter und Wissenschaftler/innen. So fordert z. B. der Bundesverband der Deutschen Arbeitgeberverbände (BDA) einen Ausbau des Ganztagsschulbereichs (vgl. SDZ, ID 0091, 06. 02. 2002), und der Erziehungswissenschaftler Klaus-Jürgen Tillmann (Universität Bielefeld) wird in der „ZEIT" mit dem Hinweis zitiert, dass die Ganztagsschule mehr individuelle Fördermöglichkeiten biete (vgl. Die Zeit, ID 00025, 21. 02. 2002). Zentrale Aspekte des Themas Ganztagsschulen sind in dieser Phase vor allem die Fragen nach inhaltlichen Konzeptionen, der Finanzierung und den passenden Zielgruppen.

Generell lässt sich auch in dieser Phase eine ganz überwiegend positive Berichterstattung zum Thema feststellen. Diese positive Bewertung bezieht sich dabei auf die Frage, inwieweit Ganztagsschulen als eine angemessene Lösung auf die von der PISA-Studie ausgemachten Probleme angesehen werden können. Dabei lässt sich ein breiter Konsens ausfindig machen, der in der Forderung nach einer quantitativen Ausweitung von Ganztagsschulen besteht. Für eine solche Ausweitung finden sich bei den unterschiedlichen Befürwortern verschiedene Begründungsmuster. So fordert die

> „nordrhein-westfälische Bildungsministerin Gabriele Behler (SPD) [...] eine hohe Bildungsbeteiligung aller Bevölkerungsschichten'. Um Kinder mit einem schlechten Lernumfeld besser zu fördern, seien schulische Ganztagsangebote vordringlich auszubauen" (SDZ, ID 0157, 04. 12. 2001, S. 1).

Und die CSU spricht sich sogar schon vor der Veröffentlichung der PISA-I-Ergebnisse für einen Ausbau von Ganztagsschulen aus (vgl. SDZ, ID 0035, 11.08.2001). Der angesprochene Konsens zum Thema Ganztagsschule wird im Laufe des ersten Halbjahres 2002 von zwei Konflikten durchkreuzt. Die eine Konfliktlinie steht in einem engen Zusammenhang mit dem von der Bundesregierung angekündigten Ganztagsschulprogramm. Dieses Programm wird von Vertretern der SPD durchgängig begrüßt, während Vertreter der CDU kritisieren, dass damit ein Eingriff des Bundes in die Kulturhoheit der Länder verbunden sei. An diesem „grundsätzlichen Widerstand gegen den Ausbau von Ganztagsschulen mit Mitteln des Bundes" halten die unionsregierten Länder bis Juni

2002 fest, erst dann geben sie ihn weitgehend auf (SDZ, ID 1266, 17. 06. 2002). Der zweite Problembereich betrifft die Frage der Zielgruppe von Ganztagsschulen. Einige Vertreter der CDU plädieren für einen Ausbau von Ganztagsschulen ausschließlich in sozialen Brennpunkten. Diese Einstellung lehnen die Akteure der SPD ganz überwiegend ab (vgl. Die Zeit, ID 0009, 07. 03. 2002). Beide Konfliktlinien reichen in die Untersuchungsphase nach PISA-E hinein, stellen aber die generelle Befürwortung eines Ganztagsschulausbaus nicht in Frage.

Insgesamt erfährt das Thema Ganztagsschule nach der Veröffentlichung der PISA-I-Ergebnisse eine weitgehend positive Berichterstattung. Nicht nur die politischen Akteure, die zitiert werden, sondern auch die kommentierenden Journalisten in allen vier Medien sprechen sich ganz überwiegend dafür aus, als Reaktion auf PISA den Ganztagsschul-Sektor auszubauen. Gelegentliche Gegenstimmen, die aus dem politisch konservativen Lager stammen, können in der Berichterstattung nicht durchdringen. Das liegt wohl auch daran, dass das konservative Lager selbst widersprüchliche Positionen vertritt.

1.3.3   Phase III: Nach PISA-E

Nach der Veröffentlichung der PISA-E Ergebnisse findet sich in den überregionalen Medien immer noch ein bedeutender, wenngleich auch nicht mehr so umfangreicher Pressediskurs zum Thema. Insgesamt wird in 58 Artikeln über die Ganztagsschule berichtet. Direkt nach der Veröffentlichung der PISA-E Ergebnisse werden noch einmal einige kritische Stimmen zitiert. Diese gehören zumeist CDU-Politikern, die die PISA-E Ergebnisse nutzen, um die allgemeine positive Grundhaltung gegenüber einer Ausweitung von Ganztagsschulen in Frage zu stellen. Dabei bietet die Tatsache, dass einige SPD-regierte Bundesländer schlecht bei PISA-E abgeschnitten haben, ein Einfallstor der Kritik: So kritisiert die bayerische Kultusministerin Monika Hohlmeier (CSU) in der Süddeutschen Zeitung die Forderung nach mehr Ganztagsangeboten, in dem sie auf die eher mittelmäßigen Ergebnisse von Nordrhein-Westfalen verweist (SDZ, ID 1038, 25. 06. 2002). Insgesamt gerät das Thema Ganztagsschule auf der Grundlage der schlechten PISA-Ergebnisse aus SPD-geführten Ländern unter konservativen Beschuss. Diese Kritik richtet sich auch auf das von der Bundesregierung inzwischen angekündigte Förderprogramm zur Ganztagsschule. Bemängelt wird von den unionsregierten Ländern die ausschließliche Fokussierung auf Baumaßnahmen und auf die „reine" Verlängerung von Betreuungszeiten anstelle einer Ausweitung von Unterrichtszeiten (vgl. SDZ, ID 1133, 03. 12. 2002).

Während solche kritischen Wortmeldungen verstärkt vor den Bundestagswahlen am 22. 09. 2002 erfolgen, sind sie gegen Ende des Jahres kaum noch zu finden.

1.3.4   Fazit

Trotz dieser kritischen Anmerkungen kann auch in der dritten Phase die überregionale Berichterstattung insgesamt als überaus positiv interpretiert werden. Zwar bleiben kritische Stimmen im Diskurs erhalten, ihnen kommt aber eher eine Randstellung zu. Über alle drei Phasen hinweg kann eine insgesamt positive Berichterstattung zum Thema Ganztagsschule festgestellt werden. Insbesondere jeweils unmittelbar nach der Veröffentlichung der PISA-I- und der PISA-E-Ergebnisse wird der Ausbau von Ganztagsschulen als notwendige bildungspolitische Aktivität herausgestellt; entsprechende Aussagen finden sich in den Stellungnahmen der Politiker/innen unterschiedlicher Parteizugehörigkeiten genauso wie in den Darstellungen und Kommentaren der Journalisten. Unterschiedliche Meinungen beziehen sich auf Fragen der bevorzugten Ganztagsschulform und auf den Umfang des angestrebten Ausbaus. Es hat allerdings den Anschein, dass die ursprünglich vorhandenen bildungspolitischen Differenzen zwischen CDU und SPD in dieser Frage nicht völlig eingeebnet sind, sondern immer wieder „aufflackern".

2   Ganztagsschulen – die Entwicklung in drei ausgewählten Bundesländern

Nachdem wir an anderer Stelle für drei ausgewählte Bundesländer (Brandenburg, Bremen, Rheinland-Pfalz)[7] detailliert dargestellt haben, in welcher Weise sich jeweils der Diskurs um Ganztagsschulen und ihre Entwicklung mit der PISA-Diskussion verknüpft haben (vgl. Tillmann u.a. 2008), wollen wir im Folgenden auf diese Fallstudien-Ergebnisse aufbauen und darstellen, welche Gemeinsamkeiten und welche Unterschiede sich in den jeweiligen Ländern erkennen lassen.

---

[7]Die Bundesländer wurden im Rahmen der Gesamtstudie (bei der die Ganztagsschule nur ein Thema unter anderen ist) nach den PISA-Leistungsergebnissen (hoch-niedrig) und nach der Ost-West-Unterscheidung ausgewählt. Brandenburg steht für ein neues Bundesland mit eher schlechten PISA-Ergebnissen, Bremen für ein altes Bundesland mit eher schlechten PISA-Ergebnissen, Rheinland-Pfalz für ein altes Bundesland mit eher guten PISA-Ergebnissen.

2.1 Gemeinsame Voraussetzungen

Beginnen wir diesen Vergleich, indem wir noch einmal die Voraussetzungen herausarbeiten, die für alle drei Länder und ihre Schulministerien in gleicher Weise gelten.

Zum ersten: Mit dem Gutachten des „Forums Bildung" wird im Vorfeld der PISA-Ergebnisse ein offizielles Papier präsentiert, in dem die Ganztagsschule als pädagogisch sinnvolle Maßnahme zur verbesserten Förderung unterschiedlicher Schülergruppen herausgestellt wird. Sowohl Kinder mit Benachteiligungen wie auch besonders begabte Kinder sollen von der Ganztagsschule profitieren; zudem gebe es wichtige familienpolitische Gründe für ihren Ausbau. Diese Empfehlung wird von führenden Politikerinnen und Politikern aus SPD und Union (insb. Buhlmann, Zehetmeier) mitgetragen, auf diese Weise wird beim Ganztagsschul-Ausbau ein parteipolitischer Konsens angebahnt. Der KMK-„Handlungskatalog", der wenige Monate später – und zwar gleichzeitig mit den PISA-I-Ergebnissen – erscheint, übernimmt diese Position und empfiehlt als eine von sieben Maßnahmen den „Ausbau von schulischen und außerschulischen Ganztagsangeboten". Das bedeutet: Vor Beginn der PISA-Diskussion wird in offiziellen (bildungspolitischen wie schulpädagogischen) Analysen festgestellt, dass die Ausweitung des Ganztagsschulsektors eine sinnvolle und notwendige Maßnahme zur Bearbeitung der „PISA-Probleme" sei. Weil dies von allen Mitgliedern der Kultusministerkonferenz empfohlen wird, gilt dies von nun an als politischer Konsens zwischen CDU/CSU und SPD. Diese Befürwortung eines Ganztagsschul-Ausbaus wird in der Folgezeit von fast allen Bildungspolitikern vertreten und genießt eine hohe öffentliche Glaubwürdigkeit

Zum zweiten: Nun hat das Thema Ganztagsschule aber – wie dargestellt – eine bildungspolitische Vorgeschichte als ein langjähriges Streitthema zwischen SPD und CDU. Der soeben beschriebene Konsens kommt erst kurz vor der Veröffentlichung der PISA-Ergebnisse zustande – und zwar vor allem, weil die CDU-Vertreter ihre ursprünglich ablehnende Haltung gegenüber Ganztagsschulen aufgegeben haben. Es zeigt sich nun aber, dass der alte Dissens immer wieder aufscheint und in allen drei Bundesländern die Diskussion einfärbt. Denn während die SPD die Ganztagsschul-Programmatik mit großem Engagement vertritt, ist die Zustimmung der CDU eher brüchig und voller Vorbehalte. Diese unterschiedlichen Haltungen werden besonders deutlich, wenn es um die Frage geht, wie stark das Ganztagsschul-Programm als bildungspolitischer Lösungsansatz für die „PISA-Probleme" angesehen werden kann. Nun wird die damit verbundene Kontroverse aber nicht offen ausgetragen, weil sich die Bildungsminister/innen von CDU und SPD auf den KMK-„Handlungskatalog" geeinigt haben. Für Brandenburg und Bremen kommt hinzu, dass SPD und CDU in einer Großen Koalition miteinander verbunden sind und öffentliche Kontroversen vermeiden. Der Konsens beschränkt sich daher eher auf eine prinzipielle Zustimmung zu mehr Ganztagsschulen, ohne auch die einzelnen Realisierungsschritte einzubeziehen. Das bedeutet: Sobald es in konkrete Umsetzungsfragen geht, bricht der alte Streit sehr schnell wieder auf.

Diese Struktur einer latenten Kontroverse findet sich im regionalen wie im überregionalen Diskurs. In den Ländern wird die Bedeutung des Ganztagsschul-Programms von den sozialdemokratischen Bildungsministern (Ahnen, Lemke, Reiche) und ihren Fraktionen sehr hoch bewertet. Auf der Bundesebene erscheinen Bundeskanzler Gerhard Schröder und Bundesbildungsministerin Edelgard Buhlman als die Protagonisten dieser Position. Deutlich distanzierter stehen die Sprecher der CDU – sowohl auf Landes- als auch auf Bundesebene – dem Thema Ganztagsschule gegenüber. Zwar findet sich hier keine grundsätzliche Ablehnung, das Lösungspotenzial dieser Maßnahme wird aber als deutlich begrenzt eingeschätzt. Deshalb wird immer wieder davor gewarnt, sich bildungspolitisch zu stark auf den Ausbau der Ganztagsschulen zu konzentrieren; zugleich werden alternative Handlungsfelder – so z. B. die Verbesserung des Unterrichts – als wichtig oder gar wichtiger benannt. Die Auswirkungen dieses „verdeckten" Widerstands der CDU sind insbesondere in Ländern mit Großer Koalition spürbar: In Bremen wird der Streit um die Finanzierung dann doch öffentlich ausgetragen, in Brandenburg ist lange Zeit keine Einigung über die Ausbauziele zu erreichen.

Zum dritten: Es stellt sich mit den PISA-I-Ergebnissen für alle Bundesländer und damit für alle Schulminister/innen ein erheblicher Handlungsdruck ein. Die öffentliche Erwartung, dass kompetente politische Akteure durch entschlossenes Handeln schnell die notwendigen Konsequenzen ziehen, ist in allen Ländern deutlich zu spüren. Dies erfordert seit Dezember 2001 von allen Länderministern, mit Handlungsprogrammen an die Öffentlichkeit zu treten und zugleich eine schnelle Realisierung der angekündigten Programme anzustreben. Sie alle beziehen dabei in unterschiedlicher Weise den Ganztagsschul-Ausbau mit ein und berufen sich auch dabei auf den KMK-„Handlungskatalog". Im Juni 2002 steigert sich dann der Handlungsdruck vor allem in den Ländern, die bei PISA-E schlecht abgeschnitten haben.

Zum vierten: Schließlich gibt es bei dem Handlungsfeld Ganztagsschule eine Besonderheit, die für keine der anderen PISA-Folgemaßnahmen zutrifft. In diesem Bereich hat die Bundesregierung ein finanziell sehr gut ausgestattetes

Förderprogramm aufgelegt, mit dem sie die Länder unterstützen will. Dies bedeutet aber zugleich, dass der Bund erheblichen Einfluss auf die Aktivitäten der Länder nimmt – und zwar in einem Bereich, in dem er keine Zuständigkeiten besitzt. Es zeigt sich, dass alle drei hier analysierten Länder bei der Umsetzung des Ganztagsschul-Programms auf diese Bundeshilfe zurückgreifen.

2.2 Handlungsschritte

Diese vier Voraussetzungen gelten für alle Länder in gleicher Weise. Das bedeutet, dass die jeweiligen Landesministerien bei ihren Überlegungen diese Bedingungen und Vorgaben mit reflektieren und in ihre Handlungsschritte einbeziehen müssen. Wie das im einzelnen geschieht, soll abschließend unter zwei Perspektiven, die für das politische Handeln bedeutsam sind, herausgearbeitet werden (vgl. Mayntz 2004):

a) In der *steuerungstheoretischen Perspektive* geht es um die Frage, welche Folgerungen das Ministerium aus den PISA-Ergebnissen zieht und welche Maßnahmen es veranlasst, um die erkannten Probleme zu bearbeiten. Es geht also um Veränderungen im Schulsystem – und um die Art ihrer Implementation.

b) In der *legitimationstheoretischen Perspektive* geht es um die Frage, in welcher Weise die Regierung bzw. der/die Minister/in durch die PISA-Ergebnisse in die öffentliche Kritik geraten sind. Muss er/sie Maßnahmen ergreifen, um eine gefährdete öffentliche Akzeptanz zurückzugewinnen?

Konkrete Maßnahmen, die als Reaktion auf PISA ausgegeben werden, können im politischen Prozess ganz unterschiedlich begründet sein. In welchem Maße dies auch für die Ganztagsschulenwicklung zutrifft, soll im Folgenden betrachtet werden.

2.2.1   Steuerungstheoretische Perspektive

Obwohl die skizzierten Ausgangsbedingungen relativ ähnlich sind, finden wir in den untersuchten Fallstudien-Ländern erhebliche Differenzen in ihrer Ganztagsschul-Politik und der damit verbundenen Umsetzung. Die deutlichsten Unterschiede zeigen sich dabei in der zeitlichen Taktung, in der sich der Ganztagsschul-Ausbau vollzieht. Dabei gilt für Brandenburg und Bremen, dass nach Erscheinen der PISA-I-Ergebnisse von den jeweiligen Ministerien eine deutlich

andere Politik betrieben wird als vorher: Während der Ausbau von Ganztagsschulen vorher überhaupt nicht (Brandenburg) oder nur am Rande (Bremen) auf
der bildungspolitischen Agenda stand, änderte sich das mit der massiv einsetzenden PISA-Diskussion völlig: In beiden Ländern erheben die Minister (und
damit die in einer Großen Koalition regierende SPD) den Ausbau der Ganztagsschule zu einem zentralen Programmpunkt, den sie öffentlich breit propagieren
und intern entschieden vorantreiben. Dabei gelingt die praktische Umsetzung in
Bremen weit schneller als in Brandenburg: In Bremen werden schon zum Schul-
jahresbeginn 2002/03 die ersten neuen Ganztagsschulen eröffnet, in Brandenburg geschieht dies erst zwei Jahre später. Bei der Analyse dieser bildungspolitischen Prozesse haben wir ein in der Politikwissenschaft entwickeltes Phasen-
modell, den „policy cycle", zugrunde gelegt (vgl. Jarren/Donges 2002: 47). Er
gliedert den Ablauf einer öffentlichen Diskussion hin zu einer politischen Maßnahme (z. B. Änderung der Erbschaftssteuer, Einführung einer innerstädtischen
Umweltzone, aber auch: Ausbau von Ganztagsschulen) in sechs Etappen: (1.)
Problemartikulation, (2.) Problemdefinition, (3.), Politikdefinition, (4.) Programmentwicklung, (5.) Implementation und (6.) Evaluation.

Legt man hier dieses analytische Instrument zugrunde, so lässt sich feststellen: Die Phasen der „Problemartikulation" und der „Problemdefinition" werden
in beiden Ländern zunächst übersprungen. Mit dem Erscheinen der PISA-Daten
und des KMK-„Handlungskatalogs" gilt es gleichsam als evident, dass mehr
Ganztagsschulen dringend notwendig sind. In beiden Ländern erfolgt dann im 1.
Halbjahr 2002 die „Politikdefinition", die sehr schnell in die „Programmentwicklung" übergeht. Während in Bremen die „Implementation" unmittelbar
folgt, zieht sich in Brandenburg die „Programmentwicklung" bis in das Jahr
2003 hin. Hier sind zunächst mühsame Kompromisse in der Koalition erforderlich, sodann werden die genauen Regelungen des Bundesprogramms abgewar-
tet, erst dann kann in die „Implementation" eingetreten werden.

Ganz anders verläuft der entsprechende Prozess in Rheinland-Pfalz. Dort
erfolgt die „Politikdefinition" und die „Programmentwicklung" zeitlich weit vor
PISA – und damit inhaltlich völlig unabhängig von dieser Leistungsvergleichs-
studie. Und die Implementation ist bereits in vollem Gang, als die PISA-
Ergebnisse veröffentlicht werden. Aufgrund dieses Vorlaufs werden zum Schul-
jahresbeginn 2002/03 in Rheinland-Pfalz 81 neue Ganztagsschulen eröffnet.
Von der Landesregierung wird das Ganztagsschulprogramm dennoch eng mit
den PISA-Ergebnissen verknüpft: Die PISA-Ergebnisse zeigen im Nachhinein –
so die Ministerin – wie richtig es war, frühzeitig das Ganztagsschulprogramm

aufzulegen. Mit den ersten Evaluationsergebnissen zum Jahresende 2002 ist dann in Rheinland-Pfalz der „policy-cycle" vollständig durchlaufen.

Als Gemeinsamkeit für alle drei Bundesländer ist herauszustellen, dass die „offene" Ganztagsschule gegenüber dem „gebundenen" Modell den Vorzug erhält. Das bedeutet, dass alle Länder auf die Freiwilligkeit der Teilnahme und auf den Einbezug von Jugendverbänden, Sportvereinen, Kirchen etc. in den Nachmittagsbereich setzen. Diese grundlegende Konzeptentscheidung ergibt sich allerdings nicht aus PISA, sondern ist vor allem angeregt durch die vorlaufenden Erfahrungen in Rheinland-Pfalz. Und auch die Vorgaben des Bundesprogramms stützen ein solches Konzept. Daran wird deutlich: PISA entfaltet seine Steuerungswirkung vor allem im Prozess des „Agenda-Settings", nicht aber so sehr bei der ministeriellen Programmplanung. PISA trägt somit erheblich dazu bei, dass (in Brandenburg und Bremen) die Ganztagsschule zum Thema wird und dass entsprechende Programme aufgelegt werden. Bei der Gestaltung der Programme und Konzepte wird hingegen kaum noch auf die PISA-Ergebnisse zurückgegriffen.

Festzuhalten bleibt damit, dass für zwei Länder die PISA-I-Ergebnisse den entscheidenden Anstoß für den Ausbau des Ganztagsschul-Bereichs gegeben haben. Ohne die PISA-Studie – das lässt sich wohl sagen – hätte es weder in Brandenburg noch in Bremen zu diesem Zeitpunkt eine solche Ganztagsschul-Expansion gegeben. In Rheinland-Pfalz hingegen hat PISA weder eine initiierende noch eine verstärkende Wirkung: Das Ganztagsschulprogramm wird so realisiert, wie es deutlich vor PISA von der Regierung festgelegt wurde. Allerdings liefert PISA Ergebnisse, die nachträglich als Begründung für das Ganztagsschul-Programm verwendet werden. Damit erweisen sich die PISA-Ergebnisse in zwei Ländern als Programm-initiierend für die Ganztagsschulentwicklung, in einem Land erfolgt hingegen eine nachträgliche argumentative Unterstützung. Allerdings ist für alle drei Länder kritisch anzumerken: Eine differenzierte Diskussion der Frage, welche Praktiken und welche Arbeitsformen einer Ganztagsschule geeignet sein können, die von PISA vor allem aufgedeckten Probleme (mangelnde fachliche Kompetenzen und hohe soziale Selektivität bei 15-Jährigen) zu bearbeiten, hat es nicht gegeben. Dieser Schritt, der im policy-cycle als „Problemdefinition" bezeichnet wird, wird in allen Ländern übersprungen. Er wird durch eine Übernahme der Sichtweisen ersetzt, die vom „Forum Bildung" und vom KMK-„Handlungskatalog" transportiert werden – und die einen hohen öffentlichen Glauben genießen: die Überzeugung, dass die „offene" Ganztagsschule ein besonders gut geeignetes Instrument sei, um die PISA-Probleme zu bearbeiten. Diese Sichtweise bildet als breit akzeptierte öffentliche Meinung die Grundlage für all die politischen Prozesse, die hier beschrieben werden. Demgegenüber bleibt der Sachverhalt, dass in der Erziehungswissenschaft bis heute keine empirischen Belege für diese Wirkungsvermutung vorliegen (vgl. Holtappels u.a. 2007: 42), für die öffentliche Diskussion ohne Belang.

Fragt man nach der Steuerungsstrategie, die die Schulministerien in den drei Ländern verfolgt haben, so findet man in allen Fällen eine spezifische Form des „Governace-Mix" (vgl. Mayntz 2004), mit dem die Ganztagsschul-Politik betrieben wird: Zunächst einmal erfolgt im Ministerium in klassisch-hierarchischer Weise die Konzept-, Ressourcen- und Zeitplanung im Wesentlichen, ohne dass sich dabei Beteiligungen (etwa der Schulträger oder der Schulen) ausmachen lassen. Bei der Verbreitung der Ganztagsschulen greifen dann alle drei Ministerien auf Elemente der Kontext-Steuerung zurück: Es werden Konzepte (mit entsprechender Ausstattung) angeboten, für die sich einzelne Schulen bewerben können. Mit dieser Bewerbung verpflichten sich die Schulen, bestimmte Standards einzuhalten. Das Konzept der „offenen" Ganztagsschule führt dazu, dass außerschulische Träger (Verbände, Sportvereine etc.) für die Mitarbeit gewonnen werden müssen. Hier agiert das Ministerium als Verhandlungspartner in einem Netzwerk, um diese Träger zu gewinnen. Und schließlich ist auffällig, dass insbesondere in Großen Koalitionen ein erheblicher Verhandlungsaufwand betrieben werden muss, um zu einem Einverständnis innerhalb der Regierung zu gelangen. Zwischen den drei Ländern sind bei diesem „Governance-Mix" zwar Nuancierungen, aber keine grundlegenden Unterschiede zu erkennen.

2.2.2   Legitimationstheoretische Perspektive

Die Veröffentlichung der deutschen PISA-Ergebnisse – auch als „PISA-Schock" bezeichnet – hat dazu geführt, dass die bildungspolitischen Akteure einem erheblichen öffentlichen Druck ausgesetzt wurden. Dabei richtete sich der kritische Blick insbesondere auf die Schulministerien der Länder. Von ihnen wurde schnelles und konsequentes Handeln erwartet, um die Misere zu bekämpfen. Diese erhöhte Legitimationsdruck – so unsere Annahme – führte dazu, dass politische Aktivitäten auch betrieben werden, um der Gefährdung der eigenen politischen Akzeptanz etwas entgegenzusetzen. Für die Bestätigung dieser Annahme bieten unsere Fallstudien einige Anhaltspunkte:

Auffällig ist die Geschwindigkeit, mit der in Brandenburg und Bremen zeitgleich zu den PISA-Ergebnissen eine Ganztagsschul-Politik neu aufgelegt und entschlossen verfolgt wird. Hier liegt die Interpretation nahe, dass für diesen Politikwechsel das Legitimationspotenzial des Ganztagsschul-Programms von großer Bedeutung ist – und dass pädagogische und bildungspolitische Sachanalysen dabei zunächst in den Hintergrund getreten sind. Für diese Interpretation spricht auch, dass zum Zeitpunkt der Programmverkündung (Anfang 2002) eine differenzierte Analyse der PISA-Daten durch die Ministerien noch gar nicht erfolgt sein konnte. Kurz: Die bildungspolitischen Aktivitäten in Folge von PISA orientieren sich immer auch an der Notwendigkeit, bildungspolitische Akzeptanz zu sichern. Dies kann auch bedeuten, dass aus politischen Gründen Programme verkündet werden, ohne dass zu diesem Zeitpunkt bereits Klarheit über die weiteren Steuerungsaktivitäten besteht. Bei den Ganztagsschul-Aktivitäten ist auffällig, dass die Länder ihre nachfolgenden Umsetzungsmaßnahmen stark von der Ausgestaltung des Bundesprogramms – und von den damit verbundenen finanziellen Zuschüssen – abhängig machen. In Bremen und Brandenburg führt das Bundesprogramm dazu, dass nicht nur einzelne Schulen umgewandelt werden, sondern dass im Lande ein umfassendes Programm nachhaltig implementiert wird.

Deutlich anders angelegt ist die legitimatorische Verwendung von PISA bei der Ganztagsschul-Entwicklung in Rheinland-Pfalz. Initiiert und politisch durchgesetzt wurde dieses Programm weit vor PISA. Als die PISA-Ergebnisse dann vorliegen, werden sie von der rheinland-pfälzischen Ministerin verwendet, um ihrem Ganztagsschulprogramm im Nachhinein eine zusätzliche Legitimation zu verschaffen; die Ministerin nimmt in Anspruch, in besonders vorausschauender Weise auf die erst später veröffentlichten PISA-Ergebnisse reagiert zu haben.

Dies alles – das muss noch einmal betont werden – kann nur deshalb eine solche hohe Legitimationswirkung für die regierenden Politiker/-innen entfalten, weil in der medialen Öffentlichkeit ein breiter Konsens darüber besteht, dass die Schaffung von weiteren ganztägigen Schulangeboten eine angemessene Reaktion auf die bei PISA aufgedeckten Mängel sei. Anders formuliert, mehr Ganztagsschulen können einen wichtigen Beitrag leisten, um die Kompetenzdefizite in Lesen, Mathematik und Naturwissenschaft auszugleichen und um das hohe Maß an sozialer und ethnischer Selektivität zu reduzieren. Daran wird deutlich: Die Legitimationswirkungen solcher Maßnahmen ist nicht davon abhängig, dass sich die angesprochenen Zusammenhänge auch empirisch nachweisen lassen – sondern ausschließlich davon, dass das Publikum von der Maßnahme überzeugt ist. Nimmt man die (regionale wie überregionale) Presse zum Maßstab, so ist das bei der Ganztagsschule ohne Zweifel der Fall. Und dies wiederum bedeutet, beim Thema Ganztagsschule ist es den regierenden Bildungspolitikern in allen drei Bundesländern gelungen, erhebliche Steuerungswirkungen (mehr Ganztagsschulen) so zu erzielen, dass zugleich ihre politische Legitimation deutlich gestärkt wurde. Dabei hat PISA mal eine initiierende, mal eine nachträglich legitimierende Rolle gespielt.

Literatur

Gedruckte Texte

Arbeitsstab Forum Bildung (2001): Empfehlungen des Forums Bildung. Bonn.
Bund-Länder Kommission für Bildungsplanung (1973): Bildungsgesamtplan, Band 1. Stuttgart: Klett.
Evers, C..H.: Modelle moderner Bildungspolitik (1969): Frankfurt/Main: Diesterweg
Höhmann, K./ Holtappels, H.-G./ Schnetzer, T. (2004): Ganztagsschule. In: Holtappels, H.G./ Klemm, K./ Pfeiffer, H./ Rolff, H.G./ Schulz-Zander, R. (Hrsg.) (2004): Jahrbuch der Schulentwicklung – Band 13. Weinheim: Juventa: 253-290.
Jarren, O./Donges, P. (2002): Politische Kommunikation in der Mediengesellschaft: eine Einführung. Wiesbaden: Westdeutscher Verlag.
Holtappels, H.G./Klieme, E./Radisch, F./Rauschenbach, Th./Stecher, L. (2007): Forschungsstand zum ganztägigen Lernen und Fragestellungen in StEG. In: Holtappels, H.G./Klieme, E./Rauschenbach, Th./Stecher, L. (Hrsg.) (2007): Ganztagsschule in Deutschland. Weinheim: Juventa: 37 – 50.
Jarren, O./ Donges, P. (2002): Politische Kommunikation in der Mediengesellschaft: eine Einfürung. Wiesbaden: Westdeutscher Verlag.
Kultusministerkonferenz (2001): Presseerklärung Handlungskatalog PISA 2000.
Kultusministerkonferenz (2006): Bericht über die allgemeinbildenden Schulen in Ganztagsform in den Ländern in der Bundesrepublik Deutschland – 2002 bis 2004. Bonn (Manuskript)
Lohmann, J. (1968): Die Ganztagsschule im Rahmen der Gesamtschule. In: Lohmann, J. (Hrsg.) (1968): Gesamtschule – Diskussion und Planung. Weinheim: Beltz: 47 – 68.
Ludwig, H. (2004): Die geschichtliche Entwicklung der Ganztagsschulen in Deutschland. In: Otto, H.U./ Coelen, Th. (Hrsg.): Grundbegriffe der Ganztagsbildung. Wiesbaden: VS-Verlag: 209 – 220.
Mayntz, R. (2004): Governance im modernen Staat. In: Benz, A. (Hrsg.): Governance – Regieren in komplexen Regelsystemen. Wiesbaden: VS-Verlag: 65-76.
Statistisches Bundesamt (2002) : Kindertagesbetreuung in Deutschland – Einrichtungen, Plätze, Personal und Kosten 1990-2002. Wiesbaden.
Tillmann, K.J./Dedering, K./Kneuper, D./Kuhlmann, Chr./Nessel, I. (2008): PISA als bildungspolitiches Ereignis. Empirische Fallstudien in vier Bundesländern. Wiesbaden: VS-Verlag (in Vorbereitung).
Wunder, D. (2006): Die Ganztagsschule in Rheinland-Pfalz. Pädagogisch-didaktische Aspekte der konstituierenden Handlungsfelder der Ganztagsschule in Angebotsform. Ein Diskussionsbeitrag. Pädagogisches Zentrum: Bad Kreuznach.

Internet-Quellen

Bundesministerium für Bildung und Forschung (2003): Verwaltungsvereinbarung – Investitionsprogramm „Zukunft Bildung und Betreuung" 2003-2007.
http://www.bmbf.de/pub/20030512_ (Zugriff 21.01.2008).
Bundesministerium für Bildung und Forschung (2004). Investitionsprogramm „Zukunft Bildung und Betreuung" der Bundesregierung.
http://www.bmbf.de/de/3735.php (Zugriff 21.01.2008).
Bündnis 90/Grüne (2005): Wahlprogramm 2005.
http://www.gruene.de/cms/default/dokbin/141/141550.wahlprogramm_2005.pdf (Zugriff 28.01.08).
CDU-Grundsatzprogramm 1994:
http://www.cdu.de/doc/pdf/grundsatzprogramm.pdf. (Zugriff am 11.04.2007).
Deutscher Lehrerverband (2001): Ganztagsschule – Fast alle wollen sie, wenn auch aus unterschiedlichen Gründen.
http://www.Lehrerverband.de/rmganz.htm (Zugriff 14.01.08).
FDP (2003): Leitlinien Ganztagsschulen. Parteitag 2003. Download unter:
http://54.parteitag.fdp.de/ webcom/show_article.php?wc_c=431&wc_id=14&wc_p=1 (Zugriff 14.01.08).
PDS: Programm der Linkspartei/PDS.
http://www.Sozialisten.de/partei/dokumente/index.htm-Programm 2003 (Zugriff 11.04.07).
Pitsch, H. (1989): Bildungspolitische Zielsetzung und Schulwirklichkeit in den Ländern der Bundesrepublik. Band IV
http:/www.schule-bw.de/unterricht/paedagogik/pitsch (Zugriff 21.01.08).

Debatten über Schulzeit in europäischen Ländern

Thomas Coelen

Nicht nur hierzulande diskutiert man über die Legitimation von schulisch organisierten Zeiten, wenngleich seltener über ihre ‚ganztägige' Organisation: Schule wird in den allermeisten Ländern von 8 oder 9 bis 16 oder 17 Uhr gehalten. Gleichwohl debattiert man z. B. über inhaltliche Gestaltung, räumliche und personelle Organisation sowie u. a. über Einschulungsalter, Ferienzeiten, Betreuungslücken und selbstverständlich Ziele, Aufgaben, Funktionen und Wirkungen der professionell-pädagogisch arrangierten Zeiten.

Debatten über Schulzeit haben eine lange Tradition: Umstritten war dabei immer, *wer* die Zeit der Nachwachsenden maßgeblich gestalten dürfe – bis heute selten aber die Frage, *ob* die Lebenszeit von Kindern und Jugendlichen von kirchlichen, staatlichen, zivilgesellschaftlichen oder ökonomischen Institutionen bestimmt werden dürfe.[1] In der aktuellen Beschäftigung mit diesem Thema sollte deshalb im Bewusstsein bleiben, dass die Gleichung ‚Jugendzeit = Schulzeit' für die große Mehrheit der Heranwachsenden in den meisten europäischen Ländern erst seit weniger als 40 Jahren zutrifft, nämlich seit der so genannten ‚Bildungsexpansion' der 1970er Jahre. Noch im 19. Jahrhundert waren die jüngsten ArbeiterInnen gerade mal 12 bis 14 Jahre alt und hatten vorher maximal sechs oder sieben Jahre eine ‚Werktagsschule' besucht, in der es vor- und nachmittags jeweils ca. drei Stunden Unterricht gab.

Und heute, ca. 150 Jahre nach Inbetriebnahme solcher ‚Fabrikschulen' o. ä. und ca. 40 Jahre nach Verlängerung und Verallgemeinerung der Sekundarstufe diskutieren wir in Deutschland über eine erneute Ausweitung der Schulzeit, geleitet von der Befürchtung, unser rohstoffarmes Land könne seine wichtigste Ressource vergeuden, nämlich das immer noch vergleichsweise hohe formale Bildungsniveau seiner Bevölkerung. Auch wenn der Universalisierungsprozess der Institution Schule in der Moderne deshalb stattfand, weil das gesellschaftlich

---

[1] Zu den vielfältigen historischen Dimensionen solcher Debatten in Europa und den USA siehe das Projekt „The 'Time Politics' of Public Education in Post-war Europe: An East-West Comparison Time-Politics" (Gefördert von der Volkswagen-Stiftung), welches im doppelten Wortsinn zeithistorisch angelegt ist (denn es geht um eine Historiographie von Zeitgestaltungen in der Zeitgeschichte seit 1945).

notwendige Wissen nicht mehr *en passant* im Alltag zu lernen war (heute würden wir sagen: informell), so ahnen wir spätestens seit PISA, dass sich das Problem umgekehrt haben könnte: Die Schule kann nicht mehr länger alleine das für eine vernetzte Wissensgesellschaft notwendige Wissen und Können vermitteln; Heranwachsende brauchen mehr als bisher die Bildungsmöglichkeiten des Nicht-Formellen (z. B. in Vereinen/Verbänden und Jugendeinrichtungen) und des Informellen (z. B. in Familien und Peer groups, durch Medien).

Jedoch folgen wir zunächst weiterhin unserem *German Sonderweg*, der nicht nur durch die halbtägige Organisation gekennzeichnet ist, sondern auch durch zwei weitere Ausnahmen im internationalen Vergleich: das gegliederte System und die geteilte kommunal-landeshoheitliche Trägerschaft. Vor allem in Bezug auf die erstgenannte Besonderheit blickt die inländische Debatte auf die Schulpraxis und -theorie anderer, zumeist europäischer Länder.[2] Vermutlich aufgrund der ausgeprägten *path dependency* (Pierson 2000) jener besonderen deutschen Schulentwicklung sind Legitimationsdiskurse hierzulande sehr intensiv, auch die Rezeption ausländischer Beispiel erfolgt oftmals legitimatorisch.[3]

In diesem Rahmen beleuchtet der vorliegende Artikel, wie Schulzeiten im Ausland debattiert und legitimiert werden. Es geht nur am Rande um die faktische Struktur und Organisation,[4] vielmehr geht es um die Frage: Wie wird über Ganztagsschule geredet, wie wird sie diskutiert, kritisiert, legitimiert? Die dazu ausgewerteten – ausschließlich englisch- und deutschsprachigen – Quellen sind höchst unterschiedlicher Art: Es werden wissenschaftliche Abhandlungen be-

---

[2] Von den außereuropäischen Ländern finden nur Kanada (siehe z. B. Livingstone 2005) und Japan Erwähnung (siehe Lipski 1998; Ito 1997; Taki 2005). Japan ist ein besonders eindrückliches Beispiel für den Rückzug der staatlichen Schule aus der Qualifikationsfunktion (durch ihre De-Formalisierung) bei gleichzeitiger Übernahme dieser Funktion durch den kommerziellen Nachhilfemarkt, was für die SchülerInnen mit immensen Geld- und eben auch Zeitaufwendungen verbunden ist. Ähnliches lässt sich im Halbtagssystem Griechenlands beobachten. In einigen deutschen Bundesländern werden vermutlich in Zukunft analoge Entwicklungen Platz greifen; siehe dazu den Beitrag von Jürgens in Coelen/Otto 2008.

[3] Die, z. T. legitimatorische, Rezeption ausländischer Beispiele in der deutschen Debatte – inklusive der darin produzierten Mythen, insbesondere über Finnland – wäre ein hochinteressantes Forschungsfeld (in Fortführung von Zymek 1975, der dieses 1975 für den Zeitraum 1871-1952 unternommen hat).

[4] Siehe dazu z. B. Allemann-Ghionda 2005 und die Beiträge in Otto/Coelen 2005, mit zahlreichen weiteren Quellenangaben: Wie in Deutschland, so sind auch in anderen europäischen Ländern ganztägige Bildungssysteme nur durch die Zusammenarbeit von schulischen und außerschulischen Organisationen, Professionen und Disziplinen möglich; es gibt kein Ganztagssystem, welches ausschließlich aus Schulen oder dessen Personal ausschließlich aus Lehrern bestünde oder dessen relevante Disziplinen und Theorien allein schulpädagogisch wären; andere Organisationen (zumeist kommunal oder vereinsrechtlich gefasste), anderes Personal (zumeist aus dem Bereich der personenbezogenen sozialen Dienstleistungen) und andere wissenschaftliche Disziplinen (zumeist sozialarbeiterische, medizinische und psychologische) sind in jedem der Fälle konstitutiv (vgl. Coelen 2005: 215).

fragt (über Russland und Italien), wie auch zivilgesellschaftliche Positionspapiere bzw. Handreichungen (für die Schweiz) und politisch-administrative Programmatiken (aus England). Im vorliegenden Text wird auf Basis dieser Materialsammlung – der ein expliziertes *tertium comparationis* fehlt[5] – dargestellt, welche Themen auf welche Weisen in den genannten Ländern behandelt werden. Somit bietet der Beitrag keine komparatistische Analyse, in der analoge Quellenarten untersucht werden müssten (vgl. Allemann-Ghionda 2005: 199). Es wird auch nicht die Diskursdichte bewertet: So werden etwa keine Häufigkeiten und Einflüsse von Themen und Argumentationen analysiert, zumal meist hegemoniale oder staatlich gestützte Innovationsdiskurse im Vordergrund stehen.[6] Die vorliegende ideographische Zusammenstellung ist also weit davon entfernt, eine Diskursanalyse in der Tradition Michel Foucaults zu sein, mit der etwaige ‚Schulzeit-Dispositive' herausgearbeitet werden könnten. Hingegen liegt die besondere Herangehensweise des Beitrags darin, die Länder bzw. Quellen als Beispiele für bestimmbare Diskursarten oder -inhalte mit ebenfalls benennbaren Absichten oder Effekten herauszustellen. Dies lässt sich an den Untertiteln der Abschnitte und an den Fußnotenverweisen auf andere Länder bzw. Diskursarten ablesen.

Die Auswahl der nationalen Diskursräume folgt keiner üblichen sozialwissenschaftlichen Systematik (etwa der nach Wohlfahrtsregimetypen à la Esping-Andersen). Vielmehr wurden einerseits solche Länder ausgewählt, in denen – ähnlich wie in Deutschland – kein flächendeckendes Ganztagsschulsystem besteht (Russland, Italien, die Schweiz), da genau hier in Diskursen um die Einführung und Legitimation einer ganztägigen Beschulung bzw. einer Ausweitung institutionell ‚beaufsichtigter' Zeiten von Kindern und Jugendlichen Argumentationen beobachtet werden zu können. Andererseits ist als Kontrast dazu ein Land ausgewählt worden – nämlich England –, dass ein traditionelles Ganztagsschulsystem hat, das aber erstaunlicherweise bisher in der deutschen Rezeption wenig berücksichtigt wurde (im Unterschied zu etwa Frankreich, Finnland, Schweden und z. T. auch den Niederlanden).[7]

---

[5] Für den Vorschlag eines Vergleichsrasters siehe Coelen 2005.
[6] Zu kritischen Gegen-Diskursen siehe Treptow 2002.
[7] Zu Frankreich, einem Beispiel für sozialisationstheoretische Schulzeit-Diskurse mit familienpolitischen Effekten, siehe Hörner 2005. Zu Finnland, einem Beispiel für psychologische und fürsorgerische Diskurse mit politischen Effekten, siehe Pulkkinen 2005. Zu den Niederlanden, einem Beispiel für interkulturelle und feministische Diskurse mit sozialraum-bezogenen Effekten, siehe du Bois-Reymond 2005.

1 Wissenschaftliche Diskurse in Russland und Italien

Diese beiden, so unterschiedlichen Länder bzw. Schul- und Sozialsysteme werden hier deshalb in einem Abschnitt zusammengefasst, weil beide Darstellungen auf wissenschaftlichen Quellen basieren – leider jedoch auf nur je einer, wenngleich kenntnis- und detailreichen, Abhandlung (aus dem Sammelband von Otto/Coelen 2005): Eine breitere Quellenlage ist leider aufgrund sprachlicher Einschränkungen nicht ohne weiteres verfügbar.

Neben den inhaltlichen Unterschieden in den Darstellungen ist die Einbettung der jeweiligen Argumentationslinien bemerkenswert: Während im russischen Ganztagsschul-Diskurs der akademische Strang eng mit aktuellen politisch-administrativen Entscheidungen verknüpft zu sein scheint, mutet die hier für den italienischen Diskurs herangezogene Quelle eher oppositionell an. Diese Eindrücke können freilich auch durch die o. g. eingeschränkte Quellenlage bzw. -sicht entstehen.

1.1 Dopolnitel'nogo obrazovanija (ergänzende Bildung) in Russland. Wissenschaftliche Diskurse mit professionalisierenden Effekten

Russland ist kein Land mit traditionellem Ganztagsschulsystem – ungefähr 15 % aller russischen SchülerInnen besuchen eine Ganztagsgruppe oder -schule, die Tendenz ist in einigen Städten vor allem im Grundschulbereich steigend (vgl. Schmidt 1994: 65-67; Rakhkochkine 2005: 111) –, aber die russische Bildungsgeschichte und -aktualität kennt zahlreiche Versuche, den unterrichtsfreien Nachmittag an den regulären Vormittagsunterricht anzuknüpfen und ihn (schul-)pädagogisch zu gestalten. Die Formen ganztägiger Bildung sind vielfältig, die Integration schulischer und außerschulischer Anteile spielt dabei sowohl in der Theorie als auch in der Praxis eine wichtige Rolle.

Die folgende Darstellung stützt sich im Wesentlichen auf eine wissenschaftliche Quelle (Rakhkochkine 2005), in der zahlreiche historische und aktuelle, sowohl akademische als auch administrative Belege angeführt werden: Der russische Diskurs um Ganztagsformen markiert seit ca. einhundert Jahren eine widersprüchlich verlaufende Suche nach Balance zwischen freiwilliger bildungsorientierter Freizeitgestaltung und einer starken Ausrichtung des Nachmittags an den schulischen Unterrichts- und Erziehungszielen. In diesem Prozess sind unterschiedliche Ideenquellen bedeutsam: reformpädagogische Ideen vom Anfang des 20. Jahrhunderts, Konzepte der außerschulischen Erziehung in Jugendorganisationen und in außerschulischen Einrichtungen, Konzepte der Ganztagsschule und Ganztagsgruppe aus der sowjetischen Epoche, westliche Ideen der *Community education* und der Öffnung von Schule sowie Vorschläge zur Schaffung von offenen Erziehungs- bzw. Bildungsräumen, die den Kindern und Jugendlichen reichhaltige Entfaltungsmöglichkeiten bieten sollen (vgl. Rakhkochkine 2005: 105).

In den 1990er-Jahren begann eine tief greifende Reformierung des Bildungswesens, die bis heute nicht abgeschlossen ist: Zunächst setzte eine Phase der Auseinanderentwicklung von unterrichtlichen und außerunterrichtlichen Aktivitäten ein. Die Schule konzentrierte sich auf Wissensvermittlung, und die außerschulische Bildung durchlebte schwere Zeiten: Umstrukturierung, Anpassung an die Marktwirtschaft (Kürzungen der Finanzierung, sanierungsbedürftige Gebäude), Personalprobleme (niedrige Gehälter), sinkende Nutzerzahlen und programmatische Neuorientierung sind dafür die von Rakhkochkine genannten Gründe.

Gleichzeitig wurden Anfang der 1990er-Jahre Zeichen für eine stärkere Integration dieser beiden Bildungsbereiche gesetzt: Außerschulische Arbeit und außerschulische Erziehung werden seitdem nach und nach in ein System „ergänzender Bildung" umgewandelt (Rakhkochkine 2005: 110), die als eine auf individuelle Interessen und Bedürfnisse abgestimmte Erweiterung „grundlegender", an den nationalen Bildungsstandards orientierter, schulischer Bildung verstanden und an diese inhaltlich und organisatorisch gekoppelt wird. Den Anstoß für diese Entwicklung gab das Gesetz *Ob obrazovanii* (Über Bildung) von 1992, in dem ergänzende Bildung zu einem Bestandteil des staatlichen Bildungssystems erklärt wurde. Als eine der wichtigsten Herausforderungen wurde die Wiederherstellung der „Einheit von Erziehung und Unterricht" (Rakhkochkine 2005: 110) angesehen, was durch Programme *ergänzender Bildung* in allgemein bildenden Schulen und eine Wiederbelebung der Arbeit von Kinder- und Jugendorganisationen geschehen sollte.

Für das Zusammenwirken der Bildungseinrichtungen werden in der russischen pädagogischen Diskussion seitdem Ansätze (weiter-)entwickelt, die einerseits ein stabil funktionierendes System sichern, andererseits Hierarchie und Ideologie aus sowjetischer Zeit überwinden helfen sollen. Eine große Rolle spielt dabei die Idee des „Bildungsraumes" (Rakhkochkine 2005: 110), der als ein offenes System angesehen wird, welches nach Prinzipien der Synergetik funktioniert und dessen Elemente (Einrichtungen, Akteure, Umwelt) einen hohen Grad an Interaktion aufweisen. So soll die strikte Lenkung von Bildungsprozessen mittels einer einzigen Institution durch ein Kooperations- und Koordinationsmodell ersetzt werden.[8] Der allmähliche Wandel außerunterrichtlicher Bildung zur *ergänzenden Bildung* manifestiert sich in dreierlei Hinsicht (Rakhkochkine 2005: 114):

* terminologisch durch die verstärkte Verwendung des Begriffs „ergänzende" statt „außerschulische Bildung" in der wissenschaftlichen Literatur und in offiziellen Dokumenten,
* inhaltlich durch die Neubestimmung der Rolle der *ergänzenden Bildung* im System der allgemeinen Bildung,
* institutionell in der Gründung des *Zentrums für ergänzende Bildung* beim russischen Bildungsministerium, dem neuen Profil der Zeitschrift *Vneschkol'nik* sowie in der Etablierung des neuen Berufs „Pädagogen für ergänzende Bildung".

Die neue Disziplin baut, ebenso wie die neue Profession, auf den Theorien der außerschulischen Arbeit auf und hat somit vieles mit der Freizeitpädagogik gemeinsam. Sie setzt sich ausdrücklich Bildung zum Ziel und verwendet die Terminologie der Schulpädagogik. Darin besteht einer der wichtigsten Unterschiede *ergänzender Bildung* zur „außerschulischen Arbeit" der Sowjetunion, als kommunistische Erziehung im Vordergrund stand und dem außerunterrichtlich erworbenen Wissen nur eine geringe Bedeutung beigemessen wurde. Gleichzeitig hat *ergänzende Bildung* einen Bezug zur Sozialpädagogik, insbesondere hinsichtlich der Arbeit mit sozial benachteiligten Kindern und Jugendlichen. Es ist heute noch nicht abzusehen, welche Position die *Pädagogik der ergänzenden Bildung* als eine neue spezielle Pädagogik in der Struktur der russischen Erziehungswissenschaft haben wird.

Insgesamt scheint im russischen Ganztagsschul-Diskurs der akademische Strang sowohl sehr ausgeprägt zu sein als auch sehr eng mit administrativen und politischen Entscheidungen verknüpft zu sein. Im Vordergrund der Diskurse über Schulzeit steht die Idee einer Einheit von Erziehung und Unterricht. Ganztägigkeit wird im Wesentlichen mit der Notwenigkeit nicht-formeller Bildung begründet.

---

[8] Zusätzlich unterstreicht der Begriff ‚einheitlicher Bildungsraum' die Idee des ‚lebenslangen Lernens': Durch Abstimmung der Bildungsprogramme in verschiedenen Institutionen auf unterschiedlichen Bildungsniveaus (sowie regionen- und länderübergreifend) sollen dafür Voraussetzungen geschaffen werden.

1.2 Tempo prolungato (verlängerte Schulzeit) in Italien.
Wissenschaftliche Diskurse mit sozialpolitischen Absichten

Im Schuljahr 2000/2001 besuchten in Italien ca. 22 % aller Grundschüler eine Ganztagsschule; betrachtet man nur die Prozentsätze der Provinzhauptorte, so beträgt der dortige Anteil fast 35 %. Neben einem Stadt-Land-Unterschied ist ein deutliches Nord-Süd-Gefälle festzustellen: In der Provinz Mailand z. B. werden 85 % der Grundschulklassen ganztägig geführt; in Neapel, Bari und Palermo liegt der Anteil nur bei 3-4 %. Die Ganztagsgrundschule ermöglicht ergänzende Tätigkeiten am Nachmittag und erweitert das Bildungsangebot vor allem im sprachlichen und ästhetischen Bereich.

Die folgende Darstellung stützt sich hauptsächlich auf einen wissenschaftlichen Artikel (Baur 2005), in dem sozialpolitische Argumente aus den 1960-70er Jahren für die Einführung von Ganztagsschulen im Rückblick gegenüber dem aktuellen Abbau solcher Infrastrukturen betont werden:[9] Demnach ist die Geschichte der ganztägigen Organisation von Grundschulen in Italien einerseits mit der Realisierung des Rechts auf Bildung verknüpft (Art. 34 der Verfassung von 1948) und andererseits mit schulischen Innovationen seit Mitte der 1960er-Jahre. Gegen Ende der 1970er-Jahre wurde auch in der dreijährigen Mittelschule (scuola media) für die 11-14jährigen eine fakultativ zu verlängernde Unterrichtszeit (tempo prolungato) eingeführt, in der das Hauptaugenmerk auf schulergänzenden Tätigkeiten lag, indem hier Elemente der Einzelförderung und der ästhetischen Erziehung im Vordergrund standen. Die Idee eines in den Nachmittag verlängerten Unterrichts sollte nicht nur eine Maßnahme des entstehenden Wohlfahrtsstaates sein (als Antwort auf die zunehmende Berufstätigkeit von Frauen in urbanen Gebieten, vor allem im Norden Italiens), sondern war auch eine bildungspolitische Strategie: Sie zielte darauf ab, die Zahl der Schulabschlüsse und Abiturienten durch intensive Förderung von Kindern aus sozial schwächeren Schichten zu erhöhen.

Bei der Schulzeitverlängerung handelte es sich also um ein pädagogisches Projekt mit einem sozialpolitischen Impetus, das den Heranwachsenden als mündigen Staatsbürgern Zugang zum Aufbau der Zivilgesellschaft und zur kreativen Mitgestaltung des Kulturlebens öffnen sollte (vgl. Baur 2005: 74). Darüber hinaus war ein weiteres Ziel, Kinder mit körperlichen und geistigen Behinderungen zu integrieren oder bei schweren geistigen Behinderungen zumindest eine Verbindung zu den „Sonderklassen" (Baur 2005: 75) herzustellen und so eine Integration der Kinder in der Ganztagsklasse zu versuchen. Außerdem soll-

---

[9] Für allgemeine Informationen über das italienische Schulsystem siehe Brinkmann 2002, speziell in Bezug auf Ganztagsschulen Allemann-Ghionda (2005: 214-216).

te die Ganztagsschule Antwort auf die Notwendigkeit der gleichberechtigten Inklusion von Migrantenkindern geben. Beide Orientierungen: der Defizitansatz zur Überwindung sozialer Bildungsbarrieren und die Differenzorientierung zur Integration von Behinderten und Nicht-Behinderten und der Inklusion von Migranten fußten auf der sozialraumbezogenen Zusammenarbeit zwischen Schulen und außerschulischen Einrichtungen. Das bildungspolitische Schlagwort lautete *scuola e territorio* (Schule und Umfeld), was eine Öffnung der Schulwirklichkeit zum sozialen, wirtschaftlichen und kulturellen Leben meinte und gleichzeitig die Schule stärker in den Mittelpunkt diesbezüglicher Planungen rücken sollte. Anfang der 1980er-Jahre fassten zwei Erziehungswissenschaftler, Scurati und Lombardi den Diskurs um die Ganztagsschule zusammen. Sie beabsichtige (vgl. Allemann-Ghionda 2005: 214-215):

- eine allseitige Entfaltung der Persönlichkeit, besonders ihrer Kreativität;
- eine zugleich individuelle und sozialisierende Gestaltung von Erziehung, Unterricht, Lernen und Bildung;
- einen Ersatz für die „reduzierte Familie".

Allerdings hat die Ganztagsschule nach Einschätzung von Baur (2005: 75) ihren Anspruch, vor allem den einer sozialräumlich basierten Kooperation zwischen Jugendarbeit und Schule, nicht immer erfüllt. Ebenso sei die Trennung zwischen curricularen und extracurricularen Bereichen (z. B. zwischen so genannten Hauptfächern am Vormittag und Nebenfächern am Nachmittag) häufig deutlich zu bemerken gewesen. Wenngleich die Ganztagsschule nicht die Komplexität eines innovativen Lehr-/Lernmodells erreicht habe, so sei die Idee in der öffentlichen Meinung jedoch nach wie vor sehr präsent, nicht nur weil sie ein kompaktes Modell darstelle (inklusive Mensadienst und Schülerbeförderung), sondern auch weil sie Erwachsenenbildung am Ort der Schule ermögliche.

Heute gehört die Ganztagsschule nicht mehr zu den bildungspolitischen Prioritäten in Italien. Seit 2003 können in den Grundschulen jährlich lediglich zusätzliche 99 Stunden – das entspricht de facto nur noch drei bis vier Stunden wöchentlich – freiwillig gewählt werden.[10] Gleichzeitig soll die Betonung der Optionalität eine größere Bedeutung der Familie signalisieren (vgl. Allemann-Ghionda 2005: 216). Lehrerverbände und -gewerkschaften, Elternvereinigungen, Universitätsdozenten und Vertreter der politischen Opposition protestierten gegen diesen Rückbau. Aufgrund dessen legte die italienische Regierung 2004 fest, dass für die Grundschulen weiterhin 40 Stunden wöchentlich finanziert

---

[10] Auch wenn das Gesetz aus dem Jahre 1971, mit dem die Ganztagsschule eingeführt worden war, nicht gänzlich abgeschafft wurde, so ist doch ein Artikel im Jahre 1994 gestrichen, der wichtige Aspekte geregelt hatte. Durch die damit verbundene Kürzung der LehrerInnenstunden pro Klasse wird, so Baur 2005: 79, die Ganztagsschule stark in Mitleidenschaft gezogen.

werden, um die Ganztägigkeit zu erhalten, allerdings mit dem ‚Trick', der Mittagszeit zehn Wochenstunden zuzuweisen. Skeptiker befürchten, dass es sich bei diesen Zeiten um kaum mehr als Beaufsichtigung handeln wird. Einer der bekanntesten italienischen Erziehungswissenschaftler, Franco Frabboni (Universität Bologna), schlussfolgert: „Auf diese Weise wird die Ganztagsschule hinweggefegt, und die Familien werden in Unternehmen für die Ausbildung ihrer Kinder umgewandelt" (zit. n. Baur 2005: 79).[11]

Der neoliberale Diskursstrang in der italienischen Schulpolitik der letzten Jahre ist nicht zu übersehen, zumal alle Schulen seit 1997 öffentlich-rechtliche Körperschaften sind, die sowohl über eine weit reichende didaktische als auch finanzielle Autonomie verfügen. Hingegen geht es aus Sicht der linken Opposition heute immer noch darum, den Kindern aus sozial schwächeren Schichten bzw. von berufstätigen Eltern gleichberechtigten Zugang zur höheren Bildung zu bieten.

Im Falle Italiens liegen also zwei Hauptdiskursstränge im Widerstreit: Einerseits ein sozialistischer, der durch eine ganztägige Bildungsinfrastruktur gesellschaftspolitische Ziele umsetzen wollte und will, andererseits ein neoliberaler, der durch Rückbau von staatlichen Gewährleistungen und die Betonung von Wahlfreiheit die Eigenverantwortung von Heranwachsenden, Eltern und Einzelschulen wachrufen will.

2 Tagesstrukturen (verlässliche Schulzeiten) in der Schweiz. Zivilgesellschaftlich forcierte Diskurse mit noch unklaren Effekten

Im deutschsprachigen Teil der Schweiz wird nicht nur über die gebundene Ganztagsschule diskutiert – dort „Tages(heim)schule" genannt –, sondern auch über das Einschulungsalter, über Blockzeiten – das sind garantierte Betreuungs- und Unterrichtszeiten, wie sie z. B. ‚verlässliche Halbtagsgrundschulen' bieten – und über die Knüpfung eines weit reichenden Betreuungsnetzes. Als Oberbegriff fungiert das Wort *Tagesstrukturen*. Bislang gibt es in der Schweiz nur sechs gebundene („obligatorische") und ca. 25 offene („freiwillige") Tagesschulen.[12]

---

[11] Der Geist der 1970-Reformen kam rückblickend noch einmal zum Ausdruck, als der ehemalige Ministerpräsident Giuliano Amato bei der Parlamentsdiskussion zum Rahmengesetz 2003 für die Ganztagsschule mit den Argumenten plädierte, sie ermögliche die Vereinbarkeit von Familie und Beruf und verhindere die Reproduktion der Klassenunterschiede (vgl. Baur 2005: 74).
[12] Siehe Verein Tagesschulen Schweiz 2000 und 2008.

Die nun folgende Darstellung des deutschschweizerischen Diskurses stützt sich auf drei Quellenarten:[13]
1. Positionspapier eines schulpädagogischen Dachverbandes
2. Verwaltungshandreichung einer unternehmernahen Stiftung
3. Exposé einer erziehungswissenschaftlichen Publikation.

Der Verein Tagesschulen Schweiz (2000 und 2008) – vergleichbar mit der Gemeinnützigen Gesellschaft Tagesschulen (GGT e. V.) in Deutschland – nennt zur Begründung von Tagesschulen:

- familiäre Aspekte (Müttererwerbstätigkeit, Vereinbarkeit, Familienleben; Scheidungsrate, Alleinerziehende) und
- sozialpolitische Argumente (Chancengleichheit der Geschlechter, Geburtenrate, Entlastung von Geringverdienern; Prävention und Integration).[14]

Ein aktueller „Leitfaden für Gemeinden und Schulbehörden" (Aeberli/Binder 2005) beinhaltet – neben einer Zusammenstellung der Positionen von politischen Parteien, Verbänden und Vereinigungen sowie Organisationen im Bildungswesen (Aeberli/Binder 2005: 12-15) – eine pointierte Sammlung von wirkungsbezogenen Argumenten für Tagesschulen:[15]

- Tagesschulen erhöhten die „Bildungsqualität" der Schule und verbesserten die „Chancengerechtigkeit" für die SchülerInnen durch Begleitung und Betreuung (Aeberli/Binder 2005: 18). Sie ermöglichten eine ganzheitliche und individuelle Förderung, sowohl im Unterricht als auch in der unterrichtsfreien Zeit. Die stabile Struktur wirke sich positiv auf die Lernleistungen aus.
- Tagesschulen hätten eine präventive Wirkung in Bezug auf Verhalten und Entwicklung (Förder-, Spiel und Sportangebote wirkten sich auf das Freizeitverhalten aus, die gesunde Ernährung auf die Essgewohnheiten, das Einhalten von Regeln beim Lernen, Spielen und bei Tisch auf das Sozialverhalten). Kinder seien seltener auf sich allein gestellt und würden somit vor schlechtem Umgang bewahrt. Ausländische Kinder und Jugendliche

---

[13] Siehe auch den Beitrag von Mangold/Messerli 2005.

[14] Vgl. auch Allemann-Ghionda 2005: 216-217.

[15] Der Leitfaden ist zusammengestellt von Avenir Suisse, einer unternehmensnahen Stiftung, die sich auf ihrer homepage (www.avenir-suisse.ch) wie folgt selbst vorstellt: „Avenir Suisse wurde 1999 von 14 internationalen Schweizer Firmen ins Leben gerufen. Als operative Stiftung und als unabhängiger Think Tank nach angelsächsischem Vorbild engagiert sich Avenir Suisse für die gesellschafts- und wirtschaftspolitische Entwicklung der Schweiz". Anregungen zu dem hier herangezogenen Leitfadens lieferten vier, in der schweizerischen Diskussion häufig anzutreffende Personen: Markus Mauchle, Leiter der Fachstelle des o. g. Vereins Tagesschulen Schweiz, Franziska Peterhans vom Aargauischen Lehrerinnen- und Lehrerverband, Dorothea Tuggener von der Pädagogischen Hochschule Zürich und Beat Wirz von der Erziehungsdirektion des Kantons Baselland.

würden mit „schweizerischen Gepflogenheiten" vertraut und dadurch ihre „Integration in die Gesellschaft" erleichtert (Aeberli/Binder 2005: 21).

- Tagesschulen erhöhten die Vereinbarkeit von Berufsleben und Familie, was aus Gründen des Wirtschaftswachstums, der Funktionsweise des Arbeitsmarktes, der demografischen Alterung, des „Schutzes von Ausbildungsinvestitionen", der Bekämpfung von Armut und der Gleichstellung der Geschlechter anzustreben sei (Aeberli/Binder 2005: 24).

- Tagesschulen kurbelten das volkswirtschaftliche Wachstum an, da diesbezügliche Investitionen Einkommensteuern der Beschäftigten und Eltern erbrächten, flachere „Karriereknicks" hervorriefen, höhere Familieneinkommen bedeuteten, außerdem brächten sie Standortvorteile für Gemeinden (Aeberli/Binder 2005: 28). Für den Ausbau des Wohlstands und die Erhaltung des sozialen Friedens sollten die Potenziale von Kindern und Familien gefördert und ausgeschöpft werden, denn in der Wissensgesellschaft sei eine gute Ausbildung der Bevölkerung die wichtigste Voraussetzung für wirtschaftlichen Erfolg eines Landes. Darüber hinaus könnten sich Tagesschulen positiv auf Geburtenraten auswirken.

Fasst man die Themen des Vereins und der Stiftung zusammen, so stehen volkswirtschaftliche, familienpolitische und sozialpolitische Argumente sowie Lern- und verhaltensbezogene Aspekte im Vordergrund.

Im Exposé eines demnächst erscheinenden, wissenschaftlichen Sammelbandes[16] werden folgende Themen benannt:

- ethnische und soziale Heterogenität, Integration, Milieubedingtheit von Lernleistungen
- pädagogische Qualität, Unterrichtsentwicklung, Lernleistungen, Befähigung
- Chancengleichheit der Geschlechter, finanzielle und infrastrukturelle Gerechtigkeit zwischen Kinderlosen und Familien
- volkswirtschaftliche Investitionen.

Außer diesen, bereits aus den anderen Länderdiskursen bekannten Themen wird noch ein landesspezifischer *topos* genannt: Veränderungen in der Ausbildung von Hortnerinnen einerseits und von Lehrern (Tertiarisierung) andererseits.

Insgesamt lassen sich in der deutschschweizerischen Debatte zwei Diskursstränge ausmachen, die zwar eng miteinander verflochten, aber dennoch analytisch zu unterscheiden sind: zum einen ein Diskurs über interne Schulentwicklung, zum anderen eine Thematisierung von Wirkungen (und zwar auf Adressa-

---

[16] Der Band wird voraussichtlich 2008 beim Haupt-Verlag herausgegeben von Bettina Grubenmann und Sabina Larcher (Universität Zürich).

ten sowie auf Wirtschaft und Gesellschaft). Das in Deutschland sehr präsente Thema der Kooperation zwischen schulischer und außerschulischer Pädagogik[17] ist in der Schweiz – und auch in Österreich[18] – kaum zu hören. Hingegen ist den Debatten in allen drei u. a. deutschsprachigen Ländern gemeinsam,[19] dass der *topos* Vereinbarkeit von Familie und Beruf der am meisten verbreitete, aber auch der umstrittenste ist: zwischen den Gegnern von Müttererwerbstätigkeit (die meist familienerzieherische Argumente anführen), den Realisten (die auf die faktisch gestiegene Berufstätigkeit von Frauen verweisen) und den Befürwortern (sei es aus feministischen, ökonomischen oder demographischen Gründen).

3   *Extended Schools* (erweiterte Schulen) in England.
     Sozialpolitisch-programmatische Diskurse mit institutionellen und individualbezogenen Effekten

Das englisch-walisische Schul- und Sozialsystem (auch das schottische und das nordirische) wird in der öffentlichen deutschen Debatte um die Ganztagsschule fast nie genannt; ebenso wenig rezipiert ist der britische Diskurs in wissenschaftlichen Publikationen zu diesem Thema.[20] Aus diesem Grund ist dieser Abschnitt etwas ausführlicher als die vorstehenden; er stützt sich im Wesentlichen auf online-Material von Regierungsstellen (Ministerium, Schulinspektion, *teachernet* 2007a und b etc.).

Über die Gründe für den seltenen Verweis auf Groß-Britannien lässt sich nur mutmaßen: Die britische Bildungslandschaft war lange Zeit – und ist trotz einiger Änderungen immer noch – ungleich heterogener als das ohnehin schon vielfältige deutsche Bildungswesen.[21] Die wichtigsten Stichworte sind hier:

---

[17] Siehe z. B. Deinet 2003; Appel u. a. 2005; Arnoldt/Züchner 2008.

[18] Zur Debatte in Österreich, einem Beispiel für gewerkschaftlich initiierte Diskurse mit noch unklaren Effekten, siehe SPÖ-Parlamentsklub 2003 sowie Senoner 2004 und – in internationaler Perspektive – Wetzel 2007.

[19] Zu einem Vergleich der schweizerischen, österreichischen und deutschen Diskurse siehe auch die Arbeitsgruppe „Ganztagsschule - Ganztagsbetreuung - Ganztagsbildung" auf dem Kongress „Bildung über die Lebenszeit" an der Universität Zürich (AG 6 2004).

[20] Eine der wenigen Ausnahmen ist der Artikel von Winch 2005 und ein kurzer Abschnitt in Allemann-Ghionda 2005: 201. Demnächst erscheint im Tagungsband zur Konferenz „The 'Time Politics' of Child Care, Pre School and Elementary School Education in Post-War Europe" ein Artikel der Erziehungswissenschaftlerin Tomlinson 2008.

[21] Für Grundinformationen über England und Wales siehe Phillips 2002 bzw. die kurzen Exkurse über Nordirland und Schottland (zusammengestellt von Wendelin Sroka) in demselben Band. Siehe auch die vier studentischen Kurzdarstellungen im Sammelband von Kreienbaum u. a. 1997.

Länderhoheit (der vier Mitgliedsstaaten Groß-Britanniens), lokale bzw. regionale Schulträgerschaft und Schulautonomie. Erst die Entwicklungen unter den Regierungen Thatcher, Major und Blair seit 1979 zielen auf eine zentralistischere Bildungspolitik, bei gleichzeitiger Stärkung der Einzelschulen: Einerseits durch das *National Curriculum* mit seinen *Attainment Targets* (Fertigkeitszielen) und dem *General Certificate of Secondary Education* (Zentralprüfung), andererseits durch die vollständige Budgethoheit für Schulleitungen. Die ehemalige Schlüsselposition der *Local Education Authorities* (Lokale oder Regionale Schulbehörden) ist geschwächt.[22] Wie wird in England – auf dieses Land wird im Folgenden die Darstellung verengt – über die Organisation und Aufgaben von Schulen und schulbezogenen Institutionen diskutiert?

Die Einführung der allgemeinen Schulpflicht für 5-13jährige im Jahr 1870 diente vor allem dem Kampf gegen Kindererwerbstätigkeit in den Fabriken und der Landwirtschaft. Seit 1920 sind alle englischen Schulen ganztägig organisiert und seit 1965 weit überwiegend gesamtschulisch.[23] Zunächst dominierten sozialpolitische Diskursstränge und sozialisatorische Ansichten, später spielten psychologische Erkenntnisse und pädagogische Konzepte eine größere Rolle (vgl. Allemann-Ghionda 2005: 201-202). Fast unverändert in den letzten dreißig Jahren sind die drei meistgenannten Schlüsselworte der britischen Schulpolitik *choice* (Wahlmöglichkeit), *diversity* (Vielfalt) und *standards* (Niveauziele) (vgl. Phillips 2002: 117). Seit nunmehr zehn Jahren ist Schul-, Berufs- und Hochschulausbildung „Labour's number one priority" (Phillips 2002: 117) in Programmatik und Rhetorik, weil darin – nahezu in völligem Einklang mit den Empfehlungen der OECD – der Schlüssel zur künftigen Wirtschaftsentwicklung gesehen wird.

Nun sollen Marktinstrumente etwaige Schwachstellen des Schul- und Sozialsystems sowohl aufdecken als auch stützen: Eingehende Schulinspektionen des *Office for Standards in Education* (Ofsted 2006) und öffentliche *Key-Stages*-Prüfungen rufen Wettbewerb unter den Schulen hervor und sollen eine Vergleichbarkeit der Lernleistungen ermöglichen. Leistungsschwache Schulen mit schlechten Ofsted-Berichten können *superheads* (übergeordnete Schulleiter) vorgesetzt bekommen, ineffektive Schulbehörden von Unternehmen übernom-

---

[22] Die britische Bildungsministerin Ruth Kelly nannte diese Bewegung auf der Konferenz „Target 2010 Sure Start Extended Schools" im November 2005 „a new localism". Die Nationalregierung habe die Pflicht, rigorose Standards zu setzen und zu gewährleisten, dass best practice-Beispiele im ganzen System bekannt werden. Gleichzeitig müsse sie den lokalen Behörden Autonomie und Verantwortung zugestehen. Vgl dazu: Kelly 2005.

[23] Im Folgenden sind die Ausführungen konzentriert auf *Primary schools* und *Comprehensive schools* (die von 90 % der 12-16jährigen besucht werden); ausgespart bleiben die *Grammar schools* (Gymnasien) und andere spezielle Formen sowie die einflussreichen und schulgeldpflichtigen *Independent* oder *Public schools* (‚Privatschulen' mit 7 % aller Schüler).

men werden (vgl. Phillips 2002: 126). Die Gründung von konfessionellen, gewerblichen oder anders spezialisierten Schulen wird nachdrücklich gefördert, um den Wettbewerbs- und Profilierungsdruck auf die *Comprehensive schools* zu erhöhen.

Unter diesen ökonomisch-administrativen Bedingungen lautet der programmatische Titel des größten Regierungsprogramms: „Every Child Matters". Die britische Bildungsministerin Ruth Kelly umschrieb die Absicht des Programms im November 2005 mit folgenden Worten: „We want to see every child dream, aspire and succeed, irrespective of their background. We want to see everyone with ladders of opportunities across their lives".[24] Hauptthemen sind also die Lockerung des Zusammenhangs zwischen Lernleistungen und familiärer Herkunft sowie *life-long learning*; zusätzlich fallen häufig die Worte Ganzheitlichkeit und Prävention. Mittels Frühförderung, Kinderbetreuung und Öffnung von Schulen soll eine neue Basis für den veränderten Wohlfahrtsstaat geschaffen werden (vgl. ebd.: 13-14): Als sozial gerecht wird nun angesehen, wenn die Lebenschancen eines Kindes allein von seinen eigenen Fähigkeiten und Anstrengungen abhängen und nicht vom familiären Hintergrund.[25]

Nicht debattiert wird in England über Ganztägigkeit oder sonstige innerschulische Zeitstrukturen, kaum über Lernkultur oder ‚Rhythmisierung', sehr wohl aber über eine umfangreiche Zusammenführung von bisher getrennter schulischer und sozialpädagogischer Arbeit. Schulpädagogisch wird diese komplexe Programmatik als ein „whole-school issue" betrachtet, also ein Aufgabenfeld, das (mindestens) die gesamte Schulgemeinschaft erfordere: Lehrer, Unterstützungspersonal, Verwaltung, Schüler, Eltern und das lokale Umfeld.[26] Institutionelle Kristallisationen dieses unüberhörbaren Diskurses sind die nunmehr 2.500 *Extended schools* in England und Wales:[27] *Extended schools* (erweiterte Schulen) sind multi-institutionelle und -professionelle Zentren, die – in den meisten Fällen um ein Schulgebäude gruppiert – vielfältige Angebote und Dienstleistungen für Kinder, Schüler, Familien und Erwachsene vorhalten (siehe Atkinson 2006). Die fünf Kernelemente sind: Kindertagesbetreuung (von 8-18

---

[24] Siehe Kelly 2005 und Atkinson 2006.

[25] „All can succeed", jede/r könne erfolgreich sein, auch in Schulen mit vielen Migranten oder aus armen Haushalten: Wer aus einem sozial schwachen Stadtteil komme, brauche in besonderem Maße „solides Wissen und exzellente Zensuren, um im Leben vorwärts zu kommen", so eine englische Schulleiterin (zit. n. Kreienbaum 1997: 55); ihre Schule begreife sich deshalb als „creative learning communitiy", als „Oase inmitten von Elend und Tristesse" (ebd.). Deshalb werden Wertschätzung und Unterstützung von Selbstbewusstsein in vielfältigen Formen geübt.

[26] Siehe Teachernet 2007b.

[27] Das sind 10 % aller Schulen; bis 2010 soll die Hälfte aller Primar- und ein Drittel aller Sekundarschulen *extended* sein; die Schulinspektion *Ofsted* 2006 gibt als Regierungsziel sogar an, das 2010 *alle* Kinder Zugang zu einer Vielfalt von Aktivitäten nach dem Schulschluss haben sollen.

Uhr), Hausaufgaben- und Nachhilfe mit Freizeitprogramm, Familienbildung und Erziehungsberatung, Zugang zu spezialisierten sozialen Dienstleitungen, Öffnung zum Gemeinwesen und Erwachsenenbildung – allesamt Elemente, die aus Konzepten der *Community Education* bzw. *Community Work* bekannt sind.[28] Intention ist, dass alle Kinder und Jugendlichen gesund sind, dass sie sicher wohnen, Spaß haben und sich anstrengen, einen positiven Beitrag zur Gemeinschaft leisten und ihr ökonomisches Wohlergehen anstreben (vgl. ebd.). Programmatisch: „Whatever their circumstances, every child will have the opportunity and support they need to be healthy, stay safe, enjoy and achieve, make a positive contribution, and enjoy economic well-being. And every parent will have their chance to improve the lives of themselves and their family".[29]

Die universitären Evaluatoren des seit 2004 mit anteiliger Finanzierung durch das Jugend- und Familienministerium sowie das Schulministerium geführten Programms betonen in ihrem aktuellen Zwischenbericht, dass *Extended schools* Individuen und Familien helfen, einen neuen Zugang zum Lernen zu finden und somit Wirkungen auf ihre Lebenschancen entfalten. Kinder, Jugendliche und Familien, die das erweiterte Angebot nutzen, hätten größeres Selbstvertrauen, verbesserte Sozialbeziehungen, höhere Ziele und bessere Einstellungen zum Lernen. Die Schulen vermeldeten weniger Absentismus und Ausschlüsse sowie erhöhte Anmeldezahlen.[30]

Wenngleich also in England kein Diskurs über die Ganztagsschule zu hören oder zu lesen ist, so wird doch umfangreich und weit reichend über eine neue Aufgabenverteilung zwischen Nationalstaat, Lokalbehörden, Einzellschulen, sozialen Einrichtungen und Familien debattiert. Darin eingelagert sind vielfältige Diskurse über die Förderung jedes einzelnen Kindes bei gleichzeitig intensiver Familienunterstützung und Erwachsenbildung. Der britische Schul-Diskurs ist als eine Mischung aus ökonomischen und individuumsbezogenen Argumenten zu bezeichnen, aus dem heraus Organisationen umgestaltet werden – eine typische Formation des neo-sozial-liberalen *third way*.

4 Zusammenfassung

Neben dem *topos* der Vereinbarkeit von Familie und Beruf war die erhoffte Verbesserung von Lernleistungen zwar Hauptanlass für die deutsche Ganztags-

---

[28] Siehe Every child matters 2007.
[29] Siehe Kelly 2005.
[30] Siehe Teachernet 2007a, zu Forschung in Bezug auf die Kooperation der Institutionen siehe Atkinson 2006.

Debatte (vgl. Kuhlmann/Tillmann in diesem Buch), dessen Thematisierung ist aber seit einiger Zeit in den Hintergrund gerückt[31] – sei es aus später Einsicht, dass keinerlei Korrelation zwischen Unterrichtsvolumen und Lernleistungen besteht[32] oder sei es aus Ernüchterung über die tatsächliche Form und Qualität der neuerdings eingeführten Ganztags-Arrangements.[33] Hingegen wird in den vier hier wiedergegebenen Diskursräumen die Verbesserung von Lernleistungen durch die Organisation der Schulzeit nur selten erwähnt: In Russland und Italien kaum; in der Schweiz und in England als Nebenthema im Rahmen von sozial-ökonomischen Erwägungen. Vielmehr werden folgende Themenkomplexe breit und facettenreich debattiert:

• Erzieherisch-Reformpädagogisches:
  Kritik an Lebensferne und Rollencharakter in der Schule;
  Betonung von Subjektsensibilität und Familienähnlichkeit etc.

• Soziokulturell-Informelles:
  Hinweis auf Anregungsdefizite und Armutsrisiken bzw. unbeachtete Lern-orte;
  Betonung von kompensatorischen Angeboten bzw. auf sozialen Kompe-tenzen aus Freizeit und Arbeitswelt etc.

• Infrastrukturell-Komplementäres:
  Sorge um Ausstattungen mit Kinder- und Jugendeinrichtungen/-vereinen;
  Betonung der Schule als Lebensort etc.

• Volkswirtschaftlich-Investives:
  Sorge um Steuer-/Konsumaufkommen und um den demographischen Wandel; Betonung des Humankapitals etc.

Kaum zu vernehmen sind *topoi* der politischen Sozialisation, der vorpolitischen Identitätsbildung oder der Partizipation, kurz: der Demokratiebildung.[34] In Deutschland wird dieses Themenfeld zwar manchmal benannt, aber zumeist (wie z. B. im BLK-Programm „Demokratie lernen und leben") allein schulzen-triert umgesetzt und diskutiert (siehe Wunder 2006).[35] Nicht im Blick sind hier die systematischen Demokratielücken der (Ganztags-)Schule und die dazu mög-

---

[31] So sind Lernleistungen auch kein Thema der bundesweiten „Studie zur Entwicklung von Ganz-tagsschulen (StEG)", siehe Holtappels u. a. 2007.

[32] Siehe die sehr ausführliche und eindeutige Fußnote in Baumert u.a. 2001: 416-418 sowie die international vergleichende Literaturanalyse von Radisch/Klieme 2004.

[33] Zu einzelnen Aspekten siehe Holtappels u. a. 2007.

[34] Demokratiebildung spielt überraschenderweise auch in der schweizerischen Diskussion über Tagesstrukturen keine Rolle; für eine Ausnahme – freilich aus anderer Intention – siehe Oelkers 2004.

[35] Möglicherweise gibt der Ganztagsschulkongress 2008 in Berlin dazu einen neuartigen Anstoß, da er u. a. ‚Partizipation' zum Thema macht.

licherweise komplementären Strukturprinzipien der Jugendarbeit, wie sie – gemeinsam mit den schulischen Demokratiestärken – im Konzept der „Ganztagsbildung" grundgelegt sind (Coelen 2006).

Literatur

Aeberli, Christian/Binder, Hans-Martin (2005): Das Einmaleins der Tagesschule. Leitfaden für Gemeinde und Schulbehörden (hrsg. v. avenir suisse). In: www.avenir-suisse.ch/content/themen/fruehere-themen/bildung-innovation/tagesschule/mainColumnParagraphs/0/document1/einmaleins_tagesschulen.pdf (Download am 14.01.08).

AG 6 (2004): „Ganztagsschule – Ganztagsbetreuung – Ganztagsbildung" In: „Bildung über die Lebenszeit." Kongress an der Universität Zürich im März 2004. In: www.paedkongress04.unizh.ch/veranstaltungen/arbeitsgruppen/ag6.html (Download am 14.01.08).

Allemann-Ghionda, Cristina (2005): Ganztagsschule im internationalen Vergleich – von der Opposition zur Arbeitsteilung zwischen Staat und Familie? In: Hansel, Toni (Hrsg.): Die Ganztagsschule. Halbe Sache – großer Wurf? Herbolzheim: Centaurus: 199-223.

Appel, Stefan u. a. (Hrsg.) (2005): Jahrbuch Ganztagsschule 2006: Schulkooperationen. Schwalbach: Wochenschau.

Arnoldt, Bettina/Züchner, Ivo (2008): Funktion und Rolle der Kooperationspartner von Ganztagsschulen. In: Coelen, Thomas/Otto, Hans-Uwe (Hrsg.): Grundbegriffe Ganztagsbildung. Das Handbuch. Wiesbaden: VS-Verlag (i. Dr.).

Atkinson, Mary (2006): Multi-Agency Working across Education, Child Care and Health: Research and Development in the UK. In: Bildung und Erziehung, 3/06: 285-302.

Baur, Siegfried (2005): Verlängerte Unterrichtszeit in Italien. In: Otto/Coelen: 73-80.

Bois-Reymond, Manuela du (2005): Die Beziehungen zwischen formeller und nicht-formeller Erziehung und Bildung in den Niederlanden. In: Otto/Coelen,: 93-104.

Brinkmann, Günther (2002): Italien. In: Döbert/Hörner/Kopp/v. Mitter (Hrsg.): Die Schulsysteme Europas, Baltmannsweiler: Schneider: 221-233.

Coelen, Thomas (2005): Synopse ganztägiger Bildungssysteme. Zwischenschritt auf dem Weg zu einer Typologie. In: Otto/Coelen: 191-218.

Coelen, Thomas (2006): Ausbildung und Identitätsbildung. Theoretische Überlegungen zu ganztägigen Bildungseinrichtungen in konzeptioneller Absicht. In: Otto/Oelkers (Hrsg.): Zeitgemäße Bildung. Herausforderungen für Erziehungswissenschaft und Bildungspolitik, München und Basel: Reinhardt: 131-148.

Deinet, Ulrich (2003): Ganztagsangebote durch Kooperation von Schule und Jugendhilfe. In: Appel, Stefan/Ludwig, Harald (Hrsg.): Jahrbuch Ganztagsschule 2004. Schwalbach: Wochenschau: 141-163.

Every Child Matters. (2007): Extended schools. In: www.everychildmatters.gov.uk/ete/extendedschools/ (Download am 14.01.08).

Holtappels, Heinz-Günter/Klieme, Eckhard/Rauschenbach, Thomas/Stecher, Ludwig (Hrsg.) (2007): Ganztagsschule in Deutschland: Ergebnisse der Ausgangserhebung der „Studie zur Entwicklung von Ganztagsschulen" (StEG). Weinheim: Juventa.

Hörner, Wolfgang (2005): Ganztagsschule in Frankreich. In: Otto/Coelen (Hrsg.): Ganztägige Bildungssysteme. Innovation durch Vergleich, Münster: Waxmann: 63-70.

Ito, Toshiko (1997): Zwischen „Fassade" und „wirklicher Absicht". Eine Betrachtung über die dritte Erziehungsreform in Japan. In: ZfPäd. 3/97: 449-466.

Kelly,   Ruth   (2005):   Target   2010   Conference.   In:
    www.dfes.gov.uk/speeches/media/documents/target.doc (Download am 14.01.08).
Kreienbaum u. a. (Hrsg.) (1997): Bildungslandschaft Europa. Zehn Schulsysteme im internationalen
    Vergleich, Bielefeld: Kleine.
Lipski, Jens (1998): Was können wir von Japan lernen? Ein Plädoyer für die Öffnung der Schule zur
    Freizeitwelt. In: Die Deutsche Schule 3/98: 362-368.
Livingstone, David W. (2005): Formen des Lernens und die Organisation von Bildung im Übergang
    zum Erwachsenenalter: Eine kanadische Perspektive. In: Otto/Coelen (Hrsg.): Ganztägige
    Bildungssysteme. Innovation durch Vergleich. Münster: Waxmann: 39-55.
Mangold, Max/Messerli, Andreas (2005): Die Ganztagsschule in der Schweiz. In: Ladenthin/Rekus
    (Hrsg.): Die Ganztagsschule – Alltag, Reform, Geschichte, Theorie. Weinheim und München:
    Juventa: 107-124.
Oelkers, Jürgen (2004): Gesamtschule und Ganztagsschule – Politische Dimensionen des deutschen
    Bildungswesens. In: Otto/Coelen, Thomas (Hrsg.) (2004): Grundbegriffe der Ganz-
    tagsbildung. Beiträge zu einem neuen Bildungsverständnis in der Wissensgesellschaft. Wies-
    baden: VS Verlag: 221-246.
Ofsted – Office for Standards in Education, Children's Services and Skills (2006): Extended
    schools. In: www.ofsted.gov.uk/news (Download am 14.01.08).
Otto, Hans-Uwe/Coelen; Thomas (Hrsg.) (2005): Ganztägige Bildungssysteme. Innovation durch
    Vergleich. Münster: Waxmann.
Phillips, David (2002): England und Wales. In: Döbert/Hörner/Kopp/v. Mitter (Hrsg.): Die Schul-
    systeme Europas. Baltmannsweiler: Schneider: 115-129.
Pierson, Paul (2000): Increasing Returns, Path Dependence, and the Study of Politics. In: American
    Political Science Review 2/00: 251-267.
PISA – Baumert, Jürgen u. a. (Hrsg.) (2001). PISA 2000. Basiskompetenzen von Schülerinnen und
    Schülern im internationalen Vergleich. Opladen: Leske + Budrich.
Pulkkinen, Lea/Pirttimaa, Raija (2005): Der „integrierte Schultag" in Finnland. In: Otto/Coelen: 81-
    90.
Radisch, Falk/Klieme, Eckhard (2004): Wirkungen ganztägiger Schulorganisation. Bilanz und
    Perspektiven der Forschung. In: Die Deutsche Schule, 96. Jg.: 153-169.
Rakhkochkine, Anatoli (2005): Schulische und ‚ergänzende' Bildung in Russland. In: Otto/Coelen:
    105-119.
Schmidt, Gerlind (1994): Die Ganztagsschule in einigen Ländern Europas. Vergleichende Analyse
    im Rahmen des Projekts „Zeit für Schule". In: Mitter, Wolfgang/Knopp, Bodo v. (Hrsg.): Die
    Zeitdimension in der Schule als Gegenstand des Bildungsvergleichs. Köln: 45-112.
Senoner, Alexandra (2004): Die Ganztagsschulen in Österreich. In: Appel/Rother/Rutz u. a. (Hrsg.):
    Jahrbuch Ganztagsschule 2005. Investitionen in die Zukunft. Schwalbach: Wochenschau: 176-
    179.
SPÖ-Parlamentsklub (2003): Ganztägige Schulformen. Projekt des SPÖ-Parlamentsklubs. In:
    www.ganztagsschule.at (Download am 14.01.2008).
Taki, Mitsuri (2005): Ganztagsschule in Japan. In: Otto/Coelen: 57-62.
Teachernet (2007a): Extended schools. In: www.teachernet.gov.uk/extendedschools (Download am
    14.01.08).
Teachernet (2007b): Whole-school issues. In: www.teachernet.gov.uk/wholeschool/ (Download am
    14.01.08).
Time Politics (2005) – Time Politics: A European Sonderweg? The 'Time Politics' of Public
    Education in Post-War Europe: An East-West Comparison. International and Interdisciplinary
    Research Project funded by the Volkswagen Foundation. In: www.time-politics.com
    (Download am 14.01.08).

Tomlinson, Sally (2008): Education Policy, Gender and the Labor Market: The Time Policy of British Education since 1945. In: Hagemann, Karen/Jarausch, Konrad H./Allemann-Ghionda Cristina (Hrsg.): Time Policies: Child Care and Primary Education in Post-War Europe. New York/Oxford: Berghahn. (i. Dr.).

Treptow, Rainer (2002): International Vergleichende Sozialpädagogik. Eine Aufgabenbestimmung zwischen Projektkooperation und Grundlagenforschung. In: Thole, Werner (Hrsg.): Grundriss Soziale Arbeit. Ein einführendes Handbuch. Opladen: Leske + Budrich: 897-910.

Verein Tagesschulen Schweiz (2000) (Hrsg.): Warum Tagesschulen? Zürich.

Verein Tagesschulen Schweiz (2008): Öffentliche Tagesschulen in der Schweiz. In: www.tagesschulen.ch/wo.html (Download am 14.01.08).

Wetzel, Konstanze (2007) (Hrsg.): Ganztagsbildung – eine europäische Debatte. Impulse für die Bildungsreform in Österreich. Wien/Münster: Lit.

Winch, Christopher (2005): Die Ganztagsschule in Groß-Britannien. In: Ladenthin/Rekus (Hrsg.): Die Ganztagsschule – Alltag, Reform, Geschichte, Theorie. Weinheim/München: Juventa: 85-97.

Wunder, Dieter (2006): Ganztagsschule und demokratisches Lernen. In: Beiträge zur Demokratie-pädagogik. Eine Schriftenreihe des BLK-Programms „Demokratie lernen & leben" (hrsg. v. Wolfgang Edelstein und Peter Fauser), Berlin.

Zymek, Bernd (1975): Das Ausland als Argument in der pädagogischen Reformdiskussion. Ratingen/Kastellaun: Henn.

II. Symbolische Konstruktionen und die Legitimation des Ganztags in Praktikerdiskursen.
Fallanalysen aus dem Forschungsprojekt LUGS

Länderspezifische Rahmenbedingungen und Zielsetzungen – Zu den untersuchten Schulen

Anna Schütz, Doreen Weide

Im Jahre 2003 wurde die damalige Bundesregierung aktiv und startete zur Unterstützung der bildungspolitischen Entwicklung in den Bundesländern das Investitionsprogramm "Zukunft Bildung und Betreuung" (IZBB), mit dem der bedarfsgerechte Auf- und Ausbau von Ganztagsschulen vorangetrieben werden sollte. Hintergrund der Auflage dieses Programmes waren neben sozialpolitischen Erwägungen – etwa die Erweiterung des nachmittäglichen Betreuungsangebotes für Kinder und Jugendliche – bildungspolitische Motive, die darauf abzielten, durch veränderte schülerorientierte Lernarrangements und eine verstärkte Förderung Einzelner die Leistungen deutscher Schülerinnen und Schüler zu verbessern.[1]

Mit Hilfe der IZBB-Bundesmittel werden erforderliche Neubau-, Ausbau- und Renovierungsmaßnahmen sowie die Ausstattung von Ganztagsschulen gefördert. Für die konkrete Umsetzung sind die Länder im Rahmen ihrer Zuständigkeit für die Förderrichtlinien, die Auswahl der förderfähigen Schulen und die personelle Ausstattung verantwortlich. So hat in den vergangenen Jahren jedes Bundesland ein länderspezifisches Ganztagsschulkonzept entwickelt. Dabei lassen sich einige strukturelle Unterschiede sowohl bezüglich der pädagogisch-konzeptionellen als auch in Bezug auf die organisatorisch-betrieblichen Konzeptionen feststellen. Darüber hinaus sind die geförderten Schulen verpflichtet, ein eigenes pädagogisches Ganztagskonzept zu entwerfen, welches sich an den *Gestaltungselementen* (Rheinland-Pfalz), den *Qualitätsmerkmalen* (Brandenburg) oder den *Qualitätsbereichen* (Berlin) der jeweiligen Kultusministerien orientieren soll.

Auf der Grundlage einer Ausschreibung haben sich Ganztagsschulen für eine Teilnahme am ebenfalls durch Mittel des IZBB geförderten Forschungsprojektes „Lernkultur- und Unterrichtsentwicklung in Ganztagsschulen" (LUGS) beworben. Ausgewählt wurden die Schulen nach verschiedenen Krite-

---

[1] Vgl. Kuhlmann/Tillmann in diesem Band

rien, von denen angenommen wurde, dass sie die Entwicklung der Schulen beeinflussen. Dazu zählen die Organisationsform des Ganztagsbetriebs, Dauer und Stand des Entwicklungsprozesses, die Schulform sowie die Lage und das soziale Umfeld der Schule. Nachdem zusätzlich drei Schulen gezielt angesprochen wurden, konnte schließlich für Kontrastierungen im Sample gewährleistet werden, dass unterschiedliche Organisationsformen zu finden, dabei aber mindestens zwei Schulen jeder Schulform vertreten sind, dass es Schulen aus städtisch und ländlich geprägtem Einzugsgebiet gibt, dass sie eine sozial durchaus unterschiedlich zu beurteilende Schülerschaft repräsentieren und bisher einen schon unterschiedlich lange dauernden Entwicklungsprozess zu einer Ganztagsschule durchlaufen haben.

Die zwölf in das Forschungsprojekt einbezogenen Schulen – zwei Gymnasien, eine Oberschule, eine Regionale Schule, zwei Förderschulen sowie sechs Grundschulen – verteilen sich zu je einem Drittel auf die Bundesländer Berlin, Brandenburg und Rheinland-Pfalz. Davon sind drei Schulen im offenen Modell, vier Schulen im gebundenen Modell und fünf Schulen im zügigen oder teilweise gebundenen Modell[2] organisiert, wovon wiederum drei Schulen aktuell dabei sind, den gebundenen Ganztagsbetrieb jahrgangsweise einzuführen. Die Schulen in Brandenburg und Rheinland-Pfalz sind mehrheitlich in eher ländlichen Gebieten angesiedelt, die großstädtisch geprägten Berliner Schulen befinden sich jeweils zur Hälfte im ehemaligen Ost- und Westteil der Stadt. Neben ihren unterschiedlichen Standorten unterscheiden sich die Schulen zudem stark bezüglich des Stands der Entwicklung ihres Ganztagsschulvorhabens. So sind im Sample eine Berliner Grundschule vertreten, die bereits seit Anfang der achtziger Jahren teilgebundene Ganztagsschule ist und zwei Brandenburger Schulen, die mit dem Aufbau des Ganztagsbetriebs Mitte der neunziger Jahre begonnen haben. Der Großteil der Schulen wurde jedoch erst in den letzten vier Schuljahren zur Ganztagsschule.

Um deutlich zu machen, in welch unterschiedlichem Kontext die beforschten Schulen ihren Ganztagsbetrieb gestalten und entwickeln, sollen zentrale Bedingungen der bildungspolitischen Rahmungen in den drei Bundesländern Berlin, Brandenburg und Rheinland-Pfalz beschrieben werden.[3] Gefragt wird

---

[2] Im zügigen oder teilweise gebundenen Modell wechseln sich unterrichtliche und außerunterrichtliche Elemente ab, während im additiven Modell der Unterricht ausschließlich am Vormittag stattfindet.
[3] Hierbei beziehen wir uns auf die länderspezifischen Darstellungen zum Stand des IZBB-Programms des Sozialpädagogischen Instituts der Universität Köln in der zweiten aktualisierten Fassung von September 2006.

nach den, die Entwicklungsarbeit „vor Ort" in den einzelnen Schulen stark be-
einflussenden, Vorgaben in verschiedenen Bereichen. Dazu betrachten wir im
Folgenden sowohl die pädagogischen Leitziele und die unterschiedlichen For-
men ganztägiger Schulmodelle, die Vorgaben zu Inner- und außerschulischer
Kooperation, zu Zeit- und Raumkonzepten sowie zur Verpflegung als auch die
Standards bezüglich der Qualitätsentwicklung und Evaluation.

1 Leitziele

Um im Rahmen des Investitionsprogramms vom Bund gefördert zu werden,
muss eine Ganztagsschule ein pädagogisches Konzept vorlegen, auf dessen
Grundlage die zuständige Behörde im Land – in der Regel das Kultusministeri-
um – entscheidet, ob diese Schule gefördert wird. Das pädagogische Konzept
einer Ganztagsschule sollte sich laut Vorgaben des BMBF an folgenden Qualitätskriterien orientieren:[4]

1. Individuelle Förderung und Eröffnen von Lernchancen durch eine Pädagogik der Vielfalt, die konsequent die unterschiedlichen Lernvoraussetzungen
   der Schülerinnen und Schüler berücksichtigt (z. B. Begabungen, Lernhal-
   tung, Lernumgebung im Elternhaus und Vorwissen aus der Lebenswelt).
2. Veränderung von Unterricht und Lernkultur durch Verknüpfung von Unterricht, Zusatzangeboten und Freizeit über Vor- und Nachmittag (z. B. Lösung vom 45-Minuten-Takt, Raum für freien Unterricht und für Projekte).
3. Soziales Lernen über verschiedene Altersgruppen hinweg durch Angebote,
   die das Leben und Lernen in Gemeinschaft, respektvollen Umgang miteinander und soziale Kompetenz fördern.
4. Partizipation durch verbesserte Möglichkeiten der Mitentscheidung, Mitgestaltung und Mitverantwortung von Eltern, Schülerinnen und Schülern.
5. Öffnung von Schule durch Kooperation mit der Kinder- und Jugendhilfe,
   sozialen und kulturellen Einrichtungen und mit Betrieben vor Ort.
6. Kreative Freizeitgestaltung durch Einbeziehung außerschulischer Angebote
   (z. B. Jugendhilfe, Musikschulen, Sportvereine).
7. Qualifizierung des Personals durch entsprechende Weiterbildungen für die
   Schulleitung, Lehrkräfte, pädagogisches Personal und außerschulische Part-
   ner.

---

[4] Vgl. http://www.ganztagsschulen.org/118.php (Stand: 04.01.2008)

Diese Leitziele spiegeln zusammengefasst die pädagogischen Richtlinien der einzelnen Bundesländer wider. Die Landesregierungen aller drei berücksichtigten Bundesländer führen darüber hinaus explizit gesellschaftspolitische Überlegungen an, die auch im öffentlichen politischen Diskurs im Zusammenhang mit der Einführung von Ganztags(grund)schulen auftauchen, wie z. B. die bessere Vereinbarkeit von Familie und Beruf.[5] Als pädagogische Ziele nennt die rheinland-pfälzische Landesregierung den Abbau von sozialen Benachteiligungen, die besondere Unterstützung von Schülerinnen und Schülern mit Migrationshintergrund und die Förderung von Chancengleichheit. Dezidiert zusammengefasst werden diese Vorstellungen unter dem „Ziel (…), alle Kinder in Rheinland-Pfalz mit ihren Stärken und manchmal auch Problemen noch besser und früher zu fördern."[6] Die Berliner Senatsverwaltung sieht Ganztagsschulen als ein ganzheitliches System von Bildung, Erziehung und Betreuung, in dem, ähnlich wie in Rheinland-Pfalz beabsichtigt, eine individuelle Förderung insbesondere der bildungsbenachteiligten Schülerinnen und Schüler erfolgen soll. In Berlin und in Brandenburg wird die Ganztagsschule als ein „Lern- und Lebensort" verstanden, in dem fachliches mit sozialem Lernen verbunden werden kann. Im Land Brandenburg werden als Ziele von Ganztagsschulen u. a. der Abbau von Bildungsbarrieren und die Ermöglichung individueller sowie vertiefender Förderung einzelner Schülerinnen und Schüler genannt. Damit versprechen sich alle drei an der Studie beteiligten Bundesländer von der Ganztagsschule mehr Möglichkeiten der individuellen Förderung der Schülerinnen und Schüler; zu erwarten ist daher, dass die Schulen ihre Angebote dementsprechend ausrichten.

2   Formen ganztägiger Modelle und ganztagsspezifische Angebote

In Berlin wurde aus bildungspolitischen Gründen, unter anderem zur Verbesserung der Möglichkeiten für die Vereinbarkeit von Familie und Beruf, die Entscheidung getroffen, besonders Grundschulen bei der Umstellung auf den Ganztagsbetrieb mit IZBB-Mitteln zu fördern. Deshalb besteht unser Sample in diesem Bundesland aus vier Ganztagsgrundschulen. Im Schuljahr 2005/06 wurde in Berlin flächendeckend die Verlässliche Halbtagsgrundschule eingeführt. Darüber hinaus können im Primar- sowie Sekundarbereich I Ganztagsschulen in offener und gebundener Form geführt werden. Damit stehen im Grundschulbe-

---

[5] z. B. in: Höhmann u. a. 2005: 8; vgl. auch Honig 2007.
[6] Vgl. http://www.landtag.rlp.de/Internet-DE/med/508/5085427a-6405-a01b-e592-6bf983c6eaca,11111111-1111-1111-1111-111111111111 (Stand: 04.01.2008)

reich zeitlich unterschiedlich ausgerichtete Modelle zur Verfügung, die Betreuungsmöglichkeiten im Zeitraum zwischen 6:00 und 18:00 Uhr ermöglichen. Ganztagsschulen in gebundener Form sollen laut konzeptioneller Vorgaben der Berliner Senatsverwaltung besonders in sozial schwierigen Stadtteilen eingeführt werden und speziell bildungsbenachteiligten Schülerinnen und Schülern durch zusätzliche Förderung bessere Entwicklungschancen bieten.[7]

In Rheinland-Pfalz gibt es drei Formen des Ganztagsmodells, die – wie auch in Berlin und Brandenburg – ausschließlich im Primar- und Sekundarbereich I eingerichtet werden können. Die Ganztagsschulen in offener Form können einzelne Unterrichtsveranstaltungen auf den Nachmittag legen und bieten darüber hinaus eine außerunterrichtliche Betreuung an. An Ganztagsschulen in verpflichtender Form ist die Teilnahme an pädagogischen Angeboten für alle Schülerinnen und Schüler verpflichtend. Diese Form der Ganztagsorganisation findet sich in erster Linie an Förderschulen. Des Weiteren zu nennen sind Ganztagsschulen in Angebotsform, die sowohl im additiven (freiwillige Ganztagsangebote) als auch im zügigen Modell (Ganztagsklassen) geführt werden können.[8] Damit ähnelt das rheinland-pfälzische Modell der Ganztagsschule in Angebotsform der Form des offenen Ganztagsangebots in Berlin und Brandenburg.

Im Unterschied zu den beiden anderen am Projekt beteiligten Bundesländern sind im Land Brandenburg wegen des ausgebauten Hortangebots keine Grundschulen in voll gebundener Ganztagsschulform vorgesehen. Stattdessen gibt es Verlässliche Halbtagsgrundschulen mit anschließendem Hortbetrieb und ergänzenden Angeboten sowie Ganztagsschulen in offener Form. Im Bereich der Sekundarstufe I werden Ganztagsschulen in offener, voll oder teilweise gebundener Form angeboten. Für alle Formen der Ganztagsschule in Brandenburg gilt, dass die Angebote an mindestens drei Wochentagen für jeweils acht Zeitstunden oder an mindestens vier Wochentagen für jeweils sieben Zeitstunden unterbreitet werden müssen. Die offene Ganztagsschule bietet neben dem, im Wesentlichen unveränderten, Unterrichtsteil am Vormittag außerunterrichtliche Bildungsangebote an, die nicht zwingend mit dem Lerngeschehen in der Schule in Verbindung stehen, während in den Ganztagsschulen der voll oder teilweise gebundenen Form der Unterricht, die zusätzlichen Angebote der Schule und die ihrer Kooperationspartner eine pädagogische Einheit bilden sollen.

---

[7] Vgl. http://www.berlin.de/sen/bildung/berlin_macht_ganztags_schule/ (Stand: 31.10.06)
[8] Vgl. Kolbe/Kunze 2006

Im Sample des Forschungsprojektes LUGS befinden sich drei Schulen im offenen und vier Schulen im gebundenen Ganztagsmodell, fünf Schulen realisieren Mischformen. Hierzu gehören sowohl das zügige Modell, welches den Schülerinnen und Schülern die Wahl zwischen gebundenen Ganztagsklassen und Klassen im offenen Modell überlässt als auch diejenigen Schulen, die den gebundenen Ganztagsbetrieb in der untersten Klasse begonnen haben und diesen Jahrgang für Jahrgang hoch wachsen lassen. An einigen Schulen können Schülerinnen und Schüler, die nicht am Ganztag teilnehmen, das Nachmittagsangebot fakultativ nutzen.

Als zentrale Merkmale des Ganztagsangebots der Schulen haben sich bisher, mit einer Ausnahme, neben der obligatorischen Mittagsverpflegung (s. u.) ein quantitativ und qualitativ unterschiedlich ausgeprägtes AG-Angebot im Nachmittagsbereich sowie eine außerunterrichtliche Hausaufgabenbetreuung herauskristallisiert. In Brandenburg wird das Angebot noch durch das Arbeitsstundenkonzept ergänzt, welches im Schulgesetz vorgeschrieben ist.[9]

3   Inner- und außerschulische Kooperation

An den von uns untersuchten Grundschulen sind neben den Lehrerinnen und Lehrern auch Erzieherinnen und Erzieher beschäftigt oder es besteht eine enge Kooperationsbeziehung mit einem angeschlossenen Hort. Letzteres trifft vor allem auf Brandenburg zu. In der rheinland-pfälzischen Sekundarstufe I wird zusätzliches pädagogisches Personal wie beispielsweise Co-Lehrerinnen und Co-Lehrer[10] oder pädagogische Fachkräfte zur Betreuung von Fördermaßnahmen eingesetzt. In Brandenburg hingegen ist die Beschäftigung von Erzieherinnen und Erziehern oder anderem pädagogischen Personal laut rahmenpolitischer Vorgaben nicht vorgesehen. Hier sollen die Lehrkräfte von außerschulischen Personen unterschiedlichster Qualifikationsprofile wie zum Beispiel speziellen Fachkräften aus dem Personalstand der Kooperationspartner (z. B. Hort), Honorarkräften oder auch von den Eltern unterstützt werden.

Berliner Ganztagsschulen sollen ein ganzheitliches System von Bildung, Erziehung und Betreuung anbieten, in dem neben Kooperationen mit außerschu-

---

[9] Vgl. http://www.ganztagsschulverband.de/DownloadLandesverbaende/ Verwaltungsvorschrift-Brande.pdf (Stand: 04.01.2008).
[10] Co-Lehrer werden sind keine examinierten Lehrer, besitzen aber im unterrichteten Fach einen akademischen Abschluss. Sie werden im Nachmittagsangebot bzw. im Unterricht des zügigen Modells beschäftigt.

lischen Partnern auch innerhalb der Schule verstärkte Kooperationsarbeit geleistet wird.[11] In Berlin wird dieser Anspruch durch die innerschulische Kooperation in Teams aus Lehrkräften, Erzieherinnen und Erziehern realisiert.[12] Der außerschulischen Kooperation werden keine engen Grenzen gesetzt. Ziel ist es, die Schulen zu einem integrierten Bestandteil ihres Quartiers[13] werden zu lassen und dessen Angebote und Institutionen in den Schulalltag, so weit es geht, zu integrieren. In Brandenburg ist der Abschluss von Kooperationsvereinbarungen sogar Voraussetzung für die Einführung des Ganztagsbetriebs. Neben der Kooperation mit öffentlichen Angeboten und anderen Stellen im Umfeld der Schulen ist hiermit auch die Verbindung von Grundschulen und Hort durch ein gemeinsames pädagogisches Konzept gemeint.

Rheinland-Pfalz sieht ebenfalls Kooperationsverträge zur Erweiterung und Unterstützung des schulischen Angebots vor. Betont wird, dass sich die Ganztagsschulen, Kindertagesstätten und Horte nicht als Konkurrenten verstehen, sondern innerhalb eines pädagogisch-organisatorischen Konzepts zusammenarbeiten sollen. Die Möglichkeit der Mitarbeit von Eltern in und an zusätzlichen pädagogischen Angeboten wird ebenfalls hervorgehoben. Neben den Gegebenheiten des Schulumfeldes wie beispielsweise vorhandenen Musik- und Sportvereinen, kulturellen Einrichtungen oder Betrieben können die Schulen auch die Rahmenvereinbarungen des jeweiligen Bundeslandes mit öffentlichen und freien Trägern nutzen, um ihr Ganztagsangebot auszubauen.

Vor allem das AG-Angebot der Schulen, die im Sample vertreten sind, wird durch die Kooperationspartner gestaltet, während Fördermaßnahmen und Hausaufgabenbetreuung als weitere zentrale Elemente des Ganztags eher durch zusätzliches pädagogisches Personal, Lehrkräfte oder ehemalige Lehrerinnen und Lehrer durchgeführt werden.

4 Zeitkonzept

Wie so oft mit der Einführung von Ganztagsschulen wird auch in Berlin – hier für die Grundschulen – die Erwartung in die Ganztagskonzepte gesetzt, den 45-Minuten-Rhythmus aufzubrechen. Stattdessen werden von Seiten der Senatsschulverwaltung Unterrichtsblöcke mit je 60, 80 oder 90 Minuten als förderlich dargestellt, die optimalerweise von einem gleitenden Schulbeginn und einer

---

[11] Vgl. http://www.berlin.de/sen/bildung/berlin_macht_ganztags_schule/ (Stand: 04.01.2008)
[12] Vgl. Breuer/Reh: 2008, Kolbe/Reh: 2008
[13] Orts-, Stadt- oder Gemeindeteil als soziales Bezugssystem

offenen Schlussphase gerahmt werden.[14] Von einer anderen zeitlichen Rahmung der Ganztagsschule verspricht sich das Bundesland Berlin durch eine „kind- und lerngerechte Rhythmisierung"[15] eine Veränderung des Lehrens und Lernens. Die Brandenburgischen Grundschulen sollen laut bildungspolitischer Vorgaben einen offenen Unterrichtsbeginn von 30 Minuten und Lernblöcke von 90 Minuten im Stundenplan vorsehen. Auch in Brandenburg soll für die (gebundenen) Ganztagsschulen eine „kind- und lerngerechte Rhythmisierung" über den Vor- und Nachmittag vorgenommen werden, die sich sowohl an den physiologischen und psychologischen Belastungen als auch am Lerntempo der Schülerinnen und Schüler orientiert. Im Gegensatz zu diesen beiden Bundesländern wird in den rheinland-pfälzischen Vorgaben für Ganztagsschulen kein Zeitkonzept vorgegeben oder nahe gelegt und es wird hier nicht von „Rhythmisierung" gesprochen.

Die ungenaue Verwendung des Begriffs der „Rhythmisierung" schlägt sich in der Praxis nieder: So ist in den Schulprogrammen der am Projekt beteiligten Berliner und Brandenburger Schulen oft von Rhythmisierung die Rede, es wird jedoch nicht näher erläutert, wie eine solche bei der organisatorischen und didaktischen Ausgestaltung des Schultages berücksichtigt werden soll. Auch eine genaue Betrachtung der Stundenpläne lässt keine Rückschlüsse über die Umsetzung dieses Vorhabens zu. Besonders die offenen Ganztagsschulen weisen in der zeitlichen Strukturierung des Schulvormittages keinen Unterschied zur Halbtagsschule auf. Insofern lässt sich sagen, dass diese erst am Nachmittag durch ihre betreuten Freizeitangebote zur Ganztagsschule werden.

Andere Zeitkonzepte finden sich an den gebundenen Ganztagsschulen unter den am LUGS-Projekt beteiligten Schulen wieder. Als ein in Bezug auf die zeitliche Gestaltung des Schultages innovatives Beispiel ist eine Berliner Grundschule zu nennen, in der der Unterricht zumeist in Doppelstunden nach einem 40-minütigem-Rhythmus erfolgt. Durch das Reduzieren der Unterrichtszeit auf 40 Minuten gewinnt die Schule Zeit, die sie jahrgangsspezifisch für Differenzierungsunterricht, Projektkurse, klassenübergreifende Leistungs-

---

[14]Vgl. http://www.berlin.de/sen/bildung/berlin_macht_ganztags_schule/rhythmisierung.html (Stand: 04.01.2008)
[15] Der Bedeutungsgehalt des Begriffs „Rhythmisierung" wird in den Ländervorgaben nicht geklärt. Historisch zu verorten ist die Verwendung des Begriffs „Rhythmisierung" in den Versuchsschulen der zwanziger Jahre des vergangenen Jahrhunderts, in denen Bestrebungen unternommen wurden, sich an einem biologisch-natürlich gedachten Rhythmus des Schulkindes zu orientieren. Bis in die gegenwärtige Diskussion über die zeitliche Ausgestaltung des Schultages hat der Begriff „Rhythmisierung" insofern überdauert, als damit ein Wechsel von Anspannung und Entspannung der schulischen Angebote verbunden wird. Weiterführende Literatur zu dieser Problematik: Kolbe/Rabenstein/Reh.: 2006, Rabenstein: 2008.

kurse (Klasse 5/6) sowie für Wahlpflichtunterricht nutzt. Wenn auch die meisten der anderen am Projekt beteiligten Schulen noch den 45-Minuten-Rhythmus verfolgen, werden z. T. in den Stundenplänen Doppelstunden gesteckt und an manchen Schulen wurde die Schulklingel abgeschafft, sodass offene Übergänge organisatorisch überhaupt erst möglich sind.

5 Raumkonzept

Mit dem Blick auf den Schwerpunkt der Förderung des IZBB-Programms auf Ausbau-, Umbau-, Renovierungs- und Ausstattungsmaßnahmen wird deutlich, dass der Ausbau und die Umgestaltung der Räumlichkeiten als Voraussetzung für einen erfolgreichen Ganztagsschulbetrieb gilt.[16] Laut des BMBF fördert das architektonische Design von Schulräumen, die zugleich auch Lebensraum im Alltag einer Ganztagsschule sind, ein offenes Lernklima.[17] Ergebnisse einer Studie zur Wirkung von Schulbauten auf Schüler verweisen darauf, dass „schülergerechte Bauten auf gewisse Sinneseigenarten der ‚Bewohner' abgestimmt und durch die Beachtung einer bestimmten sozialen Anmutung ausgezeichnet sein müssen"[18].

Ein Musterraumkonzept für Ganztagsschulen wurde für Berlin bislang nicht erarbeitet, dennoch existieren verbindliche Vorgaben der Berliner Senatsverwaltung für Bildung, Jugend und Sport, die sich insbesondere auf die Möglichkeit der Mittagsverpflegung der Schülerinnen und Schüler bezieht sowie auf die Gewährleistung einer Sporthallensituation, die Freizeit- und Sportmöglichkeiten in umfangreichem Maße erlauben soll. Auch im Land Brandenburg werden Mindestanforderungen für Ganztagsschulen formuliert. So sollen Bereiche für Lernen, Verpflegung, Spiel und Erholung, Rückzug sowie für Begegnung und Sozialerfahrungen zu Verfügung gestellt werden. Des Weiteren sollen Räumlichkeiten für Kooperationspartner, aber auch für die Lehrkräfte zur Vor- und Nachbereitung des Unterrichts berücksichtigt werden. Ganz im Unterschied dazu existieren in Rheinland-Pfalz zwar konkrete Richtlinien für die bauliche Gestaltung von Schulen im Allgemeinen, Raumprogramme für Ganztagsschulen werden aber von der jeweiligen Schulbehörde erstellt und müssen vom zuständigen Ministerium bewilligt werden. Spezielle Vorgaben bezüglich der bauli-

---

[16] Vgl. Ipfling: 2005
[17] Vgl. http://www.ganztagsschulen.org/563.php (Stand: 08.04.2008)
[18] Vgl. Rittelmeyer: 2004

chen Gestaltung von Ganztagsschulen bzw. räumliche Qualitätskriterien wurden bis dato in Rheinland-Pfalz nicht veröffentlicht. Ebenso wie bei der Ausgestaltung des Zeitkonzepts einer Ganztagsschule scheint auch für das Raumkonzept der Schulen das jeweils umgesetzte Ganztagsmodell ausschlaggebend zu sein. Unter den am LUGS-Projekt beteiligten Schulen sind die gebundenen Ganztagsschulen mit den IZBB-Geldern ganztagsgerecht umgebaut worden (bzw. werden aktuell noch umgebaut). Eine Berliner Grundschule nutzte diese Gelder, um ein Raumkonzept zu schaffen, das jeweils zwei oder drei Lerngruppen einen eigenen Lernbereich bietet, der entweder räumlich separiert oder offen gestaltet werden kann und in dem Unterrichts- und Freizeitelemente miteinander kombiniert werden können.

An vielen der beforschten Schulen wurden neue Freizeit- und Aufenthaltsräume für den Ganztag erschlossen und auch Bibliotheken sowie neue Mensen eingerichtet. Einige Schulen nahmen hierfür keine baulichen Veränderungen vor, sondern teilten lediglich die vorhandenen Räumlichkeiten neu ein. Insbesondere die offenen Ganztagsschulen haben aufgrund ihrer Einteilung in ,Unterricht am Vormittag' und ,AG- bzw. Hortphase am Nachmittag' weniger Bedarf, ihr Schulgebäude ganztagsgerecht umzubauen. Eine am Projekt beteiligte Brandenburger Grundschule in offener Form wurde zwar saniert, die Instandsetzung der Räumlichkeiten diente jedoch nicht explizit der Realisierung einer ganztagsspezifischen Raumgestaltung, da der Hort größtenteils als Aufenthaltsort am Nachmittag genutzt wird.

Eine ganztagsgerechte Ausgestaltung des Schulgebäudes bezieht allerdings nicht nur die Räumlichkeiten mit ein, die für Freizeit und Unterricht genutzt werden – auch neue Arbeitsplätze bzw. Rückzugsräume für das Personal sollten dem (gebundenen) Ganztagsbetrieb angepasst werden, der eine veränderte Arbeitssituation mit sich bringt. So sieht es zumindest das Land Brandenburg vor. Eine am LUGS-Projekt beteiligte Berliner Grundschule hat die Personalräume durch die Schaffung von Einzelarbeitsplätzen dem gebundenen Ganztagsbetrieb angepasst und eine andere Berliner Schule hat uns gegenüber eingeräumt, dass die notwendigen Rückzugsräume für das Personal bei der Planung vergessen wurden. An allen anderen der am Forschungsprojekt beteiligten Schulen gibt es zwar Lehrerzimmer und z. T. auch Fachräume für Fachlehrer sowie Klassenräume für die Klassenlehrer, in denen sich die Lehrkräfte ihren eigenen Arbeitsplatz einrichten können. Speziell vorgesehene Einzelarbeitsplätze, an denen die Lehrkräfte ungestört den Unterricht vor- und nachbereiten können, sind jedoch nicht vorhanden, sodass sich die Lehrerinnen und Lehrer ihre ,Arbeitsnischen' (z. B. in Materialaufbewahrungsräumen) selbst suchen müssen.

6 Verpflegung

Die Vorgaben der drei Bundesländer zum Thema Verpflegung offenbaren gravierende konzeptionelle Unterschiede. In allen drei Ländern sind die Schulen verpflichtet, ein Mittagessen für die Schülerinnen und Schüler anzubieten, in Rheinland-Pfalz geht der pädagogische Anspruch an die gemeinsame Mahlzeit allerdings weiter: Sie ist „integraler Bestandteil"[19] des Ganztagsangebots. Hier werden der erzieherische Aspekt des Erlernens von Tischsitten und der soziale Aspekt in Form von Gemeinschaftsbildung stärker betont. Lehrerinnen und Lehrer werden zu einer Teilnahme an den Mahlzeiten aufgefordert. Diese pädagogisch-konzeptionelle Einbindung des Mittagessens ist dagegen in Berlin und Brandenburg nicht gegeben. Während Berlin Qualitätskriterien für gutes Schulessen vorgibt und besonderen Wert auf gesunde Ernährung legt, sind in den bildungspolitischen Vorgaben Brandenburgs ausschließlich organisatorische Angaben über den Zeitraum des Essens und die Bereitstellung eines Raumes für diesen Zweck zu finden. Für das Mittagsband an gebundenen Ganztagsschulen wird in den Verwaltungsvorschriften des Landes Brandenburg eine Mindestzeit von 50 Minuten vorgeschlagen, während Rheinland-Pfalz zwischen 60 und 90 Minuten für das Mittagessen und eine Spielpause vorsieht. Die Bestimmungen des Landes Berlin beinhalten keine zeitlichen Vorgaben.

In allen drei Ländern können die Eltern an den Kosten des Mittagessens angemessen beteiligt werden. In der Regel wird das Mittagessen in den LUGS-Schulen von einer Cateringfirma bereitgestellt und von teilweise schulfremdem und nicht-pädagogischem Personal ausgegeben. Betreut werden die Schülerinnen und Schüler während des Essens dagegen in der Regel vom pädagogischen Personal der Schule, in den Grundschulen zumeist von den Erzieherinnen und Erziehern. In einigen Schulen ist die Mahlzeit fester Bestandteil des Tagesablaufs und für alle Schülerinnen und Schüler verpflichtend. Dieses trifft auf einen Großteil der Grundschulen zu. Darüber hinaus sind in einer Berliner Grundschule Eltern sowie Schülerinnen und Schüler für die Zubereitung eines zusätzlichen Frühstücksangebotes zuständig und die Pause für das Mittagessen richtet sich individuell nach dem Stundenplan jeder Klasse. Die Mehrheit der beforschten Schulen integriert die Mittagsverpflegung in die Mittagspause oder das Mittagsband, welche zumeist als Freizeitphase zwischen Schulvor und -nachmittag liegen. Die hierfür eingeräumte Zeitspanne reicht von 25-minütigen Mittagspau-

---

[19] Vgl. http://www.mbwjk.rlp.de/fileadmin/Dateien/Downloads/Bildung/ganztagsschule.pdf : 48 (Stand: 04.01.2008)

sen bis hin zu betreuten Freizeitphasen über zweieinviertel Stunden. Ein alterna-
tives Modell findet sich an einer Brandenburger Schule, an der das Mittagessen
in der 20-minütigen Hofpause eingenommen und von höchstens 10 Prozent der
Schülerinnen und Schüler in Anspruch genommen wird, während das 55-
minütige Mittagsband den Schülerinnen und Schülern zur freien Verfügung
steht.

Viele Schulen, besonders ab der Sekundarstufe I, verfügen darüber hinaus
über eine Cafeteria oder einen Kiosk, wo zusätzlich zur Mittagsverpflegung
Snacks erhältlich sind.

7   Qualitätsentwicklung und Evaluation

Bildungspolitische Vorgaben in Bezug auf die Evaluation der Ganztagsschulen
sind in den drei Bundesländern unterschiedlich ausformuliert. Jede Schule in
Brandenburg, die ein Ganztagsangebot unterbreitet, soll regelmäßig eine interne
Evaluation des Erreichens der pädagogischen Ziele und der Umsetzung ganz-
tagsspezifischer Arbeitsschwerpunkte unter Beteiligung der Kooperationspartner durchführen. Außerdem nehmen alle Schulen mit Ganztagsangeboten an
externen Evaluierungen der Schulbehörde teil. Auch in Berlin sind die Schulen
angehalten, zur Qualitätssicherung Selbstevaluation zu betreiben und auch ex-
terne Evaluationen einzuholen. Im Unterschied dazu sind in Rheinland-Pfalz
keine externen Evaluationen vorgesehen. Hier ist der Begriff der internen Evaluation dafür weiter gesteckt, denn zur Unterstützung stehen den Schulen hierbei
Berater, Moderatoren und eine interaktive Datenbank zur Fortbildungsplanung
zur Verfügung.

Die Relevanz des Ganztages innerhalb der Entwicklungsaufgaben der einzelnen im LUGS-Projekt beforschten Schulen ist eng verknüpft mit dem Stand
der Umsetzung des jeweiligen Ganztagsmodells. Demnach finden sich konkrete
Entwicklungsvorhaben in Bezug auf den Ganztag verstärkt bei den Schulen, die
in den letzten fünf Jahren begonnen haben, ihre Schülerinnen und Schüler ganztägig zu betreuen und beispielsweise den Ganztagsbetrieb jahrgangsweise von
Schuljahr zu Schuljahr ausweiten oder die sich zum Teil noch in der Umgestal-
tungsphase des Tagesablaufs oder des Schulgebäudes befinden. Eine regelmäßi-
ge Überarbeitung der Schulprogramme inklusive des Ganztagsschulkonzeptes
sorgt bei einem Teil der im Sample vertretenen Schulen für eine kontinuierliche
interne Qualitätsüberprüfung.

8   Fazit

Im Verlauf der Begleitforschung durch das Projekt „LUGS" stießen wir bisher auf unterschiedliche, die Entwicklungsprozesse beeinflussende Bedingungen. Dazu zählen sowohl die bildungspolitischen Ziele und Rahmenvorgaben als auch Inhalte sowie Wertsetzungen des pädagogischen Diskurses und damit auch die Schulform und Spezifika der einzelnen Schule, wie etwa das gewählte Ganztagsschulmodell.

Die längere Aufenthaltsdauer der Schülerinnen und Schüler sowie das Eindringen der Schule in den Freizeitbereich können unter Umständen zu einer Steigerung schulformtypischer struktureller Problemlagen führen. Vor allem im Grundschulbereich wird zur Abdeckung des zeitlich erweiterten Betreuungsbedarfs neben dem Lehrerpersonal nun auch weiteres pädagogisches Personal (ErzieherInnen, Sozialpädagogen etc.) eingesetzt. Dadurch gewinnt neben der Lehrerkooperation nun eine weitere Form der Kooperation an Bedeutung für eine gelungene Umsetzung ganztagsschulischer Konzepte: die Kooperation zwischen unterschiedlichen pädagogischen Professionellen.[20] Daraus ergeben sich neben vielen Vorteilen, wie bspw. Arbeitsteilung oder gemeinsame Gestaltung des Unterrichts, im Gegenzug auch spezifische Probleme, wie hierarchische Konflikte oder Probleme bezüglich der Aufrechterhaltung und Teilung von Autonomie.

Bezüglich der Veränderung pädagogischer Konzepte und einer Umstellung von räumlichen und zeitlichen Ordnungen können wir resümieren, dass sich ein Großteil der beforschten Schulen noch in der Phase des Übergangs von der Halbtags- zur sinnvoll gestalteten Ganztagsschule befindet.

---

[20] Vgl. Breuer/Reh: 2008

Literatur

Breuer, Anne/Reh, Sabine (2008): Kooperationsstrukturen – die Zusammenarbeit von Erzieherinnen und Lehrerinnen beim Aufbau ganztägiger Schulangebote. In: Lüder, Manfred/Wissinger, Jochen (Hg.). Schulentwicklung und Professionalisierung. Bad Heilbrunn: Klinkhardt (i.E.).
Höhmann, Katrin/Holtappels, Heinz G./Kamski, Ilse (2005): Entwicklung und Organisation von Ganztagsschulen. Anregungen, Konzepte, Praxisbeispiele. Dortmund: IFS.
Honig, Michael-Sebastian (2007): Kann der Ausbau der institutionellen Kinderbetreuung das Vereinbarkeitsproblem lösen? Rückfragen an den familienpolitischen Konsens. In: Lettke, Frank/Lange, Andreas (Hg.): Generationen und Familien. Analysen – Konzepte – gesellschaftliche Spannungsfelder. Frankfurt am Main: Suhrkamp: 354-377.
Ipfling, Jürgen (2005): Voraussetzungen und Bedingungen für die Errichtung von Ganztagsschulen. In: Ladenthin, Volker/Rekus, Jürgen (Hg.). Die Ganztagsschule - Alltag, Reform, Geschichte, Theorie. Weinheim [u.a.]: Juventa-Verl. (Grundlagentexte Pädagogik).
Kolbe, Fritz-Ulrich / Rabenstein, Kerstin / Reh, Sabine (2006): Expertise „Rhythmisierung". Hinweise für die Planung von Fortbildungsmodulen für Moderatoren. Berlin/Mainz. Download unter: www.lernkultur-ganztagsschule.de/html/publik_voll/html.
Kolbe, Fritz-Ulrich/Kunze, Katharina (2006): Reflexive Schulentwicklung als professionelle Entwicklungsaufgabe. Ausgewählte Ergebnisse der wissenschaftlichen Begleitstudie zur Entwicklung der Ganztagsschule in Angebotsform in Rheinland-Pfalz. In: Appel, Stefan/Ludwig, Harald/Rother, Ulrich/ Rutz, Georg (Hrsg.). Ganztagsschule gestalten.. Schwalbach/Ts.: Wochenschau Verlag: 255-263.
Kolbe, Fritz-Ulrich / Reh, Sabine (2008): Kooperation unter Pädagogen. In: Coelen, Thomas/Otto, Hans-Uwe. Grundbegriffe Ganztagsbildung. Das Handbuch. Wiesbaden: VS Verlag für Sozialwissenschaften. (i. Dr.).
Kuhlmann, Christian/Tillmann, Klaus-Jürgen (2008): Mehr Ganztagsschulen als Konsequenz aus PISA? Bildungspolitische Diskurse und Entwicklungen in den Jahren 2000 bis 2003. In: Kolbe, Fritz-Ulrich / Fritzsche, Bettina / Idel, Till-Sebastian / Rabenstein, Kerstin. Ganztagsschule als symbolische Konstruktion. Fallanalysen zu Legitimationsdiskursen in schultheoretischer Perspektive. Wiesbaden: VS Verlag für Sozialwissenschaften.
Rabenstein, Kerstin (2008): Rhythmisierung. In: Coelen, Thomas/Otto, Hans-Uwe. Grundbegriffe Ganztagsbildung. Das Handbuch. Wiesbaden: VS Verlag für Sozialwissenschaften. (i. Dr.).
Rittelmeyer, Christian (2004): Schularchitektur. Wie Schulbauten auf Schüler wirken. In: Appel, Stefan/Ludwig, Harald/Rother, Ulrich/ Rutz, Georg (Hg.). Investitionen in die Zukunft. Schwalbach/Ts.: Wochenschau Verlag: 23-33.

Internet-Quellen

http://www.ganztagsschulen.org/118.php (Stand: 04.01.2008).
http://www.landtag.rlp.de/Internet-DE/med/508/5085427a-6405-a01b-e592-6bf983c6eaca,11111111-1111-1111-1111-111111111111 (Stand: 04.01.2008).
http://www.ganztagsschulverband.de/DownloadLandesverbaende/VerwaltungsvorschriftBrande.pdf (Stand: 04.01.2008).
http://www.berlin.de/sen/bildung/berlin_macht_ganztags_schule/ (Stand: 04.01.2008).
http://www.berlin.de/sen/bildung/berlin_macht_ganztags_schule/rhythmisierung.html (Stand: 04.01.2008).
http://www.ganztagsschulen.org/563.php (Stand: 08.04.2008).
http://www.mbwjk.rlp.de/fileadmin/Dateien/Downloads/Bildung/ganztagsschule.pdf , S. 48 (Stand: 04.01.2008).

Legitimation des Ganztags an Grundschulen – Familiarisierung und schulisches Lernen zwischen Unterricht und Freizeit

Bettina Fritzsche, Sebastian Idel, Sabine Reh, Julia Labede, Stefanie Altmann, Anne Breuer, Sabrina Klais, Evelyn Lahr, Antonia Surmann

Eigentliche Aufgabe der Grundschule ist die „grundlegende Bildung" aller als schulfähig geltender Kinder ohne weitere Differenzierungen nach Leistung und sozialem Status (vgl. Ipfling 1995: 18, auch Westerhoff 2005: 11 u. 25). Historisch gehört es zum Selbstverständnis der Grundschule, mit der Geburtsstunde eines demokratischen Staates entstanden, eine Schule für alle Kinder zu sein – auch wenn dieses Bild faktisch einiger Korrekturen bedarf (vgl. Tenorth 2000; Westerhoff 2005: 14). Im Zuge der Reformierung der Grundschulen in der BRD wurde in einer KMK-Empfehlung aus dem Jahre 1970 mit dem Titel „Zur Arbeit in der Grundschule" die „Förderung der Gleichheit der Bildungschancen" als „Leitziel" erneut hervorgehoben (Götz/Sandfuchs 2001: 25). Und in Berlin etwa soll nun der schwerpunktmäßig erfolgende Ausbau von Ganztagseinrichtungen an Grundschulen zu einer größeren Chancengleichheit aller Kinder führen (vgl. Quellenberg 2007: 25). Als ein besonderer Vorzug der Ganztagsschule gelten dabei die größeren Möglichkeit zur gezielten Förderung von Schülerinnen und Schülern und die Unabhängigkeit von „erzieherischen, zeitlichen oder gar finanziellen Möglichkeiten der Eltern" (Appel 2005: 22).

In den symbolischen Konstruktionen, den Sinnentwürfen einer Ganztagsbeschulung skizzieren auch die in unserem Forschungsprojekt interviewten pädagogischen Akteure an den Ganztagsgrundschulen vielfach ein Kompensationsmodell, das auf ein unterschiedlich verortetes Defizit reagiert. Dem Verständnis der Lehrkräfte folgend kann die Ganztagsgrundschule in besonderer Weise der Schaffung von Chancengleichheit dienen; ihr Bild gerät im Umkehrschluss dann oft allerdings gerade nicht zu dem einer Schule für alle Kinder.

In einem der beiden von uns ausgemachten Motivkomplexe in den symbolischen Konstruktionen wird das Defizit, das Ganztagsschule für die Interviewten als kompensatorisches Angebot notwendig erscheinen lässt, außerhalb der Schule angesiedelt. In dieser externen Zuschreibung haben die primären Erfahrungssphären des lokalen Sozialraums sowie der familialen Lebenswelt oder aber die Gesellschaft als Abstraktum ihre sozialisatorische Kraft und ihr biographisches Sinnstiftungspotenzial zu einem relevanten Teil verloren und erfordern daher eine Reaktion der Schule, die in zweierlei Richtung gedacht wird. Im kompensatorischen Entwurf einer Scholarisierung der Freizeit dringt Schule in Domänen familialer Alltagsorganisation, nämlich die Freizeitgestaltung der Kinder ein, und im Konstrukt der Familiarisierung von Schule wird der Anspruch erhoben, familienähnliche soziale Beziehungsstrukturen zu etablieren, d.h. Schule als eine Art Ersatzfamilie zu gestalten. Diese Kompensationskonstrukte lassen sich als Deutungsansätze lesen, die auf eine *funktionale Erweiterung von Schule* hinauslaufen.

Im anderen Motivkomplex wird der Mangel intern markiert: Im Bezug auf das eigene Kerngeschäft, die systematische Veranstaltung von fachlichem Lernen, rückt ein Defizit der Schule selbst in den Aufmerksamkeitsfokus, nämlich ihre spezifische Lernkultur.[1] In dieser Richtung wird über reformpädagogische Spielarten ganzheitlichen Lernens und über Möglichkeiten der Effektivierung des Lernens nachgedacht, die das Unterrichten erneuern und das Verhältnis und die Verbindung von Freizeit und Unterricht durch Pädagogisierung und Didaktisierung neu austarieren sollen[2]. Mit der Einführung eines Ganztagsprogramms sollen die methodisch-didaktischen Arrangements und auch die Inhalte und sozialen Strukturen schulischen Lernens einer Veränderung unterzogen werden: die diagnostizierte Mangelsituation wird über eine *Programmrevision der Schule,* verstanden als Veränderung, jedoch nicht grundsätzliche Überschreitung ihres Kerngeschäfts, zu bearbeiten versucht.

Wir können die Elemente dieser Sinnentwürfe der Erweiterung der Halbtagsschule zu einer Ganztagsschule in unterschiedlichen Mischungsverhältnissen beobachten. Sie bilden keine sich logisch ausschließenden Gegenpole eines Spektrums; sie lassen sich vielmehr in den Einzelschulen in jeweils spezifischer Komposition, inhaltlicher Detaillierung und fokussierender Zuspitzung auffinden. Zunächst werden die Defizitkonstrukte einer Erosion des Sozialen am Beispiel dreier Grundschulen dargestellt. Sowohl in der von uns so genannten Bocuse-Schule (Berlin) als auch in der Grundschule Schloss Burgdorf (Rheinland-Pfalz) zeichnen die interviewten Personen in den Gesprächen Bilder der Beschädigung von Familie bzw. familialer Erziehungskapazitäten, auf die das

---

[1] Zu unserem Verständnis und Begriff von Lernkultur vgl. Kolbe/Reh/Fritzsche/Idel/Rabensein 2008.
[2] Vgl. auch die Programmatik dazu bei Appel/Rutz 2005 sowie auf der Website der Deutschen Kinder- und Jugendstiftung: www.ganztägig-lernen.org.

Ganztagsangebot durch eine Institutionalisierung und Pädagogisierung der Freizeit sowie kompensatorisch als Entwurf einer umfassend diffusen, quasifamilialen Gegenwelt reagieren soll. In der Brandenburger Kepler-Schule dagegen wird in einem Interview mit der Schulleiterin ohne konkreten lokalen oder regionalen Erfahrungsbezug die bestehende Wirtschaftsverfassung als defizitär definiert. Daran anschließend zeigen wir ausführlich die internen Bezüge auf innerschulische Entwicklungsdefizite und eine damit zu begründende (reform)pädagogische Programmrevision in den Argumentationen am Beispiel dreier Berliner Grundschulen, die das schulische Lernen mit dem Ganztag verändern wollen, weil die konventionelle Lernkultur als nicht mehr zeitgemäße Form des Schulehaltens empfunden wird. Hier wird der Anspruch erhoben, ein „Mehr" an Lernen im Ganztag zu gewährleisten, ohne aber eine Art sozialpädagogischer Ersatzfamilie bieten zu müssen.

Im Folgenden werden Interpretationsergebnisse vorgestellt, die in einem rekonstruktionslogischen Vorgehen gewonnen wurden. Nach der Erstellung thematischer Verläufe (vgl. Bohnsack 2003) bzw. der Rekonstruktion der Sinnstruktur der Protokolle von Schulleiter- und Lehrerinterviews (vgl. Oevermann u.a. 1979, Wernet 2006) wurden einzelne Passagen ausgewählt und unter Beachtung der Wörtlichkeit und Sequentialität in der Äußerung interpretiert.

1 Erosionen des Sozialen und der Familien – Scholarisierung der Freizeit, Familiarisierung der Schule und Ersatzleistungen

Für die Darstellung des ersten Motivkomplexes – funktionale Erweiterung von Schule – dient uns die symbolische Konstruktion des Ganztags in der Bocuse-Schule als ausführlicher „Eckfall". Die sich anschließenden Rekonstruktionen der Sinnentwürfe der Grundschule Schloss Burgdorf und der Brandenburger Kepler-Schule ergänzen diesen um verschiedene Aspekte.

1.1 Bocuse-Schule

Der Schulleiter der *Bocuse-Schule* erzählt die Geschichte seiner Schule als eine Art ‚offizielle' Fassung. Er verzichtet im Gegensatz zu den ebenfalls interviewten Erzieherinnen und Lehrerinnen auf autobiographische Ausführungen, solange sie mit der Entwicklung der Schule nicht in einem engeren Zusammenhang stehen, und verfügt über ein – auch bildungspolitisch und verwaltungstechnisch – detailliertes Wissen, das er strukturiert als Geschichte darbietet:

„(…) äh erster aspekt ist wie isses zur gebundenen ganztagsschule gekommen … na eigentlich äh die schule existiert jetzt seit neunzehnhundertdreiundsiebzig hat sich inner anfangsphase schon relativ frühzeitig äh ein teil der aspekte die gemeinschaftsfördernd sind herausgeschält und herausgebildet (…)".

Obwohl der Schulleiter sich auf die ‚Anfangsphase' der Schule bezieht, schlägt er gleich zu Beginn seiner Erzählung den Bogen von der Entstehung einer Schule, die Wert auf den Gedanken einer Gemeinschaft legt, hin zu einer Ganztagsschule. Die Entwicklungsgeschichte der Schule wird vom Schulleiter also als eine lange Vorgeschichte zur Ganztagsschule erzählt, die wesentlich durch die Herausbildung Gemeinschaft stiftender Strukturen geprägt wurde. Im Anschluss an diese einführende Bemerkung rekonstruiert der Schulleiter die Entwicklungsgeschichte der Bocuse-Schule, bis er in einer geradezu szenischen Erzählung darstellt, wie aufgrund der Erfahrungen mit schulkonzeptionellen Neuerungen allmählich die Frage aufkam:

„(…) wie is n das eigentlich mit ner noch längeren aufenthaltszeit in schule verpflichtend für die kinder (?)"

Der Schulleiter skizziert mit dieser Frage den Beginn des Nachdenkens und vermutlich auch den Beginn eines Diskussionsprozesses im Kollegium der Bocuse-Schule. Dieser wurde – so schildert es der Schulleiter kurz zuvor – aufgrund der gegebenen Umstände als logische Konsequenz, auf geradezu natürlichem Wege, ausgelöst. Er inszeniert sich als Mitglied dieser professionellen Gemeinschaft, in der es keinen Urheber für diese gemeinschaftlich entstandene Frage zu geben scheint und in der kompetent über deren Beantwortung entschieden werden muss. Die von ihm gewählte Formulierung der Frage eröffnet verschiedene Auslegungs- und Deutungsmöglichkeiten. Zum einen könnte sie als eine nach der Möglichkeit der Umsetzung verstanden werden. Sind für diese Art der Veränderung die entsprechenden Rahmenbedingungen überhaupt gegeben? Ist es überhaupt möglich, solche organisatorisch zu schaffen? Sie könnte aber auch als Frage nach der Sinnhaftigkeit einer anscheinend bedenkenswerten Maßnahme gelesen werden. Nachdem bereits Erfahrungen mit der Verlängerung von „Aufenthaltszeiten" gemacht wurden, sollte es möglich sein, nicht nur ein Resümee zu ziehen, sondern auch eine Prognose abzugeben, ob diese sich bietende Möglichkeit sinnvoll, gewinnbringend oder auch nützlich ist.

Interessant ist nun, dass der Schulleiter in diesem Moment der Annäherung an das Thema Ganztagsschule nach einer Verlängerung der „Aufenthaltszeit" fragt. So mag „Aufenthaltszeit" zunächst an einen Bahnhof oder einen Flughafen erinnern, wo ein notwendiger, vielleicht aber nicht nutzbarer Aufenthalt stattfindet. Man könnte aber auch an Ferien-, Kur- oder Krankenhausaufenthalte denken, die eine Möglichkeit zur Erholung oder gar zur Genesung bieten. Dem Aufenthalt liegt eine bestimmte Zeitspanne zu Grunde und der Aufenthaltsort ist als einer charakterisiert, an dem man die Zeit zwischen Ankommen und Abfahren verbringt. Die Schule würde demzufolge also als ein Interim und ein Ort zwischen zwei anderen Zeiten gesehen. Der Charakter der Aufenthaltszeiten, ob nur notwendig, auch sinnvoll oder gar nutzbringend, bleibt zunächst unbestimmt.

Die dann folgende Präzisierung „verpflichtend für die kinder" macht deutlich, dass es nicht einfach um einen freiwilligen Aufenthalt, etwa einen Ferienaufenthalt geht. Gedankenexperimentell sei es durchgespielt: Könnte man zu einem Kur- oder einem Krankenhausaufenthalt verpflichtet werden? Also dazu verpflichtet werden, alles nach gültigen Erkenntnissen mögliche zur Wiedererlangung oder Erhaltung seiner Gesundheit zu tun, z.B. um in den Genuss von Gewährleistung, letztlich weiterhin in den Genuss der Leistungen der Krankenversicherung zu kommen? Betont wird hier möglicherweise also der Aspekt: Schule ist die Institution, die zu besuchen man verpflichtet ist, um überhaupt einen weiteren, legitimen Anspruch auf Teilhabe an Gesellschaft und am gesellschaftlichen Reichtum stellen zu können. Die Formulierung, die in dieser Frage gefunden wurde, legt offen, dass es ein Moment von Gegenseitigkeit bei einer Verpflichtung – und vielleicht auch bei der Schulpflicht gibt. In dieser Deutung hieße das: Würde die Schule ein entsprechendes besseres Angebot bereit stellen, um die Ansprüche auf Teilhabe des Einzelnen zu gewährleisten bzw. zu verbessern, wäre es legitim, zu einer längeren Aufenthaltszeit zu verpflichten.

„und ich habe f- gleich von anfang an sagte ich ja mit der schülerclubclubbegründung und -anbindung an die schule und auch der zusammenarbeit mit externen partnern äh versucht freizeitorientierte angebotsstrukturen in schule zu implementieren"

Worum es bei dem Angebot gehen soll, wird nun gesagt: Die Freizeitgestaltung und die damit einhergehende Betreuung der Kinder soll anscheinend, zeitlich und vertraglich geregelt, partiell durch die Institution Schule übernommen werden. „Freizeitorientiert" scheint nicht einfach Freizeit im Sinne einer vergnügten, unterhaltsamen oder spielerischen Beschäftigung zu meinen. Die Angebote sind orientiert an Freizeit, aber sie sind nicht Freizeit. Vermutlich geht es um Beschäftigungen, die gemeinhin als ‚pädagogisch wertvoll' angesehen werden. Mit dem Wort „angebotsstrukturen" wird auf eine Konzeptionalisierung verwiesen und eine eher verwaltungstechnische oder administrative Perspektive der Institutionalisierung betont. Die Angebote müssen geplant, durchdacht und organisiert, also in die Realität umgesetzt werden, wie der Schulleiter entsprechend der Gepflogenheiten der Schulentwicklungsliteratur sagt: sie müssen „implementiert" werden. Wieso diese zusätzlichen Angebote während eines verlängerten Aufenthaltes für notwendig befunden werden, führt der Schulleiter weiter aus:

> „weil ich denke dass das auch ein-ein aspekt ist der hier an unserm standort vielen kindern gut tut als bewusste abgrenzung zu dem was sie an in anführungsstrichen häuslichem elend erwartet oder unbeschäftigt-sein (…)"

Die Verlängerung der Aufenthaltszeit soll offenbar eine positive Wirkung erzielen. In Aussicht gestellt ist nicht besseres oder mehr Lernen, sondern ein „gut" tun, wie es einem „gut tut", an der frischen Luft zu sein. Die alternative Freizeitplanung durch die Schule könne als „bewusste abgrenzung" zum „häuslichen elend", das die Kinder außerhalb der Schule erwartet, wirken. Die Kennzeichnung des „häuslichen elends" als „in anführungsstriche" gesetzt ist bemerkenswert. Dieses könnte als Ausdruck des Versuchs gelesen werden, trotz eines starken, verallgemeinernden Vorwurfs an die Eltern politisch korrekt bleiben zu wollen. Möglich ist es, dass eine (vielleicht auch nur leichte) Übertreibung oder Dramatisierung der Situation bewusst gemacht, dass also mit dieser ‚dramatisierten' Formulierung gespielt, sie vielleicht sogar als Zitat behandelt wird. So lässt sie die Frage aufkommen, ob und in welchem Zusammenhang das „häusliche elend" mit dem ‚Elend der Welt', mit dem gesellschaftlichen Elend steht. Wird das Häusliche deshalb elend, weil hier im Mikrokosmos gesellschaftliche Problemlagen perspektivisch und gerade deshalb als Leiden, als ‚Elend der Welt' (Bourdieu 2005) erlebbar werden? Das Zuhause der Kinder ist an diesem speziellen „standort" offenbar von einer Situation geprägt, die als Elend bezeichnet werden kann. Bei dem unterstellten Problem handelt sich also um ein spezifisches, das nicht überall zu finden ist oder nicht überall sichtbar wird. Möglicherweise nehmen die Familien („an diesem Standort") ihre Funktion als Sozialisationsinstanz, als emotionale Stützung der Kinder nicht mehr ausreichend wahr. Etwas weniger dramatisiert wird dann hinzugefügt oder erläutert, dass die Kinder unbeschäftigt seien, sie also zu Hause möglicherweise vertane Zeit erwartet. Die Unzulänglichkeit des Zuhauses der Kinder, vielleicht der Familien, könnte darin bestehen, die Kinder ihre Zeit vergeuden zu lassen. Das vom Schulleiter unterstellte „unbeschäftigt-Sein" der Kinder in ihrer Freizeit kann durch Beschäftigung, durch die vorher erwähnte Bereitstellung von „freizeitorientierten angebotsstrukturen" ersetzt werden. Freizeitorientierte Beschäftigung ist pädagogisch reflektiert, scheint sinnvoll – jedenfalls ist Freizeit besser so zu verbringen als unbeschäftigt zu sein, als Zeit zu vertun. Daher wird ein neues, zu institutionalisierendes Modell, die Verlängerung einer „aufenthalts-zeit" in der Schule, notwendig. Legitimiert wird die Reduktion von pädagogisch unbeaufsichtigter Freizeit als Ausweitung schulischer Aufgaben mit den häuslichen Defiziten in einem bestimmten sozialen Milieu.

Der Schulleiter stellt in seiner Geschichte die Entwicklung zu einer gebundenen Ganztagsschule als kollegial verantworteten Prozess dar. Unterstellt wird – das ist im Laufe der Sequenz sichtbar geworden –, dass die Bereitstellung „freizeitorientierter angebotsstrukturen" in der Schule, die Ausweitung des Pflichtschultages eine sinnvolle Maßnahme angesichts eines diagnostizierten häuslichen Defizits darstellt. Geklärt werden muss, ob Rahmenbedingungen dafür überhaupt geschaffen werden können und wie das organisationsintern zu bewerkstelligen sei. Tatsächlich aber bleibt der Vorschlag angesichts einer dramatisierten Diagnose, eines umfassenden, nicht mehr mit einzelnen Maßnahmen zu behebenden Problems, allerdings eine gewissermaßen unsichere – und der gemeinsamen professionellen Klärung zunächst auch entzogene – Indikation. Das zeigt sich in den widersprüchlichen Bildern, mit denen das Gegenangebot, der schulische Ganztag, symbolisch konstruiert wird. Das eine Bild ist das der nicht umgehbaren Aufenthaltszeiten in einer Schule, die man, so gut es eben geht, zu nutzen hat, in der man beschäftigt ist und doch wartet auf das, was im Anschluss kommen mag. Das andere Bild beinhaltet eine Vorstellung vom erholsamen oder genussreichen Aufenthalt. In beiden Fällen handelt es sich um einen Aufenthalt, der „gut tut" und nicht auf spezifisch schulische Aufgaben rekurriert. Wenn die Emphase oder Dramatisierung des „häuslichen elends" zurückgenommen wird, bleibt als eine mögliche Neubestimmung bzw. Ausweitung der Aufgaben von Schule, die pädagogisch reflektierte Nutzung und Planung von kindlicher Zeit durchzusetzen. Die Ganztagsschule würde in diesem Falle als Möglichkeit gesehen, den Schülern zur sinnvollen und nutzbringenden Freizeitgestaltung und zu einem reflektierten Umgang mit ihrer eigenen Zeit zu verhelfen.

Mit Hilfe der Dramatisierung der häuslichen Situation und der Diagnose der ‚Untätigkeit' von Kindern stellt der Schulleiter die Notwendigkeit einer Intervention durch die Institution Schule heraus. Häusliche, möglicherweise aber auch gesellschaftliche Defizite sollen durch eine verlängerte „Aufenthaltszeit" der Kinder kompensiert werden. Diese notwendige Kompensation eröffnet verschiedene Deutungsmöglichkeiten und Handlungsoptionen. Der Schulleiter stellt zu Beginn des Interviews – so scheint es – einen Sinnzusammenhang zwischen dem Leben in einer Gemeinschaft und einer Ganztagsschule her. So liegt es nahe zu vermuten, dass ein Gegenentwurf zu dem „häuslichen elend" und „unbeschäftigt-sein" der Kinder konstruiert wird, dessen Fundament eine schulische Gemeinschaft bilden soll. Die Frage ist, in welcher Art und Weise diese

Form der Gemeinschaft gedacht ist. Sie könnte zum einen Ausdruck einer eher republikanischen oder demokratischen Gemeinschaft sein, in der ohne das Prinzip des Universalismus die Sicherung der Gleichheit und einer den anderen und seine Freiheit achtenden Befriedigung von Bedürfnissen der Mitglieder und ein gleichberechtigtes Miteinander als Grundlage für das Zusammenleben nicht gesichert werden kann. Möglich wäre aber auch, dass aufgrund der gesehenen Defizite die Idee entsteht, in umfassender Weise Aufgaben der Eltern übernehmen zu müssen, also eine Familiarisierung der schulischen Gemeinschaft – unter Einschluss von Intimisierung und Partikularismus konstruiert wird. Auch wenn der Schulleiter in diesen Interviewausschnitten keiner Familiarisierung schulischer Strukturen das Wort redet, bietet seine quasi offizielle Erzählung der Entwicklungsgeschichte der Schule diese Interpretationsmöglichkeit bzw. die Möglichkeit einer solchen Konstruktion. Das zeigt ein kurzer Ausschnitt aus einem Interview mit einer im Entwicklungsprozess der Schule hoch engagierten Lehrerin der Bocuse-Schule, deren eigene Erzählung die Offenheit der Schulleiter-Geschichte, vielleicht seine Ambivalenz in einer symbolischen Konstruktion von Ganztagsschule als Familie aktiviert und gleichzeitig die Widersprüchlichkeit dieser Konstruktion aufweist:

> „(…) tja also so ganz persönlich muss ich sagen . dass ich gerne mit kindern den ganzen tag zusammen bin also eigentlich immer schon gerne auf klassenfahrt gegangen bin und so ne idee eigentlich schon hatte internat is was ganz tolles (lachen) lässt sich aber mit ner familie eigentlich schlecht vereinbaren und ganztagsschule eigentlich lässt sich auch nich ,so gut' (lachend) mit ner familie vereinbaren (…)"

Die Lehrerin antwortet auf die Eingangsfrage der Interviewerin wie sie und die Schule sich zur Ganztagsschullehrerin und Ganztagsschule entwickelt hätten. Mit der Formulierung „tja so ganz persönlich muss ich sagen" wird eine Differenz angesprochen bzw. hier von der Sprechenden konstruiert – zwischen dem, was sie als Person, als ganze Person, persönlich sagt, meint oder tut und dem, was in einem bestimmten gesellschaftlichen Rahmen in ihrer Rolle innerhalb einer Institution zu erwarten wäre: Sie ist als Lehrerin befragt worden, als Mitglied einer Organisation, und sie erfüllt diese Anforderung, kommt der Aufforderung nach, indem sie sie gleichzeitig zunächst zurück weist und eine „ganz persönliche" Meinung vertritt. Das Unterlaufen der institutionellen Erwartung der Rolle könnte mit der Formulierung „dass ich gern mit kindern den ganzen tag zusammen bin" seine Fortsetzung finden. Denkbar ist die Äußerung eines Erwachsenen, der über „ganz persönliche" Vorlieben in seinem Leben berichtet; es wird nämlich nicht über ein spezifisches Handeln in einer Institution gesprochen, sondern darüber, dass man gern „mit Kinder den ganzen Tag" zusammen sein will. In der Institution ist man allerdings nicht einfach mit den Kindern zusammen, nicht einfach nur da, sondern es geht um etwas Spezifisches, man trifft pädagogische Entscheidungen für irgend eine Form der Beschäftigung, des Angebotes für die Kinder – man ist also nicht einfach nur mit den Kindern zusammen, man erzieht (vgl. Luhmann 2002). Diese Lesart legt die Konstruktion einer ganz spezifischen Motivation, sich für die Ganztagsschule zu engagieren, nahe: die Begeisterung für ein Zusammensein mit Kindern nicht als Schülern, das – folgt man hier Luhmann – eher als ein familiär gerahmtes zu denken ist. Die familienspezifische Kommunikation adressiert die „ganze Person", in der Familie geht es um die gesellschaftliche Inklusion „ganzer Personen" (vgl. Luhmann 1988: 86). Im Folgenden bezieht sich die Sprecherin aber doch auf die pädagogische Institution, die Schule: „also eigentlich immer schon gerne auf klassenfahrt gegangen bin". Das Tempus ist hier gegenüber dem ersten Teil der Sequenz verändert: mit den Kindern ist sie gern zusammen, auf die Klassenfahrten ist sie schon immer gern gegangen. Genau besehen bestätigt das zweite die erste Aussage: das kann man daran erkennen, dass ich eigentlich schon immer gern auf Klassenfahrten gegangen bin. Gestiftet wird mit der metonymischen Struktur – den ganzen Tag, Klassenfahrten, Internat – die Tradition einer persönlichen Motivation, die gleichzeitig die reformpädagogische Tradition der Ganztagsschule ist. Es findet sich hier ein – nicht nur privater bzw. persönlicher – Rückbezug auf Ideen, die spätestens seit der Aufklärung im deutschen pädagogischen Diskurs und in der pädagogischen Praxis eine Rolle spielen. Damit kehrt interessanterweise am Ende der Metonymie, die begann als (möglicherweise gegen die Institution Schule gerichtetes) Bild des familiär-unspezifischen Zusammenseins mit Kindern, die pädagogische Institution zurück, die nun als eine solche mit gewissermaßen totalem Zugriff auf die zu Erziehenden gedacht und zum, aus dem Bild der Familie entwickelten, möglicherweise generalisierten Gegenbild zur Familie, mindestens aber zum Gegenentwurf der bestehenden Schule und der bestehenden Familien werden muss. Geradezu folgerichtig wird im Interview-Text dann auf einen Widerspruch zur Familie hingewiesen. Familie und Internat stehen möglicherweise in Widerspruch zueinander; auf jeden Fall lassen sie sich miteinander „schlecht vereinbaren". Auch wenn diese Formulierung an die Rede über die (problematische) Vereinbarkeit von Familie und Beruf erinnert und unterstellt werden kann, hier sei von der Familie der Lehrerin die Rede, ist sie doch gleichzeitig unerwartet offen und verallgemeinert: Internat, aber auch die Ganztagsschule, ist eben mit Familie – egal ob die der Lehrkräfte oder die der Schülerinnen und Schüler – nur schlecht vereinbar. Das ist der Auftakt und verspricht schwierige Konstellationen: Man schätzt eine familiär strukturierte Situation mit den Kindern und kommt deshalb auf die Idee, Internate für etwas Tolles zu halten, die aber in der Konsequenz in Konkurrenz oder gar in Widerspruch zu den real bestehenden Familien treten können.

1.2 Grundschule Schloss Burgdorf

In einer knappen narrativen historischen Raffung rekonstruiert der Schulleiter der rheinland-pfälzischen *Grundschule Schloss Burgdorf,* Herr Bommer, die offizielle, wohl kollektiv geteilte Lesart zur Geschichte der Entwicklung seiner Schule zur Ganztagsschule als Drama und deutet dann mit Bezug auf defizitäre Aufwachsensbedingungen in den Familien vieler Schüler/innen die Notwendigkeit eines Ganztagsangebots, das als Ergänzung zum schulischen Bildungsauftrag eine kompensatorische Sozialisationsfunktion erhält. Die Sequenz beginnt folgendermaßen:

> „wir warn schon mal ganztagsschule dann war das sag ich ma politisch noch nicht so, sind wieder zurück , geschoben worden richtung hort, und jetzt war da die möglichkeit und jeder wusste, wenn wir es nicht werden , dann heißt das auch weil das ho-de-hort modell in fünf jahren im kreis ausläuft also nächstes jahr, entweder seid ihr ganztagsschule oder hort, hort heißt horrende kosten für die eltern"

In der Einleitung stellt der Schulleiter den historischen Entwicklungskontext dar, um das dann Folgende zu plausibilisieren. Das Hortmodell (das von 1994 bis 2002 an der Schule existierte) war bereits ein Rückschritt im Verhältnis zum Angebot der Offenen Ganztagsschule (die von 1990 bis 1994 bestand). In einer Differenzkonstruktion, die inhaltlich zunächst unbestimmt bleibt, werden Hort und Ganztagsschule miteinander kontrastiert. Die Schule selbst konnte den Rückschritt nicht aufhalten, sondern wurde von außen durch die politischen Akteure gezwungen („wieder zurück , geschoben worden richtung hort"). Wäre dies nicht geschehen, wäre sie ihren Entwicklungsweg konsequent weitergegangen. Das bildungspolitische Angebot der Landesregierung, Ganztagsschule in neuer Form zu werden, markiert den dramatischen Wendepunkt, an dem sich das Schicksal entscheidet. Zur Ganztagsschule gibt es nur die schlechte Alternative: der Hort. Der Schulgemeinschaft ist diese schicksalsträchtige Situation klar („jeder wusste es"). In stellvertretender Perspektivenübernahme der Elternposition dramatisiert Herr Bommer nochmals die Entscheidung: „hort heißt horrende kosten für die eltern."[3] Wir können also hier in der historischen Darstellung des Schulleiters das Konstrukt einer *schulischen Avantgarde* erkennen, eines vorzeitigen schulischen Innovationsprozesses, („wir warn schon mal ganztagsschule"), der von außen, nämlich politisch, abgebrochen wurde. Der innovative Schritt

---

[3] Dies deshalb, weil die Kommune als Schulträger 2006 ihren Zuschuss für die Horte nach dem Burgdorfer Modell reduzieren wird, so dass der Hort für die Eltern im Unterschied zu vorher kostenpflichtig würde. Aufgrund der meist geringen Einkommen sei der Hort, so wohl die nicht explizierte Befürchtung des Schulleiters, für viele Eltern dann nicht mehr erschwinglich.

zur Ganztagsschule musste von der bildungspolitischen Entwicklung erst nach-
vollzogen werden, um dann den Weg für die Wiederaufnahme des Innovationsprozesses auf Schloss Burgdorf freizumachen.

„wir wollen in diesen bildungsaspekt gehen weil wir möchten nicht mehr nichts haben"

Im diesem Teil der Sequenz, die den eigentlichen inhaltlichen Kern der Ausführungen darstellt, entfaltet Herr Bommer die Perspektive der Schule, aus der dann
die Differenz bzw. Abwertung gegenüber dem Hort material deutlich wird. Nur
die Ganztagsschule kann den „bildungsaspekt" einlösen. Hier wird also das Ideal bzw. der *Anspruch schulischer Lern- und Bildungsarbeit* zum Ziel erhoben.
Dagegen wäre ein an der Schule angesiedelter Ort, wo, so kann man annehmen,
aus der Sicht von Herrn Bommer die Betreuung im Vordergrund stünde, die
Negation überhaupt, d.h. für die schulischen Akteure würde dies ein unakzep-
tables, weil unvollständiges Angebot darstellen. Er reklamiert den Anspruch auf
ein schulisches Bildungsangebot am ganzen Tag mit einer doppelten Vernei-
nung: „wir möchten nicht mehr nichts haben". Dabei sind drei Varianten des
Nichts beim Verzicht auf Ganztagsschule denkbar: (a) Nichts im *übertragenen
Sinne:* Zur vorigen Differenzkonstruktion Hort vs. Schule ließe sich eine Lesart
konstruieren, in der der bleibende Hort vom Schulleiter disqualifiziert und zum
Nichts erklärt wird. Die Ausweitung von Schule wird damit als einzig tragfähige
Entwicklungsoption anstelle des Horts vorgestellt, dem der Bildungsaspekt
fehlt. (b) Nichts im *faktischen Sinne:* Der Hort wird aufgrund der horrenden
Kosten für die Eltern nicht mehr oder nur noch von wenigen in Anspruch genommen; dann entsteht in der Tat eine Lücke. (c) In einer riskanten Folgerung
könnte man die dritte Lesart vertreten, dass der Schulleiter hier mit dem „nicht
mehr nichts haben" auch die Halbtagsschule meint. Was übrig bleibt, wenn die
Ganztagsschule nicht realisiert wird, ist – unabhängig vom Fortbestand des
Horts – auf der schulischen Seite die Halbtagsschule. Dann wäre die Ausweitung von Schule auf den Nachmittag der einzig gangbare Weg von Schule überhaupt. Nur dies wäre eine vollständige Form von Schule, die Halbtagsschule
dagegen eine Schwundform, welche die Schule ins Nichts führen würde.[4]

„weil das, würde ein rückschritt sein keine hausaufgaben von vieln kindern desolate verhältnisse, kein sag ich ma, raum wo sie sich wohlfühlen am Nachmittag"

---

[4] Diese Lesart wird durch ein anderes Statement des Schulleiters gestützt, in welchem er fordert, die
Ganztagsschule müsse zum Pflichtmodell werden: „also ich bin schon der meinung dass wenn ,
deutschland sagen würde wir sind ganztagsschule, verpflichtend, wär es ein ideales modell" (Schul-
leiterbefragung 2005, Schulleiter).

Die Sequenz endet mit einer legitimatorischen Konstruktion, die eine Erweiterung des vorher genannten schulischen Bildungsaspekts um die Funktion eines kompensatorischen Ersatzes des familialen Sozialisationsraums offenbart. Herr Bommer konstruiert hier die Funktion von Schule mit Bezug auf ein Konstrukt des bedürftigen Schülers aus verwahrlosten familialen Lebenswelten. Zum einen sind nach Ansicht des Schulleiters – in der Linie schulischer Bildungsarbeit argumentiert – ohne Ganztagsschule die Hausaufgaben nicht garantiert; hier geht es also um den Pol kognitiver Lern- und Bildungsarbeit. Zum anderen würde den Schülerinnen und Schülern aufgrund der „desolaten verhältnisse", aus denen viele kommen, der „raum" fehlen, „wo sie sich wohlfühlen am nachmittag". Hier wird also über den engeren Anspruch von Schule hinaus, Ort fachlichen Lernens zu sein, das Ziel formuliert, den sozialisatorisch bedeutsamen primären emotionalen Anerkennungsraum der Familie, der bei vielen Schülerinnen und Schülern als beschädigt oder gar zerstört unterstellt ist, zu ersetzen. Vor dem Hintergrund dieses Krisenszenarios, nämlich dem Zerfall der Familie als haltgebendem Sozialisationsraum, muss Schule nicht nur auf den ganzen Tag ausgeweitet werden, sondern sie muss für das Selbst der Schülerinnen und Schüler jene Qualitäten besitzen, die eigentlich der Familie in ihrer primären Sozialisations- und Erziehungsfunktion zu eigen sind. In dieser Linie wären die Lehrerinnen und Lehrer dann signifikante Andere, Erzieher, die an Stelle der Eltern rücken. Schule wird also als eine Art Zuhause, sie wird als Gemeinschaft familialer Sorge konstruiert. Damit können wir nicht nur eine rein zeitliche Ausweitung von Schule beobachten, sondern zugleich eine inhaltliche und soziale Entgrenzung: die Schule, als zentrale Instanz sekundärer Sozialisation, erhält die Konturen primärer Sozialisation. Als Institution wird sie zum Familienersatz, vermischt sich im gedankenexperimentell auf der Grundlage des Textes antizipierbaren Entwurf der Handlungsebene mit dem Strukturmodell familial-primären pädagogischen Handelns und hat die Aufgabe umfassender emotionaler Stützung und Stabilisierung des Schülerselbst.

1.3 Kepler-Grundschule

Die Schulleiterin der Brandenburger *Kepler-Grundschule* begründet ihre Entscheidung für eine Ganztagsschule vor dem Hintergrund einer – nur sehr rudimentär angedeuteten – gesellschaftlichen Zeitdiagnose. Nachdem die Schulleiterin im Interview die Einstellung anderer beteiligter Akteure zur Ganztagsschule dargestellt hat, leitet sie mit der Sequenz „ich denke" eine kurze Passage ein, in der sie ihre eigene Sicht auf die derzeit zunehmende Umgestaltung von Schulen zu Ganztagsschulen erläutert. Anzunehmen ist dabei aufgrund des später bekräftigend hinzugefügten „ja davon bin ich überzeugt", dass ihre Position schon gefestigt ist. Der erste Satz dieser Sequenz ist ein resümierender Schlusssatz ihrer vorangehenden Ausführungen, mit denen sie auf die Frage der Interviewerin reagiert hatte, ob es sich bei der Umstellung auf den Ganztagsbetrieb in ihrer Schule um eine Übergangsphase handle oder nicht. In ihrer Antwort legt sie dar, dass sie und ihre Kolleginnen andere 'Profilierungen', wie die Verlässliche Halbtagsschule und die flexible Eingangsphase, für ihre Schule zwar zunächst in Betracht gezogen, sich dann aber für die Ganztagsschule entschieden hätten, die sie beibehielten, es sei denn – so ihre Einschränkung –, die für ihre Umsetzung notwendigen finanziellen Mittel würden gestrichen werden.

> „(...) ich denke das ist in unserer gesellschaft auch einfach ja die notwendige alternative ne ganztagsschule ja davon bin ich überzeugt das ist zwar traurig aber das ist so (I: warum) weil diejenigen die keine arbeit haben sind mit sich beschäftigt diejenigen die arbeit haben haben so viel arbeit dass sie keine zeit für ihre kinder haben ja manche sind in fortbildung oder arbeiten irgendwo ganz anders es ist traurig dass wir die pflichten der eltern übernehmen müssen aber wenns uns gut geht oder gut gehen soll dann müssen wir das tun weil sonst haben wir nur konflikte ich denke das wird zunehmen"

In der ausgewählten Sequenz bezieht die Schulleiterin zur Ganztagsschule Position: Sie hält die Einführung von Ganztagsschulen in unserer Gesellschaft für eine Notwendigkeit, eine unumgängliche Alternative, eine Entwicklung, die sie bedauert. Auf die Nachfrage der Interviewerin hin führt sie aus, dass Handlungsbedarf bestünde, da die Eltern ihren „pflichten", sich nach der Schule um ihre Kinder zu kümmern, aus verschiedenen Gründen nicht mehr nachkommen können. Die Pflichten der Eltern können als ein rechtliches Prinzip verstanden werden. Elterliche Fürsorgepflichten sind gesetzlich verankert, werden sie nicht erfüllt, kann z. B. das Jugendamt einschreiten. Die Pflichten der Eltern können aber auch in einem Bereich unterhalb dieser gesetzlichen Verankerung als eine moralische Forderung an das Verhalten der Eltern verstanden werden. Leitet man sie im vorliegenden Fall aus der Beschreibung der Defizite der Eltern ab, wären 'anwesend sein', 'sich um Kinder kümmern' und 'Zeit für Kinder haben' moralische Pflichten der Eltern, die von einem unbestimmten „wir" – den Lehrerinnen und Lehrern, den Lehrenden der Kepler-Schule, den Ganztagsschulen – übernommen werden müssen. Für das „wir" besteht dabei der Zwang, die von den Eltern hinterlassene Leerstelle zu füllen. Gegenüber der allgemein verbreiteten Argumentationsweise, dass die Ganztagsschule besonders Familien, in denen beide Elternteile berufstätig sind, im Sinne einer erleichterten Vereinbarkeit von Beruf und Familie entgegen komme, stellt sie dar, dass auch Eltern, die keine Arbeit haben, nicht in der Lage seien, sich ausreichend um ihre Kinder zu kümmern, weil sie 'mit sich selbst beschäftigt sind'. Implizit taucht hier eine Kritik am Arbeitsmarkt auf, der die Grundlagen des Familienlebens unterlaufe. Die von uns gewählte Passage wird von der Schulleiterin abgeschlossen mit der Beschreibung eines Zukunftsszenarios, das erneut die Alternativlosigkeit der Ganztagsschule unterstreicht. Dabei wird der Ganztagsschule ein großes Potenzial zugewiesen, die Konflikte – ob in der Schule oder der Gesellschaft bleibt offen –, zu lösen, die ohne ihre Einführung eintreten würden.

Zusammenfassend gesagt, ist in den Augen der Schulleiterin die Schule als Institution aufgrund von Veränderungen der Bedingungen des Familienlebens aufgerufen, die „pflichten der eltern" zu übernehmen. Die Schulleiterin ist nach wie vor der Überzeugung, dass nicht die Schule, sondern Eltern sich nachmittags um ihre Kinder kümmern sollten. Da die Eltern dieser Pflicht jedoch aufgrund der Entwicklungen am Arbeitsmarkt nicht mehr im wünschenswerten Umfang nachkommen können, es ihnen nur noch schwer möglich ist, im Einklang mit den eigenen Kindern zu leben, muss die Schule reagieren, die damit für etwas zuständig gemacht wird, für das sie nach dem bisherigen Modell von Schule nicht zuständig ist oder sein sollte. So wird schließlich auch die Schule von einer gesellschaftlichen Misere betroffen, gleichsam in Mitleidenschaft gezogen.

2   Der Mangel der Schule und des Schulischen – Transformation der Lernkultur als Erweiterung von Lernmöglichkeiten

Wir wenden uns nun dem zweiten Motivkomplex in den symbolischen Konstrukten zum Ganztag an Grundschulen zu. Auch dessen Legitimationsfiguren verbinden die Ganztagsschule mit der Kompensation diagnostizierter Defizite, die jedoch im Unterschied zu den bereits vorgestellten Argumentationsmustern nun nicht außerhalb der Schule – etwa in den Familien – gesehen werden, sondern im System Schule selbst. Ganztagsschule soll in dieser Linie insofern nicht vorrangig schulexterne, sondern schulinterne Defizite ausgleichen, sie wird mit der Hoffnung verbunden, eine andere Art von Schule zu ermöglichen, in der mehr und anders gelernt werden kann. Grundlage für die Erörterung dieser Legitimationsfiguren sind Rekonstruktionen ausgewählter Passagen aus den Interviews mit den Schulleiter/innen dreier gebundener Ganztags-Grundschulen in Berlin.

Auch in der folgenden Darstellung unserer Fallrekonstruktionen drei anderer Grundschulen wird wieder das erste symbolische Konstrukt der Schwanensee-Grundschule als „Eckfall" ausführlicher präsentiert, während diejenigen der Brunnen- und Mozart-Grundschule die Darstellung ergänzen.

2.1 Schwanensee-Grundschule

In seiner Darstellung der Entwicklung der im ehemaligen Ostteil der Stadt gelegenen *Schwanensee-Grundschule* zur Ganztagsschule erläutert der Schulleiter Herr Sommer zunächst, dass an seiner Schule in Anknüpfung an eine zu DDR-Zeiten übliche Praxis bereits in den neunziger Jahren eine Nachmittagsbetreuung für die Erst- bis Viertklässler angeboten wurde. Er fährt fort mit den Worten:

> „der jedanke dass schule mehr sein kann mehr sein muss als unterricht zwischen zwei klingelzeichen und dann schnell geht nach hause der hat sich eigentlich immer verstärkt hatte tradition und hat sich immer verstärkt und das phänomen dass kinder auch noch nach dem letzten klingelzeichen was dann irgendwann mal abjeschafft wurde ähm in der schule blieben wurde immer stärker"

Eine Ausdehnung des zeitlichen Rahmens der von Kindern in der Schule verbrachten Zeit wird in dieser Passage mit dem Anspruch verbunden, einen Mehrwert gegenüber einem konventionellen Schulmodell zu schaffen, welches Herr Sommer als „unterricht zwischen zwei klingelzeichen und dann schnell geht nach hause" charakterisiert. Die ‚Schule ohne Mehrwert' erscheint in diesen Worten wie eine stark formalisierte und unterrichtsbetonte Lernfabrik, in der die Schüler und Schülerinnen nach Unterrichtsende nichts mehr zu suchen haben. Die angeführte Aufforderung an diese, rasch nach Hause zu gehen, reduziert sie auf Adressaten des Unterrichts und ignoriert etwaige andere Bedürfnisse und Persönlichkeitsanteile. Weiterhin impliziert diese Formulierung, Schüler und Schülerinnen hätten keineswegs selbst ein Interesse am Verlassen der Schule und würden im konventionellen Schulmodell gegen ihren Willen und aufgrund eines mangelnden schulischen Engagements nach dem Unterricht fortgeschickt. Ähnlich wie im oben zitierten Interview mit dem Schulleiter der Bocuse-Schule wird auch hier die Ansicht transportiert, Schule müsse den Kindern die Chance bieten, einem unterschwellig als defizitär konstruierten außerschulischen Bereich zu entkommen. Der zentrale Gegenhorizont zu der von Herrn Sommer entworfenen Konstruktion von Ganztagschule ist jedoch im Unterschied zur Argumentation des Schulleiters der Bocuse-Schule nicht die Familie, sondern die Konstruktion einer Schule als formalisierter Lernfabrik.

Den Anspruch (und die Überzeugung, dass dieser umsetzbar ist), ein solches Schulmodell zu überbieten, führt Herr Sommer auch auf die DDR-Vergangenheit der Schwanensee-Schule, beziehungsweise von deren Lehrkörper zurück und stellt ihn insofern als festen Bestandteil der Schulgeschichte dar. Zudem verweist er auf die zunehmende Bedeutung dieses Anspruchs („hat sich immer verstärkt"), der mit der Beobachtung von Schülern und Schülerinnen einherging, die auch nach Unterrichtsende noch in der Schule verblieben. Die pädagogischen Ideale der Lehrpersonen wurden in dieser Darstellung empirisch bestätigt durch wahrgenommene Bedürfnisse von Schülern und Schülerinnen, welchen hier erneut bescheinigt wird, die Schule außerschulischen Orten vorzuziehen. Schule erscheint als bestmöglicher Aufenthaltsort für Kinder und ein ‚Mehr' an Schule kann diesen insofern nur zugute kommen. Dieses ‚Mehr' wird symbolisiert durch eine Abschaffung des „letzten klingelzeichens", welche nicht nur für eine zeitliche Entgrenzung des Schulalltags zu stehen scheint. Da das Klingelzeichen als Symbol für ein stark formalisiertes, unterrichtsbetontes und an den Bedürfnissen der Schüler und Schülerinnen desinteressiertes Schulmodell eingeführt wurde, lässt sich die Entscheidung, es abzuschaffen, auch mit dem Anspruch einer pädagogisch-inhaltlichen Veränderung des schulischen Auftrags in Verbindung bringen. Das Ganztagsmodell erweist sich in diesem Sinne nicht nur als gute Lösung für die Schwanensee-Schule, da es den Kindern die Möglichkeit verschafft, mehr Zeit an der Schule als optimalem Aufenthaltsort zu verbringen, sondern birgt darüber hinausgehend das Versprechen, die starren Strukturen und die Unterrichtsfokussierung eines als unbefriedigend erlebten überkommenen Schulmodells zu überwinden. Der hier angedeutete, durch die Ganztagsschule ermöglichte pädagogisch-inhaltliche ‚Mehrwert' bleibt an dieser Stelle freilich auffällig unbestimmt, weshalb wir im Folgenden noch eine spätere Passage aus dem Schulleiter-Interview rekonstruieren möchten, in der Herr Sommer explizit seine Sicht auf die pädagogischen Aufgaben der Ganztagsschule thematisiert.

> „es geht um den unterricht und es geht in ganztagsschule auch ums lernen ums mehr lernen es geht äh nicht vordergründig darum ne neue betreuungsform zu haben und es geht nich darum ähm krisenmanagement äh vor ort zu machen auch auch aber es geht darum mehr zu lernen und wenn ich mehr zeit habe nämlich nich nur den knappen vormittag sondern eben bis nachmittag um sechzehn uhr hab ich einfach mehr zeit zum lernen ja und ich meine damit e-ben nich nur dass ich jetzt weil ich nachmittags in ner schule bin statt fünf nun acht vokabeln lernen kann sondern ganz andre dinge eben auch lernen kann ne und das is das wichtige an ganztachsschule"

Den bereits in der ersten zitierten Passage formulierten Anspruch eines durch das Ganztagsmodell gewährleisteten schulischen ‚Mehrwerts' bringt Herr Sommer nunmehr mit einer Steigerung der Lernmöglichkeiten in Verbindung. Ein pädagogisches Engagement jenseits der Förderung des Lernens von Schülern und Schülerinnen im Sinne einer Betreuung oder eines „krisenmanagements" wird zwar nicht völlig abgelehnt, jedoch eindeutig als nachrangig eingeordnet. Der Vorteil der Ganztagsschule gegenüber der Halbtagsschule besteht demnach aus Herrn Sommers Sicht nicht darin, dass diese etwa auch sozialpädagogische Aufgaben übernehmen (und somit außerschulisch produzierte Defizite kompensieren) könne. Stattdessen soll Ganztagsschule die hinzugewonnene Zeit vorrangig als Lern-Zeit nutzen und in dieser Hinsicht eine optimale Qualifizierung ihrer Schüler und Schülerinnen gewährleisten. Wie sich im ersten Satz zeigt („es geht um den unterricht"), betrachtet Herr Sommer dabei durchaus den Unterricht als privilegierten Ort des Lernens. Interessant sind diese Ausführungen auch vor dem Hintergrund der vormals geäußerten Kritik an Schule als „unterricht zwischen zwei klingelzeichen". Hier deutet sich die Befürchtung an, eine durch die Abschaffung zumindest des letzten Klingelzeichens entformalisierte Schule könne Gefahr laufen, in ihrem Wunsch, den Bedürfnissen der Schüler und Schülerinnen gerecht zu werden, den Unterricht als eigentliches ‚Kerngeschäft' aus dem Blick zu verlieren und somit die hinzugewonnene Zeit nicht optimal zu nutzen. Im letzten hier zitierten Satz wiederum kommt Herr Sommer erneut auf den Anspruch eines nicht nur in Bezug auf eine zeitliche Ausdehnung, sondern auch in inhaltlich-pädagogischer Hinsicht angestrebten ‚Mehrwerts' von Ganztagsschule zu sprechen: Die Steigerung des Lernens soll sowohl auf einer quantitativ messbaren Ebene („statt fünf nun acht vokabeln") als auch auf einer qualitativen Ebene erfolgen: In seiner idealen Ganztagsschule sollen auch „ganz andere dinge" gelernt werden können. Was hiermit konkret gemeint ist, bleibt wiederum offen, deutlich wird jedoch, dass Herr Sommer die Ganztagsschule vorrangig mit einer Chance zu qualitativ erweiterten Lernerfahrungen in Verbindung bringt.

Der in Abgrenzung von konventionellen Schulmodellen formulierte Anspruch an Ganztagsschule, eine qualitativ hochwertige und bessere pädagogische Arbeit zu ermöglichen, wird in vielen Schulleiterinterviews geäußert, wobei oft vage bleibt, woran eine solche Qualitätssteigerung sich festmachen ließe. Eine entscheidende, auch von Herrn Sommer thematisierte Frage bei der Umstellung auf Ganztagsbetrieb ist selbstverständlich, wie die hinzugewonnene Zeit am Nachmittag am Besten zu nutzen sei, wobei einige Schulleiter/innen die angestrebte Verbesserung der pädagogisch-didaktischen Arbeit an der Schule an einer optimalen Verbindung der vormittags und nachmittags angebotenen Aktivitäten festmachen. Zentral wird dies von den Schulleiterinnen der Berliner Ganztagsschulen Brunnen-Schule und Mozart-Schule thematisiert: Beide charakterisieren Ganztagsschule als Chance zur Überwindung eines defizitären konventionellen Schulmodells, wobei sie die angestrebte Qualitätssteigerung insbesondere an einer gelungenen Verbindung von Vormittags- und Nachmittagsangeboten, beziehungsweise von Unterricht und Freizeit festmachen. Abschließend möchten wir noch exemplarisch auf ausgewählte Interviewpassagen zu dieser Thematik eingehen.

2.2 Brunnen-Schule

Zunächst nehmen wir dabei auf das Interview mit der Schulleiterin Frau Augustin der im ehemaligen Ostteil Berlins gelegenen *Brunnen-Schule* Bezug. Im Anschluss an ihre Erzählung der Schulgeschichte wird die Interviewte auf ihr ideales Bild einer Ganztagsschule angesprochen:

> „I: und äh was wäre so ihr bild von von der idealganztagsschule also wenns jetzt ähm sozusagen unabhängig von verschiedenen politischen vorgaben?
> A: also ja so mein spezieller wunsch ist ja immer also ähm wir haben uns lange hier gewünscht dass diese ganztagsschule also eben dis is ja jetzt doch n bisschen anders als wir dit zu DDR-zeiten hatten aber wir haben schon ähm dit als sehr positiv damals gesehen dass also praktisch ähm diese hortbetreuung klassenweise war also dit war ja so dit wäre och hier jetzt so gewesen im ostteil der stadt dass also n grossteil der kinder betreut wird am nachmittag ein betreuungsangebot in anspruch nimmt und das also eben praktisch so zu organisieren dass immer ein lehrer ein erzieher zusammenarbeiten weil dit einfach effektiver ist effektiver für das was man also dann och für die nachmittagstätigkeit dann machen kann weil man eben wirklich an unterrichtsthemen anknüpfen kann für alle kinder da noch mal ne bereicherung bringt"

Frau Augustin nimmt an dieser Stelle, ähnlich wie der Schulleiter der Schwansee-Schule, positiven Bezug auf das zu DDR-Zeiten übliche Hortsystem, wobei sie insbesondere die nachmittägliche gemeinsame Betreuung ganzer Schulklassen als „sehr positiv" beurteilt. Sie leitet ihre Antwort mit dem Bezug auf ihren persönlichen „speziellen Wunsch" ein, rekurriert jedoch letztlich auf ein nicht näher bestimmtes schulisches „wir", das ihrer Beschreibung zufolge bereits seit Langem anstrebe, mit der Umstellung auf Ganztagsbetrieb an positive gemeinsame Erfahrungen mit dem DDR-Modell anzuknüpfen. Ihre Bemerkung „diese ganztagsschule" sei „doch n bisschen anders" als die bevorzugte klassenweise organisierte Hortbetreuung, demonstriert gleichzeitig eine Distanz zur Ganztagsschule als modernerer Variante eines Nachmittagsangebots, die möglicherweise mit dem tatsächlichen Ideal des DDR-Modells nicht mithalten kann. Wie die Interviewte im Folgenden ausführt, wäre gerade im Ostteil Berlins eine pädagogische Versorgung von Kindern erforderlich – das zu DDR-Zeiten übliche Betreuungsangebot entsprach ihrer Ansicht nach also auch nach der Wende den Bedürfnissen der Bevölkerung. Aufgabe des schulischen „wir", das hier aus Lehrkräften bestehend charakterisiert wird, die ihre berufliche Sozialisation alle in der DDR erlebten, ist es vor diesem Hintergrund, an die als positiv erlebte Tradition anzuknüpfen und somit auch den Bedürfnissen des schulischen Klientels gerecht zu werden. Als zentralen Aspekt der Umsetzung dieses Auftrags benennt sie die organisierte Zusammenarbeit zwischen einzelnen Lehrer/innen und Erzieher/innen. Von einer solchen Organisation des Ganztags erhofft sie sich, dass ebenso wie bei der Hortbetreuung zu DDR-Zeiten, im Rahmen der nachmittäglichen Betreuung bestimmte vormittags behandelte Unterrichtsthemen wieder aufgegriffen werden. Der hier gegenüber der im Ganztag hinzugewonnenen Zeit formulierte Anspruch lautet, diese müsse besonders effektiv gestaltet werden, wobei Effektivität an einer Mehrbeschäftigung mit curricularen Themen festgemacht wird. Ähnlich wie Herr Sommer („es geht um den unterricht") vertritt auch Frau Augustin die Ansicht, die in der Ganztagsschule zur Verfügung stehende Zeit müsse vorrangig als Lern-Zeit im Sinne einer Arbeit an Unterrichtsthemen genutzt werden, um wirklich eine „bereicherung für alle kinder" darstellen zu können. Sie zieht insofern argumentativ eine klare Verbindung zwischen erweiterten Möglichkeiten der Beschäftigung mit curricularen Themen, der Effektivität von Schule und dem persönlichen Profit der Schüler und Schülerinnen. In diesem Kontext erscheint aus ihrer Sicht die vor drei Jahren erfolgte Umstellung der Brunnen-Schule auf einen gebundenen Ganztagsbetrieb nur konsequent: Im Unterschied zum vorher angebotenen offenen Ganztag kann nun nachmittags gezielt aufgegriffen werden, was bereits vormittags im Unterricht Thema war.

Die Forderung nach einer Verknüpfung von Vormittag und Nachmittag beziehungsweise von Unterricht und Freizeit, die uns im Rahmen des Forschungsprojekts oftmals begegnete, ist im Falle Frau Augustins also eindeutig mit dem Anspruch einer Erweiterung des Unterrichts verbunden, der im Freizeitbereich mit anderen Mitteln fortgeführt werden soll.

2.3 Mozart-Schule

Auf ganz andere Weise wird eine solche Forderung von Frau Mahler, der Leiterin der im Berliner Westen gelegenen *Mozart-Schule* begründet. In der im Folgenden zitierten Passage führt Frau Mahler im Rahmen ihrer Erzählung der

schulischen Entwicklung aus, weshalb sich das Kollegium ihrer Schule gegen
ein offenes und für ein gebundenes Ganztagsmodell entschied:

> „wir wollten ja nich kinder auffangen die dann ausem unterricht kommen und die dann frei-
> zeitmäßig betreuen sondern eigentlich war ja unser ziel schon wir wollen eben ne zusammen-
> arbeit zwischen lehrerinnen und erzieherinnen haben und wir wollen äh dass die kinder ehm
> eben erzieherinnen und lehrerinnen als gleichwertige bezugspartnerinnen erleben und wir wol-
> len dass äh dass freizeit in in unterricht einfließt und umgekehrt das ist ja unser ziel daran ar-
> beiten wir ja"

Genau wie Frau Augustin bringt auch Frau Mahler die Umstellung auf einen
gebundenen Ganztagsbetrieb mit der Chance einer verstärkten Zusammenarbeit
zwischen Lehrer/innen und Erzieher/innen in Verbindung. In Abgrenzung zum
Modell der offenen Ganztagsschule betont sie weiterhin unter Bezug auf eine
nicht näher definierte schulische Gemeinschaft, deren Ziel sei eben nicht gewesen, Kinder, die aus dem Unterricht kommen, „auf(zu)fangen" und „freizeitmä-
ßig (zu) betreuen". Ein Kind, das aufgefangen werden muss, scheint ein Kind zu
sein, das sich im Sturze befindet, wobei die Ursache von dessen Hilfsbedürftig-
keit hier offen gelassen wird: Vielleicht sollte der Sturz in ein potenziell bedroh-
liches schulisches Außen verhindert werden, denkbar ist jedoch auch, dass hier
davon ausgegangen wird, dass die Anfechtungen des Unterrichts die Notwendigkeit einer anschließenden Kompensation erzeugen. Die durch den Ganztag
gewonnene Zeit sollte jedoch Frau Mahler zufolge explizit nicht zur Kompensation entweder im Unterricht oder außerhalb der Schule erzeugter Defizite der
Kinder oder auch für eine rein „freizeitmäßige" Betreuung genutzt werden. Ü-
bereinstimmend mit Herrn Sommer hält Frau Mahler Betreuung oder Krisenma-
nagement nicht für die zentralen Aufgaben der Ganztagsschule. Während sowohl Herr Sommer als auch Frau Augustin den Anspruch formulieren, in ihren
Schulen nachmittags ein Mehr an Lernen und an Auseinandersetzung mit curricularen Themen zu gewährleisten, ist das zentrale von Frau Mahler benannte
schulische Ziel allerdings, Lehrer/innen und Erzieher/innen den Status „gleich-
wertige(r) bezugspartnerinnen" gegenüber den Kindern zu ermöglichen. Die
interessante Wortschöpfung „bezugspartnerinnen" verweist auf die Idee einer
Enthierarchisierung nicht nur der Beziehung beider Berufsgruppen, die als
„gleichwertig" erlebt werden sollen, sondern auch des Verhältnisses zwischen
Pädagogen und Pädagoginnen einerseits und Kindern andererseits: Lehrer/innen
und Erzieherinnen sollen nicht lediglich Bezugspersonen für die Kinder sein,
sondern idealerweise deren Partner/innen im schulischen Alltag. Nicht nur wird
hier ähnlich wie im Falle der rheinland-pfälzischen Grundschule Schloss Burgdorf das harmonisierende Konstrukt einer professionellen Gemeinschaft von
Gleichen entworfen, sondern das Ideal enthierarchisierter Beziehungen wird
weitergehend auf den Kontakt der Professionellen zu den Schülern und Schüle-

rinnen ausgedehnt: Gerade die Ganztagsschule soll es ermöglichen, diesen partnerschaftlich zu gestalten. Der Wechsel der Interviewten vom Präteritum ins Präsens verdeutlicht darüber hinaus, dass dieses Ideal noch nicht erreicht wurde und insofern von nach wie vor relevanten Zielen der benannten schulischen Gemeinschaft die Rede ist. Als weiteres, ebenfalls auch gegenwärtig noch bedeutsames Ziel dieser Gemeinschaft benennt Frau Mahler außerdem ein „einfließen" der Freizeit in den Unterricht „und umgekehrt". Das heraufbeschworene Bild zweier Flüssigkeiten oder Gewässer, die sich vermischen lässt ahnen, dass hier letztlich eine Ununterscheidbarkeit der ursprünglich getrennten Substanzen angestrebt wird, so wie eben zwei Flüsse, die ineinander einfließen letztlich zu einem neuen Fluss werden, dessen Gewässer sich nicht mehr den ursprünglich separaten Strömen zuordnen lassen. Ganztag wird somit von Frau Mahler auch als Chance zur Nivellierung von Unterschieden – einerseits zwischen schulischen Interessengruppen, andererseits zwischen schulischen Angeboten – verstanden.

Ebenso wie die anderen beiden in diesem Abschnitt zitierten Schulleiter/innen möchte auch sie mit der Ganztagsschule die Möglichkeit nutzen, die Defizite eines konventionellen Schulmodells zu überwinden (welches in ihrem Falle mit einer starren Gegenüberstellung des Unterrichts- und Freizeitbereichs in Verbindung gebracht wird). Während Herr Sommer und Frau Augustin die Umstellung auf Ganztagsbetrieb (unter Bezug auf die DDR-Tradition) vorrangig mit dem Anspruch verbesserter Lernmöglichkeiten von Kindern in Verbindung bringen, strebt Frau Mahler hingegen eine Enthierarchisierung schulischer Beziehungen und eine Durchmischung von Freizeit und Unterricht an, wobei sie eine Privilegierung einer der beiden Bereiche vermeidet. Sie konstruiert den Unterricht in der zitierten Passage durchaus nicht als schulisches Kerngeschäft, sondern als Angebotssegment unter anderen, das gerade auch von dem Einfluss des Freizeitbereichs profitieren kann.

Alle drei der in diesem Abschnitt zitierten Interviewpartner/innen formulieren insofern die Hoffnung, mit der Umstellung auf einen gebundenen Ganztagsbetrieb einen schulischen Mehrwert zu schaffen, wobei dieser sowohl als Überwindung allzu formalisierter Strukturen („klingelzeichen", Gegenüberstellung von Unterricht und Freizeit, hierarchische Beziehungen) als auch als Erweiterung von Lernmöglichkeiten gedacht werden kann.

3 Fallvergleichende Diskussion: Transformationsentwürfe grundschulischer Bildung und ihre Paradoxien

Gemeinsames Kennzeichen all der hier vorgestellten symbolischen Konstrukte ist es, die Schule als transformationsbedürftige Institution zu deuten: Unabhängig davon, ob das Defizit außerhalb der Schule in gesellschaftlichen Strukturveränderungen bzw. Mangelerscheinungen verortet wird oder ob die Schule sich selbst in ihrem Kerngeschäft für entwicklungsbedürftig erklärt, Schule muss im Rahmen von Ganztagsschule etwas anderes werden, als sie vorher war bzw. gemeinhin noch ist. Grundlegendes Programm einer Kompensation, die nach den Vorstellungen der interviewten Personen geleistet werden soll, ist somit die Transformation der institutionalisierten pädagogischen Arbeit. Die Kompensationsansätze reichen allerdings unterschiedlich weit. Die stärkste Veränderung von Schule als Institution begegnet uns in den Deutungsmustern des Schulleiters auf Schloss Burgdorf in Rheinland-Pfalz sowie der interviewten Lehrerin der Berliner Bocuse-Schule. In ihren Konstrukten rückt Schule dicht an die Familie heran. Schule wird etwa als quasi-familiale Gemeinschaft und als umfassende, haltgebende und sorgende Gegenwelt zu den Familien der Schüler/innen entworfen, auf die – auch in ihrer Verfallsform – Kinder in ihrer Entwicklung angewiesen bleiben. Abstrakt bleibt demgegenüber die Defizitfigur der Schulleiterin der Brandenburger Kepler-Grundschule: Sie kritisiert das Vergesellschaftungsmuster der modernen Arbeitsgesellschaft, das familiale Erziehungskapazitäten schwächt und soziale Konfliktpotenziale schafft, die durch die Ganztagsschule entschärft werden müssen; die schulische Verantwortungsübernahme ist dann in der Konstruktion der interviewten Schulleiterin zwangsläufig und damit unausweichlich, unabhängig vom jeweiligen normativen Standpunkt, was Schule leisten soll. Nicht so weitreichend, aber auch im Sinne einer familialen Ersatzleistung ist das Muster einer Verschulung der Freizeit durch „freizeitorientierte angebotsstrukturen" zu lesen, das der Schulleiter der Bocuse-Schule entwirft. Auch dieser Entwurf enthält im Grunde die Figur einer Familiarisierung der Schule, nicht in der gesteigerten Form der Ersatzfamilie, sondern gewissermaßen gemäßigt als Familienersatz. Widersprüchlich sind beide Entwürfe, denn hier wird Schule in ihrer historisch entstandenen Form als universalistischen Orientierungen verpflichtete Institution in Richtung einer Emotionalisierung, Partikularisierung und Intimisierung erweitert.

Weiterhin zeigt sich in dem hier ausgemachten Motivkomplex, dass die Grundschule als Ganztagsschule – entgegen den eingangs aufgeführten Ansprüchen gegenüber dieser Schulart – in den diskursiven Konstruktionen der schulischen Akteure vor Ort eben nicht als Schule für alle, sondern als Schule für besonders bedürftige Kinder betrachtet wird. Widerstände und Schwierigkeiten bei der Einführung neuer Ganztagsschulen sowohl seitens der Professionellen als auch der Eltern sind möglicherweise nicht zuletzt auf Traditionen des deutschen Schulreform-Diskurses zurückzuführen: Gegenüber der hochgeschätzten familiären Erziehungstätigkeit konnte die Ausweitung der täglichen Schulzeit für die Kinder und Jugendlichen schon seit der vorletzten Jahrhundertwende nur als Kompensation defizitärer familiärer bzw. sozialer Verhältnisse gerechtfertigt werden (vgl. hierzu ausführlich Reh 2008a,b).

Die zweite Linie einer Kompensationsstrategie, die sich auf ein in der Schule lokalisiertes Defizit des Standes der Lern- und Unterrichtskultur bezog, ist zwar strukturell insofern eingeschränkt, als lediglich eine Revision des schulischen Kerngeschäfts, nämlich eine Reformpädagogisierung und effektivierende Ausweitung geplanter Lernarrangements (über den Unterricht hinaus, in die Freizeit hinein) ins Auge gefasst wird. Die durch diese Bemühungen entstehende Ambivalenz ist jedoch, dass hier durch den angestrebten Holismus des „Ganzheitlichen Lernens" und durch die schulische Aneignung der Freizeit das eigentlich Unsystematische im schulischen Sinne systematisiert werden soll. Eine solche Informalisierung des Unterrichts, die symbolisch verdichtet in der Forderung des Schulleiters der Schwanensee-Schule, das letzte Klingelzeichen abzuschaffen, zum Ausdruck kommt, verschiebt ebenfalls, wenn auch in anderer Hinsicht als die oben beschriebene schulische Annäherung an familiale Sozialformen, bisher etablierte Grenzen der Schule: die raum-zeitliche Ausdehnung der Schule in den sonstigen Alltag der Kinder, die immer weiter um sich greifende methodische Systematisierung vormals außerschulischer Lernfelder sowie die Konstruktion der schulischen Wissensordnung im Medium symbolischer Repräsentation.

Es ist davon auszugehen, dass beide Motivkomplexe, jener einer Aufarbeitung interner Defizite über eine Erweiterung neue Lernmöglichkeiten und jener eines Ausgleichs defizitärer primärer Anerkennungsverhältnisse und Sozialisationsprozesse in der Umwelt der Schule durch Familiarisierung, sich in einzelnen Schulen überlagern und u.U. auch innerschulische Akteure und Gruppen und weniger ganze Schulen in ihren prioritären Zielsetzungen voneinander trennen. Sehr wahrscheinlich beeinflussen die lokalen Rahmenbedingungen bzw. sozialräumlichen Einbettungen und Milieubezüge der Einzelschule (etwa die Lage im sozialen Brennpunkt oder die Ansiedlung in bürgerlichen Wohngegenden) die Herausbildung des einen oder des anderen Defizit- und Kompensationskonstrukts. Die auf der Ebene der symbolischen Konstruktionen beobachtbaren Ambivalenzen – z.B. in der Bewertung der Familien und des Familiären zwischen Idealisierung und Verfallsszenario – werden, so vermuten wir begründet, auf der Handlungsebene der schulischen Akteure zu Widersprüchen und Schwierigkeiten in der Transformation der Schulkulturen führen.

Literatur

Appel, Stefan/Rutz, Georg (2005): Handbuch Ganztagsschule. Konzeption, Einrichtung und Organisation. Schwalbach: Wochenschau Verlag (5. überarbeitete Auflage).

Bohnsack, Ralf (2003): Rekonstruktive Sozialforschung. Einführung in qualitative Methoden. 5. Auflage. Opladen: Leske + Budrich.

Bourdieu, P. et al. (2005): Das Elend der Welt. Gekürzte Studienausgabe. Konstanz: UVK Verlagsgesellschaft mbH.

Götz, Margarete/ Sandfuchs, Uwe (2001): Geschichte der Grundschule. In: Einsiedler, Wolfgang/ Götz, Margarete/ Hacker, Hartmut/ Kahlert, Joachim/ Keck, Rudolf W./ Sandfuchs, Uwe (Hrsg.): Handbuch Grundschulpädagogik und Grundschuldidaktik. Bad Heilbrunn: Verlag Julius Klinkhardt: 13-30.

Ipfling, Heinz Jürgen (1995): Die Grundschule im Bildungssystem. In: Becher, Hans Rudolf/ Bennack, Jürgen (Hrsg.): Taschenbuch Grundschule. Baltmannsweiler: Schneider-Verlag Hohengehren (2. Korr. Aufl.): 14-27.

Kolbe, Fritz-Ulrich/Reh, Sabine/Fritzsche, Bettina/Idel, Til-Sebastian/Rabenstein, Kerstin (2008): Lernkultur: Überlegungen zu einer kulturwissenschaftlichen Grundlegung qualitativer Unterrichtsforschung. In: ZfE (11), H. 1 (i.Dr.).

Luhmann, Niklas (1988): Sozialsystem Familie. In: System Familie. Therapie und Forschung (1): 75-91.

Luhmann, Niklas (2002): Das Erziehungssystem der Gesellschaft. Frankfurt am Main: Suhrkamp

Oevermann, Ulrich/Allert, Tilmann/Konau, Elisabeth/Krammbeck, Jürgen (1979): Die Methodologie einer „objektiven Hermeneutik" und ihre allgemeine forschungslogische Bedeutung in den Sozialwissenschaften. In: Soeffner, Hans-Georg (Hrsg.): Interpretative Verfahren in den Sozial- und Textwissenschaften. Stuttgart: Metzler: 352-434.

Quellenberg, Holger (2007): Ganztagsschule im Spiegel der Statistik. In: Holtappels, Heinz Günter/ Klieme, Eckhard/ Rauschenbach, Thomas/ Stecher, Ludwig (Hrsg.): Ganztagsschule in Deutschland. Ergebnisse der Ausgangserhebung der „Studie zur Entwicklung von Ganztagsschulen" (StEG). Weinheim und München: Juventa Verlag: 14-36.

Reh, Sabine (2008a): Die Ganztagsschule in Deutschland – eine Schule für alle? Eine Geschichte programmatischer Schulentwürfe. In: Prüß, Franz/Kortas, Susanne/Schöpa, Matthias (Hrsg.): Die Ganztagsschule – von der Theorie zur Praxis. Weinheim und München: Juventa (i.Dr.).

Reh, Sabine (2008b): „Der aufmerksame Beobachter des modernen großstädtischen Lebens wird zugeben, dass die Familie heute leider nicht mehr den erziehlichen Wert früherer Tage besitzt". Defizitdiagnosen zur Familie als wiederkehrendes Motiv in deutschen reformpädagogischen Schulentwürfen und Schulreformdiskursen im ersten Drittel des 20. Jahrhunderts.In: Ecarius, Jutta/Groppe, Carola/Malmede, Hans (Hrsg.): Familie und öffentliche Erziehung. Theoretische Konzeptionen, historische und aktuelle Analysen. Wiesbaden: VS Verlag (i. Dr).

Tenorth, Heinz-Elmar (2000): Die Historie der Grundschule im Spiegel ihrer Geschichtsschreibung. In: ZfPäd 46. H. 4: 541-554.

Wernet, Andreas (2006): Einführung in die Interpretationstechnik der Objektiven Hermeneutik. 2. überarb. Auflage. Wiesbaden (VS Verlag für Sozialwissenschaften).

Westerhoff, Maria (2005): Die offene Ganztagsgrundschule in NRW. Zwischen Servicebetrieb und Bildungseinrichtung. Münster: MV-Verlag.

Bessere Erziehung statt Leistungsanspruch?
Legitimation der Transformation schulischer Aufgaben an ganztätigen Förderschulen

Christopher Bechtold, Angelika Krause, Joachim Scholz, Anna Schütz

Die Einführung ganztägigen Unterrichts an Förderschulen wird nicht erst als Konsequenz aus der Pisa-Debatte gefordert, sondern seit den 1970er Jahren stets erneut befürwortet. Fragt man, warum das Ganztagsmodell „für das gesamte Förderschulwesen in besonders hohem Maß" als ein schulorganisatorischer Königsweg angesehen ist (Schor 2005: 53), so wird meist mit einem erhöhten lerndiagnostischen und Erziehungsbedarf der Förderschulklientel argumentiert, dem die Ganztagsschule besser und vielfältiger als die Halbtagsschule nachkommen könne. Auch eröffne die Ganztagsschule Eltern die Chance zu „kompetenzstärkender Erziehungsbegleitung" (Ellinger 2002), indem die schulischerseits gewonnenen breiteren Kenntnisse über Lernprofile einzelner Schüler den Eltern als Ratschläge bereitgestellt werden. Würde die Schule solche Gelegenheiten der Rückmeldung aufsuchen, dann könnte sie „Denkprozesse" auf Seiten der Eltern initiieren, „eigene Handlungen anregen, neue Handlungsressourcen entwickeln und Wahrnehmungsveränderungen ermöglichen" (ebd.: 489). Häufiger ist in der Literatur auch von den Chancen die Rede, die ganztags betriebene Förderschulen für die Öffnung gegenüber außerschulischen Erziehungsinstanzen und berufspraktischen Erfahrungsräumen bieten (vgl. Braasch 1993). Als Konsequenz solcher Erwägungen sind deutschlandweit bereits viele Förderschulen in Ganztagsschulen umgewandelt worden. In Rheinland-Pfalz, einem Vorreiter unter den Ländern, sollte bis zum Schuljahr 2005/2006 sogar die Hälfte aller Förderschulen den Ganztag eingeführt haben (vgl. Kriszio 2005: 414).

Unter den in diesem Buch analysierten Ganztagsschulen befinden sich mit der rheinland-pfälzischen Knuspel-Schule und der brandenburgischen Regenbogenschule zwei Förderschulen, deren Selbstverständnis als Ganztagsschule wir im folgenden Beitrag untersuchen möchten. Dabei diskutieren wir die Frage, über welche symbolischen Konstruktionen die schulischen Akteure selbst die Praxis des ganztägigen Unterrichts an ihrer Schule legitimieren. Wir stützen unsere Analyse auf die objektiv hermeneutische Interpretation (vgl. Oevermann u.a. 1979, Wernet 2006) zweier Sequenzen aus Interviews, die mit Teilen des Kollegiums beider Schulen geführt wurden. Beide Protokolle sind thematisch auf das schulische Mittagessen fokussiert, das wir in den Blick nehmen, weil es neben der Hausaufgabenbetreuung und dem AG-Angebot als ein zentrales ganztagsspezifisches Strukturmerkmal gelten kann.[1] Mittagessen und Mittagsband erweisen sich bei der Interpretation jedoch in beiden Texten als eingebunden in weiterführende thematische Zusammenhänge.[2] In den ausgewählten Sequenzen wollen wir also keineswegs nur die mit dem Mittagessen selbst verbundenen Strategien der Begründung ganztagsschulischer Arbeit rekonstruieren, sondern darüber hinaus auch andere Legitimationsstränge der Ganztagsförderschule, sofern sie sich textlich zu erkennen geben. So gerät im ersten Teil zusätzlich zur pädagogischen Funktion des Mittagessens an der Ganztagsschule die Position der schulischen Akteure zum Elternhaus in den Blick, im zweiten Teil lassen sich Probleme des Zeitmanagements und des Leistungsanspruchs gegenüber der Förderschulklientel untersuchen – allesamt Aspekte, die letztlich in die symbolische Konstruktion von Ganztag durch die Akteure der hier betrachteten Einzelschulen einfließen.

1   Erziehung geht durch den Magen – Rekonstruktion des Kompensationsgedankens an der Knuspel-Schule

Unserer ersten Fallinterpretation liegt der Auszug eines Transkriptes einer Gruppendiskussion an der Knuspel-Schule zugrunde. Das Gespräch wurde Mitte des Schuljahres 2005/06 mit fünf Lehrerinnen und Lehrern geführt, die sich bereit erklärt hatten, dem Forschertandem ihre Erfahrungen mit dem seit einem Schulhalbjahr bestehenden Ganztagsschulbetrieb zu schildern. Ihr Fazit war einstimmig positiv, alle teilnehmenden LehrerInnen lobten die verbesserten Unter-

---

[1] Als solches steht es auch im Fokus verschiedener Studien zur Umsetzung von Ganztagsschulen in Deutschland (vgl. Wahler; Preiß; Schraub 2005 sowie Beher; Haenisch; Hermens; Liebig; Nordt; Schulz 2005).
[2] Dass das Mittagessen kein marginales Thema ist und eine über die Verpflegung hinausweisende Bedeutung besitzt, zeigt sich auch in anderen Materialien aus den Schulen. An der Knuspel-Schule beispielsweise wird im Antrag auf Errichtung einer Ganztagsschule aus dem Jahr 2004 beklagt, dass etliche Elternhäuser weder Unterstützung bei den Hausaufgaben noch Anregungen für eine sinnvolle Freizeitgestaltung böten und es „oftmals (…) sogar an einem regelmäßigen, kindgerechten Mittagessen" fehle.

richts- und Förderbedingungen und die heilsamen Auswirkungen auf das Miteinander von SchülerInnen und LehrerInnen. Dabei würdigte ein Lehrer (T.) bei seiner Einschätzung auch die Bedeutung des Mittagessens, das von den SchülerInnen unter Lehreraufsicht in der neu errichteten Mensa eingenommen wird:

> T.: [...] also vernünftiges mittagessen (.) is für viele dat sehen se schon wenn die ohne frühstück in die schule kommen (.) ja is für viele was (betont:) GANZ wichtiges wo's halt ja auch um erziehung geht (.) ja (?) also wie isst man was isst man warum isst man das [...]

Die Partikel „also" am Satzanfang wirkt textkonnektierend, indem sie vorangegangene Gedanken zusammenfassend aufgreift und weiterführt. Der Sprecher knüpft hier akzentuiert an vorher Gesagtes an, entweder als Einleitung, als nähere Ausdifferenzierung oder als schlussfolgernde Pointierung hinsichtlich eines „vernünftigen Mittagessens".

Die Formulierung „vernünftiges Mittagessen" berücksichtigt zwei Gesichtspunkte: denjenigen der körperlichen Nahrungsaufnahme zum einen, zum anderen soll die einzunehmende Mahlzeit Vernunftansprüchen genügen. Beachtet man, dass dem „Mittagessen" in unserem Kulturkreis per se ein gehobener Anspruch anhaftet – denn Snacks wie ein Schokoriegel verdienen noch nicht die Bezeichnung „Mittagessen" – so wirkt die Formulierung „vernünftiges Mittagessen" hier noch anspruchssteigernd. Das Mittagessen wird als Element einer spezifischen Lebensführung, einer vernünftigen eben, ausgezeichnet und dabei nicht etwa lustorientiert begründet.

Im Kontext Schule schwingt in der Bezeichnung *vernünftiges Mittagessen* neben dem gesundheitspädagogischen zugleich ein sozialpädagogischer Erziehungsanspruch mit. Das gemeinsame Frühstück ist als Ritual an manchen Schulen bereits fest installiert, nun gerät auch das Mittagessen als schulische Gestaltungsaufgabe innerhalb des Tagesablaufs in den Blick. Die Thematisierung eines „vernünftigen Mittagessens" entspringt dabei der Schulform Ganztagsschule insofern, als die pädagogische Körperpolitik es erforderlich macht, zur Bewältigung des schulischen Nachmittages ein Mittagessen anzubieten und während des Aufenthaltes des Kindes in der Schule eine unvernünftige Ernährung zu unterbinden.

Die ganztagsschulische Institutionalisierung des Mittagessens holt diese Mahlzeit zugleich aus der Privatsphäre der Familie in die Verfügungsgewalt der Schule. Diese Übernahme bringt einen Legitimationsdruck für die Schule mit sich, denn für ein Schulessen generell kann der Begriff „vernünftig" auf mehreren Ebenen gelesen werden: Im Hinblick auf die körperliche Gesundheit kann vernünftig „nahrhaft" bedeuten, mit Blick auf die meist beschränkten finanziel-

len Ressourcen der Klientel kann eine hochwertige und doch bezahlbare Mahlzeit als vernünftig bezeichnet werden und für die SchülerInnen soll ein vernünftiges Essen vor allem schmackhaft sein. Indem hier das Mittagessen mit dem
Vernunftbegriff verbunden wird, stellt der Sprecher in diesem Punkt gewisse
Ansprüche an sich selbst und das Handeln der Kollegen.

is für viele dat sehen se schon

Die Parenthese „dat sehen se schon" richtet sich nicht an die Kollegen, sondern
an die Interviewer. Der Sprecher billigt sich in diesem Moment eine herausra-
gende Rolle als Sprachrohr des Kollegiums zu. Mit Hilfe der rhetorischen Phra-
se „dat sehen se schon" bemüht er sich dabei um die Plausibilität seiner Argumentation durch unmittelbare Evidenz.

Die Einschränkung „für viele" differenziert zwischen zwei Gruppen: den
Vielen und dem mehr oder weniger kleinen Rest. Für die Mehrheit wird die vorliegende Aussage getroffen und das vernünftige Mittagessen definiert.

wenn die ohne frühstück in die schule kommen (.)

Zwei Lesarten der Sequenz „ohne frühstück in die schule kommen" sind möglich: Entweder kommen die SchülerInnen in die Schule, ohne zu Hause gefrüh-
stückt zu haben, oder sie gehen ohne Pausenbrot für ein zweites Frühstück in die
Schule. Beide Lesarten weisen ein familiäres Defizit aus, denn in beiden Fällen
setzt der Sprecher eine Mangelversorgung der Kinder voraus. Vor diesem Hintergrund erscheint nun auch das „vernünftige" schulische Mittagessen als gegen
die private Alltagskultur abgesetzt, die im Gegensatz dazu implizit als weniger
vernünftig abgewertet wird. So ist ein Spannungsfeld eröffnet zwischen dem
Konzept des Lehrerkollegiums einerseits und den familiären Essgewohnheiten
in den Elternhäusern andererseits.

Die Interpretation der Bedürfnisse der Klientel wird pauschal vorgenommen, es bleibt offen, worauf sich die Erkenntnis gründet, dass die SchülerInnen
ohne Frühstück in die Schule kommen. Zugleich scheint das fehlende Frühstück
für sich keinen pädagogischen Handlungsbedarf aufzuwerfen. Die morgendliche
Versorgungspraxis ist selbst kein Gegenstand sprachlicher Intervention; die Passage bleibt auf das Mittagessen gerichtet, indem es ihm vorbehalten ist, etwaige
Mangelerscheinungen zu kompensieren. Hier wird symbolisch eine Unter- bzw.
Fehlversorgung der zur eigenverantworteten Lebensgestaltung noch untüchtigen
SchülerInnen konstruiert, die in der Schule beseitigt werden kann. In dem impli-

ziten Vorwurf der Vernachlässigung wird vom Sprecher ein spannungsvolles Verhältnis zu den Eltern angedeutet und die Pflicht zur Übernahme von Versorgungsleistungen durch die Schule anerkannt. Das Mittagessen ist gewissermaßen Ort einer Überschneidung der Verantwortungsbereiche des Privaten und des Schulischen, wobei das Augenmerk auf dem Stillen leiblicher Bedürfnisse heranwachsender Kinder nach dem Maßstab einer in der Schule herrschenden Esskultur liegt. Was das Elternbild, das der Sprecher hier zeichnet, in der Konsequenz für den ideellen Ganztagsschul-Entwurf bedeutet, muss sich im Weiteren noch zeigen.

ja is für viele was (betont:) GANZ wichtiges

Mit der Mobilisierung der Schülerperspektive wird betont, dass die SchülerInnen selbst das schulische Mittagessen als überaus wichtig empfinden. Die unterstellte Bedeutung eines (vernünftigen) Mittagessens wird jetzt also zusätzlich durch die SchülerInnen verbürgt. Der Sprecher verstärkt seine Aussage, die bereits durch Emphase hervorgehoben ist, noch durch die Wiederholung des quantitativen Argumentes „für viele". Nun wird zudem deutlich, was dem Sprecher evident scheint: Man sieht förmlich den mittäglichen Hunger der SchülerInnen, die ohne Frühstück in die Schule gekommen sind. Ein dramatischer Horizont wird eröffnet und das „vernünftige Mittagessen" ist nunmehr doppelt legitimiert.

wo's halt ja auch um erziehung geht (.) ja(?)

Interessant ist die Vermengung von Schüler- und Lehrer-Wertschätzung des Essens. Deren Perspektiven gehen in der Darstellung nahtlos ineinander über. Hier offenbart sich der pädagogische Anspruch an das schulische Mittagessen, dessen Sinn nicht allein in der optimalen Nährstoffversorgung liegt, sondern auch in seiner pädagogischen Qualität. Es wird zu einem Erziehungsmittel, in dessen „Genuss" die Kinder zu Hause nicht mehr kommen. Die erweiterte Argumentation setzt die familiäre Defizitkonstruktion noch einmal in ein schärferes Licht, indem sie die Thematik von der Versorgung auf den Erziehungskontext ausdehnt. Angesichts der Außerunterrichtlichkeit der Mittagsmahlzeit, vor allem aber angesichts der hier im Protokoll bereits infrage gestellten Wertegemeinschaft zwischen Elternhaus und Schule kann man die Formulierung eines solchen pädagogischen Anspruches grenzwertig nennen. So wird die Distanzierung der Schule vom Elternhaus an dieser Stelle weiter ausgebaut und Schule beginnt zumindest punktuell die Rolle eines Familienersatzes zu übernehmen. Über eine solche Legitimation wertet der Sprecher das Handeln der Schule zwar auf, gleichzeitig aber berauben sich die Schulverantwortlichen der elterlichen Kooperationspartner, indem sie auf das Arbeitsbündnis mit den Eltern verzichten.

Freilich unterstellen wir hier keine absichtliche Abwertung der Eltern durch den Lehrer; möglicherweise ist dem Sprecher die Tragweite seiner Defizitkonstruktion nicht bewusst. Einschränkend halten wir auch fest, dass es sich beim Mittagessen nur um einen partiellen Aspekt handelt und den Eltern ihre erzieherische Kompetenz nicht generell abgesprochen wird. Doch in der Legitimation des Mittagessens aus der Abwertung der familiären Kultur heraus macht der Sprecher als Vertreter der Knuspel-Schule deutlich, wie schmal in einem zwischen Familie und Schule gelegenen Erziehungsbereich der Grat zwischen Kompensation und Substitution ist.

also wie isst man was isst man warum isst man das

Diese Sequenz zeigt, wie man sich die Übernahme der Mittagsmahlzeit in die erzieherischen Absichten der Schule vorstellen kann. Es findet eine Verschulung des Mittagessens statt, wobei es explizit um mehr als um Tischmanieren geht. Beim schulischen Mittagessen soll neben der Sozialerziehung („wie isst man") und der Gesundheitserziehung („was isst man") auch physiologische Kenntnisse vermittelt werden („warum isst man das"). Unerwähnt bleibt, in welcher Form dieses geschehen soll: ob direkt bei Tisch, was das gemeinsame Essen für alle Beteiligten eher zur Mühsal machen dürfte, oder zum Beispiel in Form eines Ganztagsschulprojekts zum Thema gesunde Ernährung. Jedenfalls aber bleibt vorausgesetzt, dass die entsprechende Kompetenz in den Familien nicht vermittelt wird.

Zusammengefasst kann man sagen, dass die Legitimation des Ganztages im betrachteten Fall den Kompensationsgedanken betont und ihn, wie hier am schulischen Mittagessen gezeigt, über eine Destabilisierung des Arbeitsbündnisses zwischen Schule und Elternhaus stückweise in eine Substitution des Elternhauses münden lässt. Indem in dieser Rede über das schulische Mittagessen gleichzeitig die habituellen Unterschiede zwischen den Familien der Schulklientel und den Pädagogen betont werden, kommt es in der Überschneidung der Sphären von Schule und Familie paradoxerweise zu einer Distanzierung. Vermutlich birgt diese Form der Legitimation von Ganztag über eine reine Defizitkonstruktion für die Schulverantwortlichen das Risiko einer ideellen Überforderung.

2   Erholung – Rekonstruktion von Strukturproblemen des Ganztages an der Regenbogen-Schule

Neben der ländlichen rheinland-pfälzischen Knuspel-Schule ist mit der eher städtisch geprägten Brandenburger Regenbogenschule eine zweite Förderschule am Projekt beteiligt, die seit 1993, beginnend mit der Sekundarstufe I, eine gebundene Form des Ganztags umsetzt. Wir möchten in diesem Teil die Passage eines Interviews interpretieren, in der, wie schon im vorherigen Material, das Gespräch auf außerunterrichtliche Zuständigkeiten der Schule fällt. Die Schulleiterin (L1) und die Leiterin des Ganztages (L2) – mit beiden wurde das Interview geführt – äußern sich auf Nachfrage der Interviewleiterin zu den an ihrer Schule realisierten Elementen des Ganztages. Neben dem „Praxislernen" erwähnt L2 hierbei mit dem verpflichtenden Mittagsband eines der im Konzept der Schule explizit ausgewiesenen Ganztagselemente:

L2: das mittagsband das von um dreizehn uhr fünfunddreißig bis um vierzehn uhr fünfundzwanzig läuft sind fünfzig minuten wo so eine na ich sage mal ne verschnaufpause so eine pause zwischen dem ich ich weigere mich immer zu sagn dem obligatorischen unterrichtsrahmen
L1: is ja bei uns ja nicht so
L2: weil das geht ja bei uns gar nicht da laufen ja die praxisstunden auch am vormittag
L1: wir wollten das auch nicht so nennen das ist keine
L2: nein nich
L1: freizeitgestaltung nachmittags da werden eben nicht spielerchen angeboten wir haben
L2: ja und da laufen auch schon mal AGs am vormittag

Wir wollen für den Beginn des hier wiedergegebenen Protokolls festhalten, dass es sich der Charakterisierung des Mittagsbandes als Objekt der Darstellung nicht über eine inhaltliche Definition, sondern formal über die Bestimmung der zeitlichen Grenzen nähert, innerhalb derer das Mittagsband stattfindet. Damit wird der Aspekt der besonderen Lagerung in der Stundenplanung, der dem Mittagsband seinen Namen verleiht, zunächst als Merkmal hervorgehoben. An der Aussage fällt die rein formale Bestimmung auf, die uns über Sinn und Bedeutungsinhalt der Einrichtung Mittagsband nicht informiert.

Mit der Wendung „na ich sage mal" wendet sich der Text nun erwartungsgemäß der näheren definitorischen Bestimmung zu, allerdings dergestalt, dass eine Aussage nicht getroffen, sondern bloß angekündigt wird. Linguistisch könnte „na ich sage mal" als ein „Heckenausdruck" (vgl. Schwitalla 1997: 172f.) betrachtet werden, mit dem Vagheit angedeutet wird und der Distanz dem eigenen Sprechen gegenüber zum Ausdruck bringen kann. Dem distanzierten Sprechen über das Sprechen steht an dieser Stelle gleichwohl spannungsvoll die Reklamation einer selbstgewissen Zuständigkeit entgegen, die die Informalität des Vagheitsindikators bricht. Der Sprechakt signalisiert, dass in einer zum Zeitpunkt nicht definitiv entscheidbaren Frage mit maximal möglicher Kompetenz gesprochen wird. Er verzichtet auf eine konditionale Relativierung, wie sie durch „ich würde sagen" erreicht werden könnte, und erheischt dadurch wiederum Bedeutung und Verbindlichkeit. Ähnlich einem Skatspieler, der sein Pikspiel durch „na ich sage mal pik" bekannt gibt, verleiht er dem Folgenden den Charakter einer, wenn auch vagen, so doch sachlich begründbaren Prognose, die Ähnlichkeit mit einer Wette besitzt.

Mit dem Ausdruck „ne verschnaufpause" wird in der nächsten Sequenz die formale Ebene verlassen und die bisherige Ankündigung durch eine vorläufige Bezeichnung eingelöst. Mit einer Verschnaufpause wird üblicherweise eine Pause bezeichnet, die einem unmittelbaren Bedürfnis nach Erholung folgt, das entweder ganz individuell empfunden, oder doch in einer Gemeinschaft von Anwesenden allen unterstellt werden kann. Die Verschnaufpause wird eingelegt, wenn eine situative, meist körperliche Belastung zur vorübergehenden Beendigung einer Tätigkeit zwingt. Sie findet bei anstrengenden Umzügen oder bei Wanderungen statt, jedoch kaum dort, wo Pausen regelmäßig vorgesehen sind. Im Gegenteil: die durch eine fixe Zeitstruktur festgelegte Pause verliert ihren regelgesetzten Charakter, sobald sie zur Verschnaufpause wird. Gerade mit dieser paradoxen Situation konfrontiert uns jedoch das Protokoll, indem es für die Zeit zwischen 13.35 und 14.25 Uhr ein Szenario annimmt, in welchem die Betreffenden gleichsam dauerhaft außer Atem sind.

Ein weiterer Aspekt wird deutlich, wenn man sich zum Kontrast den Bereich heldenhaft aufgeladener Praktiken vor Augen führt. Im Spitzensport beispielsweise oder im Falle der Leidensgeschichten religiöser Märtyrer erscheint es unangebracht, von Verschnaufpausen zu sprechen, denn durch sie würde die erlittene Anstrengung verharmlost. In diesem Sinne kann auch der Alltagsmensch durch die Verweigerung einer angebotenen Verschnaufpause persönliche Stärke und Belastbarkeit zum Ausdruck bringen. Die Wendung verweist also gleich mehrfach auf die mangelhafte Konstitution und Kondition der Teilnehmer am Mittagsband.

Mit dem impliziten Hinweis auf die Verschiedenartigkeit von Pausen wird in der nächsten Passage „so eine pause zwischen dem" die Suche nach einer korrekten Bezeichnung des Mittagsbandes fortgesetzt und eine Präzisierung in Aussicht gestellt, die die folgende Sequenz dann aber wieder nicht einlöst. „ich ich weigere mich eigentlich immer zu sagen dem obligatorischen unterrichtsrahmen" stellt eine zugleich prätentiöse wie folgenlose Behauptung dar, wie sie ähnlich schon zu Beginn des Protokolls zu finden ist. Es hätte die Möglichkeit bestanden, das Mittagsband sprachlich neutral zwischen dem schulischen Vor- und Nachmittag zu verorten. In der gewählten Figur aber kommt die Sprecherin nicht umhin, eben jene Wendung „obligatorischer Unterrichtsrahmen" zu gebrauchen, von der sie zugleich nachdrücklich vorgibt sich abzugrenzen und provoziert die Gegenfrage: „Wenn Sie den Begriff nicht gebrauchen wollen, warum tut Sie es dann?" Es handelt sich hier ja eindeutig um eine nicht vollzogene Weigerung.

Zudem sei die Lesart stark gemacht, dass über die Vermeidung, einen Sachverhalt in gewisser Weise zu benennen, die Bedingungen seiner Existenz substanziell nicht getilgt werden. Man denke hier nur an die Ende 2006 stattgefundene politische Debatte um den Terminus „Unterschicht", als Spitzenpolitiker der Regierungsparteien durch ihre Weigerung, den Begriff auf eine nachweislich neu entstandene extrem unterprivilegierte Gesellschaftsgruppe anzuwenden, zur Zielscheibe spöttischer Kommentare wurden (vgl. Schmidt 2006: 4).

In unserem Protokoll wird wenige Zeilen später die Schulleiterin mit der Bemerkung „wir wollten das auch nicht so nennen" in dieselbe Kerbe schlagen, was diese Deutung stärken würde. Die mitlaufende Bedeutung, dass es auch an der Ganztagsschule einen „obligatorischen Unterrichtsrahmen gibt", kann auf diese Weise jedenfalls nicht aus der Welt geschafft werden.

Alles in allem zeichnet sich die gewählte Passage dadurch aus, dass eine schlüssige, den üblichen Regeln entsprechende Definition des Wesens des Mittagsbandes nicht vorgenommen wird und auch die Benennung des Vorher und Nachher unumwunden nicht erfolgt. Für die Fallstruktur bedeutsam ist unseres Erachtens die Erschütterung der Fähigkeit, sich routiniert für eine, wenn auch nur vorläufig gültige Definition entscheiden zu können. Besonders fällt auf, dass es nicht gelingt, die Ganztagsschule von dem Verdacht zu befreien, an ihr würde dem Vormittagsunterricht ein belanglos-spielerischer Nachmittag folgen, wie uns der manifeste Sinngehalt vermitteln soll. Das vorliegende Protokoll zeigt vielmehr, dass auch nach Einführung des Ganztagsunterrichts die Schulleitung der Regenbogenschule noch keine Handhabe gegen solche Vorurteile gegenüber reformpädagogischer Bewegungsfreiheit bereithält.

Der Kern des Problems scheint im Bereich jener institutionalisierten Aspekte der modernen Schule zu liegen, in denen sich ihr puritanischer Charakter zeigt. Ein striktes Zeitregime zählt zu den normativen Prinzipien, die die Schulwelt vom Elternhaus scheidet und in den Erfahrungsbereich der Kinder tritt, um letztlich mit einem leistungsorientierten Verhalten vertraut zu machen (vgl. Dreeben 1980: 59-86). Es spricht möglicherweise für die nachhaltige Bedeutsamkeit einer solchen Deutung von Schule und sagt etwas aus über die begrenzte Definitionsmacht des Lehrers ihr gegenüber, dass das an Ganztagsschulen gewandelte Zeitverständnis auf Widerstände stößt.

Das Thema Leistung scheint aber nicht allein im Kontext des zeitlichen Arrangements der Ganztagsschule prägend für die Fallstruktur zu sein, es gewinnt durch den förderschulischen Zusammenhang zusätzliche Spannung. Die Interpretation des vorliegenden Materials („Verschnaufpause"), aber auch unsere Beobachtungen im Feld lassen die Vermutung zu, dass die symbolische Konstruktion der Ganztagsschule sich in besonderer Weise mit dem Selbstverständnis als Förderschule verbindet. Die Förderschule hat es mit einer bereits selektierten Schülerschaft zu tun; in ihr besitzt Leistungserbringung als Selektionskriterium weniger starke Relevanz. Partikularistische Momente des Schulalltags profitieren von dieser Situation und werden durch ganztagsschulische Spezifika zusätzlich aufgewertet. Die im Protokoll auf manifester Ebene deutlich erkennbare Bemühung, der Förderschulpraxis dennoch das Etikett echter Leistungsorientierung zu verleihen, steht dazu im Kontrast. Man kann vermuten, dass auch hier eine Ursache für Spannungen und Irritationen liegt, die die Fallspezifik des vorliegenden Protokolls ausmachen.

3   Zusammenfassung: Die ganztags betriebenen Förderschulen zwischen ganzheitlich-reformpädagogischen und leistungsorientierten Ansätzen

Der Versuch, den symbolischen Gehalt der Konstruktion Ganztag an Förderschulen zu rekonstruieren, machte einige Fragen sichtbar, mit denen die professionellen Akteure dieser Schulform konfrontiert sind und die in den eingangs erwähnten schulpolitischen Vorstellungen zur Einführung des Ganztags an Förderschulen in dieser Form nicht auftauchen. Durch die zeitliche Ausdehnung von Schule auf den Nachmittag haben sich die schulischen Aufgaben und Zuständigkeiten in vormals häusliche Bereiche erweitert. Statt der Begleitung elterlicher Erziehung stießen wir im Protokoll jedoch auf eine sich vom Elternhaus absetzende Legitimationsbewegung, die für die Schule beansprucht, die bessere Erziehungsstätte zu sein. Anders als eine Ergänzung zum Lebensraum Familie, gründete die Legitimation des Ganztagsangebotes auf einer Defizitkonstruktion, die das Risiko barg, dass Kompensation und Ergänzung in Substitution der Familie umschlagen und eine Konkurrenz zum Elternhaus entsteht, dessen Rolle im Leben der SchülerInnen die Schule trotz bester Absichten keinesfalls wird vollständig übernehmen können und müssen.

Die mit dem Ganztag geschaffenen zusätzlichen Angebote, zu denen das Mittagsband zählt, ermöglichen es der Schule, nicht nur Bedürfnisse zu befriedigen, um die sich die LehrerInnen während des zeitlich enger und fester begrenzten Halbtagsunterrichts zuvor nicht bemühen konnten. Die neuen Einrichtungen fördern, wie sich zeigte, auch Sinnfragen an den Tag, die sich zuvor nicht gestellt hatten, die für die Identität der Schulen nun aber nicht folgenlos bleiben. Während die professionellen Akteure der Knuspel-Schule das schulische Mittagessen reichlich mit pädagogischen Sinnzusammenhängen versehen und es schulischer Logik eingliedern, hat das Mittagsband im zweiten betrachteten Fall schulische Routinen aufgebrochen und auch noch zehn Jahre nach der Einführung des Ganztags an der Regenbogenschule sorgt es hier für Unsicherheiten in sensiblen Bereichen des schulischen Selbstverständnisses.

Die Erweiterung schulischer Aufgaben im Ganztagsangebot erfolgt also an beiden Schulen unter Berufung auf unterschiedliche Legitimationsmuster, aus denen deutlich wird, dass mit der Umwandlung in Ganztagsschulen die Suchbewegung nach Richtung und Sinngehalt förderschulischer Arbeit nicht abgeschlossen ist.

Literatur

Beher, Karin/Haenisch, Hans/Hermens, Claudia/Liebig, Reinhard/Nordt, Gabriele/Schulz, Uwe (2005): Offene Ganztagsschule im Primarbereich. Begleitstudie zu Einführungen, Zielsetzungen und Umsetzungsprozessen in Nordrhein-Westfalen. Weinheim: Juventa.

Braasch, Peter (1993): Soziale Dienste als ergänzende Erziehungshilfe im schulischen Alltag. In: Sonderpädagogen im Schulalltag. Dokumentation des Sonderschultags 1993. Bonn: VBE: 44-48.

Dreeben, Robert (1980): Was wir in der Schule lernen. Frankfurt am Main: Suhrkamp.

Ellinger, Stephan (2002): Lösungsorientierte Elternarbeit in der Ganztagsschule. Formen und Effekte kompetenzstärkender Erziehungsbegleitung im Rahmen einer innovativen Betreuungsform. In: Zeitschrift für Heilpädagogik. 51. Jahrgang, Heft 12: 486-493.

Kriszio, Annette (2005): Lernbehindertenpädagogik. In: Zeitschrift für Heilpädagogik. 56. Jahrgang, Heft 10: 414-415.

Oevermann, Ulrich/Allert, Tilmann/Konau, Elisabeth/Krammbeck, Jürgen (1979): Die Methodologie einer „objektiven Hermeneutik" und ihre allgemeine forschungslogische Bedeutung in den

Sozialwissenschaften. In: Soeffner, Hans-Georg (Hrsg.): Interpretative Verfahren in den Sozial- und Textwissenschaften. Stuttgart: Metzler: 352-434.

Schmidt, Thomas E. (2006): Reden über die Unbenennbaren. In: Die Zeit. Nr. 43 (19.10.2006): 4.

Schor, Bruno J. (2005): Was leistet das Bildungswesen für junge Menschen mit hohem Erziehungsbedarf. In: Zeitschrift für Heilpädagogik. 54. Jahrgang, Heft 2: 48-57.

Schwitalla, Johannes (1997): Gesprochenes Deutsch. Eine Einführung. Berlin: Schmidt. (Grundlagen der Germanistik; 33).

Wahler, Peter/Preiß, Christine/Schraub, Günther (2005): Ganztagsangebote an der Schule. Erfahrungen – Probleme – Perspektiven. München: Verlag Deutsches Jugendinstitut.

Wernet, Andreas (2006): Einführung in die Interpretationstechnik der Objektiven Hermeneutik. 2. überarb. Auflage. Wiesbaden: VS Verlag für Sozialwissenschaften.

Weiterführende Schulen im Profilierungszwang – Ganztagsangebote als Anreiz und Erfordernis für eine ‚Restschülerschaft'

Ylva Brehler, Doreen Weide

Gegenstand der folgenden Betrachtungen sind zwei weiterführende Schulen, eine Oberschule in Brandenburg (Havelschule) und eine Regionale Schule in Rheinland-Pfalz (Heiliggeist-Schule). In Brandenburg und in Rheinland-Pfalz bestehen für die weiterführenden Schulen in der Sekundarstufe I sehr unterschiedliche Entwicklungsbedingungen.[1]

Infolge der Schulstrukturreform im Land Brandenburg wurden im Schuljahr 2005/06 die Gesamt- und Realschulen unter einem Dach zur gemeinsamen Oberschule für die Klassenstufen 7-10 vereint; davon ist auch die Havelschule als ehemalige Gesamtschule betroffen. Sie wurde mit der örtlichen Realschule zusammengelegt. Mit der Zusammenlegung von Schulen – auch vor dem Hintergrund schwindender Schülerzahlen besonders in ländlichen, dünn besiedelten Regionen[2] – wird das von Hurrelmann nach der Wiedervereinigung vertretende Konzept der Zweigliedrigkeit im deutschen Schulsystem erneut aktuell.[3] Offen bleibt jedoch, inwiefern bspw. diese Schulform „Oberschule" tatsächlich etwas Neues ist bzw. eine wirkliche Alternative zu den in Brandenburg weiterhin existierenden Gymnasien sowie Gesamtschulen mit gymnasialer Oberstufe

---

[1] Einen Überblick über die einzelnen Schulformen im Sekundarschulwesen in Deutschland, auch der mit der jeweiligen Schulform verbundenen Probleme, liefert Rösner 1999.

[2] Dadurch sehen sich diese Schulen mit Problemen konfrontiert wie bspw. einer ständigen Fluktuation im Lehrerkollegium sowie der Gewährleistung des Schülertransports, die mancherorts wichtiger werden können als schulfachliche Fragen. Vgl. Rosenau 2005.

[3] Vgl. dazu Hurrelmann 2006. In einem Brief an die Mitglieder der KMK wiederholt Hurrelmann sein Plädoyer für ein Zwei-Wege-Modell im deutschen Schulsystem von 1991: Neben Gymnasien als wissenschafts- und fächerstrukturierte Lernschulen sollen alle anderen Schulformen zu einer berufs- und lebensorientierten Schulform – einer Sekundarschule – verschmelzen (S. 1). Dadurch sollte die problematisch gewordene Schulform „Hauptschule" – problematisch sowohl hinsichtlich der professionellen Arbeit an diesen Schulen als auch hinsichtlich der Arbeitsmarktchancen von Hauptschul-Absolventen – aufgelöst werden. Auch der Dortmunder Bildungsforscher Rösner fordert die Abschaffung der Hauptschule und damit des dreigliedrigen Schulsystems; vgl. das Interview „Ein Auslaufmodell" in „Die Zeit" 2007. 41: 78 sowie Rösner 2007.

darstellen kann. Hauptschulen gab es in Brandenburg schon vor der Umstrukturierung nicht.

Die Regionale Schule ist seit 1997 neben Hauptschulen, Realschulen, Dualen Oberschulen, Gesamtschulen und Gymnasien eine Regelschulart in Rheinland-Pfalz. Seit dem Beginn des Schuljahres 1992/1993 gehörte die Heiliggeist-Schule zu einer von sechs Versuchsschulen der neuen rheinland-pfälzischen Schulform. Sämtliche Versuchsschulen der ersten Stunde sowie alle nachfolgenden Regionalen Schulen sind ehemalige Hauptschulen. Keine Realschule wandelte sich in eine Regionale Schule um. Als Grund hierfür kann wohl in erster Linie die aus Sicht einiger Eltern nach wie vor höhere Wertschätzung der Realschule und des von ihr vergebenen Abschlusses genannt werden.[4] So sahen und sehen die Hauptschulen, die mit einem tendenziell immer schlechteren Image zu kämpfen haben, die Transformation zur Regionalen Schule als Chance, sich eben davon zu befreien und die Schülerzahlen bzw. ihren Standort zu sichern.

1   Die Schulleitungsinterviews – Zur Auswahl und zum Vergleich zweier Textpassagen

Für die folgenden Interpretationen, die orientiert an den Regeln der Objektiven Hermeneutik erfolgt sind (vgl. Oevermann u.a. 1979, Wernet 2006), wurden aus den transkribiert vorliegenden Interviews mit den Stellvertretenden Schulleitern der beiden Schulen über die Entwicklung ihrer Schule zu einer Ganztagsschule Textpassagen ausgewählt, die Hinweise auf symbolische Konstruktionen von Ganztagsschule geben.[5] Bei der Analyse der beiden Interviews war auffällig, dass die beiden Stellvertretenden Schulleiter nur selten explizit von ihrer Schule als Ganztagsschule sprechen, während die Schulleitungen anderer innerhalb des Projektes untersuchter Schulen mit ihrem Ganztagsschulkonzept buchstäblich werben.

Der Stellvertretende Schulleiter der Haveloberschule, Herr Schlosser, weist die Kompetenz, über die Entwicklung der Havelschule zur Ganztagsschule zu sprechen, gleich zu Beginn des Interviews von sich. Er erklärt, dass er zu diesem Zeitpunkt noch nicht an der Schule war und die Schulleiterin diesen „Part" erzählen sollte. Während des Interviews wird der Ganztag konkret nur selten erwähnt, was möglicherweise auf die mehr als zehnjährige Existenz der Havelschule als Ganztagsschule zurückzuführen ist. An drei Textstellen des Inter-

---

[4] Vgl. Gukenbiehl/Mahr-George 1999: 41.
[5] An den Interpretationen waren Sebastian Esders (Mainz) und Christoph Lang (Berlin) beteiligt.

views lässt sich eine Konstruktion von Ganztagsschule als eine Schule, die den ganzen Tag für Unterricht, Erziehung und Betreuung zur Verfügung hat, herauslesen. Diese Textpassagen wurden für die folgende Interpretation jedoch nicht ausgewählt, weil unsere Aufmerksamkeit auf Äußerungen des Stellvertretenden Schulleiters gelenkt wurde, in denen dieser über die Schülerinnen und Schüler der Haveloberschule spricht. Auf die Frage nach Veränderungen innerhalb seiner nunmehr langjährigen Arbeit an der Schule rekurriert Herr Schlosser auf die „Kinder", wie er die Schülerinnen und Schüler der Oberschule nahezu durchgängig im Interview nennt, deren „Niveau" sich verändert hätte. Dieser Aspekt war für uns interessant, da Herr Schlosser im folgenden Verlauf des Interviews sein Schülerbild indirekt noch genauer ausführt und darauf aufbauend Aufgaben der Havelschule und ihre pädagogischen Ziele als Ganztagsschule in ihrem Umfeld formuliert. Derartige Äußerungen in Bezug auf die Schülerschaft der Havelschule wurden weder in dem Interview mit der Schulleiterin noch mit der Ganztagsschulkoordinatorin vorgenommen.

Bei der zweiten verwendeten Textstelle handelt es sich um einen Auszug aus der Ende 2005 mit dem Konrektor der Regionalen Schule Heiliggeist, Herrn Müller, und vier weiteren im Ganztag tätigen Lehrerinnen und Lehrern durchgeführten Gruppendiskussion. Zu Beginn des Gesprächs wird hier dem Konrektor von einem Lehrerkollegen direkt das Wort überlassen, da er aufgrund seiner langen Vergangenheit an der Schule die Frage nach dem Weg der Schule zur Ganztagsschule „sicherlich gut beantworten" könne. Herr Müller selbst äußert sich nur an wenigen Stellen der Gruppendiskussion explizit zur Ganztagsschule und wenn, dann häufig im Zusammenhang organisatorischer Aufgaben. Nur ein weiteres Mal beschreibt er, was für ihn Ganztagsschule bedeutet, nämlich mehr Zeit für Förderung zu haben und „Kindern (zu) helfen, mehr und besser zu lernen", keineswegs ginge es bei Ganztagsschule jedoch um „Betreuung". Die Ganztagsschule ist seiner Aussage nach nicht nur für Kinder, die aus bestimmten sozialen Schichten kommen, sondern für „alle miteinander gut".

2   Die Haveloberschule: Das Bild einer erziehenden Wohlfühlschule für eine defizitäre Schülerschaft

Die im Folgenden interpretierte Sequenz befindet sich ungefähr in der Mitte des halbstündigen Interviews mit dem Stellvertretenden Schulleiter, Herrn Schlosser. Sie schließt an die Beantwortung einer Interviewnachfrage an, wie seiner Vorstellung nach die Klärung von Regeln in den Klassen ablaufen würde.

Dabei betont Herr Schlosser den Aspekt des gemeinsamen Beschlusses und benennt im Anschluss noch ein gemeinsames Ziel *aller*:

> „(…) aber im endeffekt isses das s . ziel welches alle ham dass se sich hier wohlfühln dass se miteinander reden dass konflikte . durch reden ausgetragen werden und all solche leichten sachen [uv.] die arbeitsstunden nutzen . die stunden nutzen um zu arbeiten miteinander essen . miteinander trinken . und nich schlagen . und all solche . erstmal dass wirklich dass . das . denken wir das ganz normale das soziale dass das erstmal stimmt . dass man den andern . so akzeptiert . wie er ist . nach und nach kann man ja versuchen . die persönlichkeit . wo man ihn besser kennenjelernt hat zu verändern so wie wir das eigentlich wollen wennes überhaupt etwas zu verändern gibt . is ja immer die frage ob man ihn so lässt oder ob man ihn . selbst . jeder is ne persönlichkeit für sich und hat seine stärken und seine schwächen"

Der Aufzählung von Halbsätzen im Stil von Verhaltensnormen geht die Formulierung eines vorgeblich gemeinsamen Zieles aller („das s . ziel welches alle ham") voran, sich an der Schule wohl zu fühlen. Wer *alle* sein sollen, wird jedoch von Herrn Schlosser nicht näher definiert. Vor der ausgewählten Textpassage sprach der Stellvertretende Schulleiter über die Aushandlung von Regeln in den Klassen, die von Lehrerinnen und Lehrern mit Schülerinnen und Schülern sowie Eltern gemeinsam aufgestellt werden. Somit ist nahe liegend, dass mit *alle* genau dieser Personenkreis gemeint ist, zumindest aber Lehrerinnen und Lehrer sowie Schülerinnen und Schüler, die sich *hier* – in der Schule – regelmäßig aufhalten.

Das Ziel des Wohlfühlens würde man zuallererst nicht mit der Institution Schule verbinden. Mit dem Lernen und der Vermittlung von Kompetenzen in der Schule werden eher Leistungsbereitschaft und Anstrengung assoziiert, womöglich sogar unangenehme Erfahrungen wie Misserfolg, Konflikte und Demotivation.[6] Dagegen ist das Zuhause ein Ort, an den man sich zurückziehen und der so gestaltet werden kann, dass man sich mit seinen Bedürfnissen angenommen und dort „wohl fühlt". Auch an eine Erholungseinrichtung lässt sich denken – beispielsweise an Sanatorien, die als Institution für die Wiederherstellung und Gesundung einer bestimmten Klientel errichtet werden. Die Verfassung dieser Klientel und die Umstände ihres Aufenthaltes erfordern eine besonders einladende und entspannende Umgebung, um die dort zu verbringende Zeit so angenehm wie möglich zu gestalten. Nun ist die Schule aber weder das Zuhause der Schülerinnen und Schüler noch ein Sanatorium.

---

[6] Vgl. dazu etwa jüngst wieder, an Parsons und Fends „Theorie der Schule" (1980) anschließend, Sandfuchs 2001, Melzer/Al-Diban 2001 und Melzer/Sandfuchs 2001, die die Selektionsfunktion, die Qualifikationsfunktions- sowie die Integrations- und Legitimationsfunktion der Schule herausstellen.

Herr Schlosser erwähnt dieses Ziel, um auf die Bedeutsamkeit eines angenehmen Aufenthalts hinzuweisen. Im Anschluss daran folgt eine Aufzählung („miteinander reden" und „dass konflikte . durch reden ausgetragen werden"); da im Text nur von einem singulären Ziel die Rede ist, könnte diese Aufzählung der Präzisierung des gemeinsamen Ziels dienen. Durch Kommunikation, auch in Konfliktsituationen, soll – so die Interpretation – sichergestellt werden, dass alle gern zur Schule kommen bzw. sich dort wohl fühlen.

Nach der Erörterung dieses gemeinsamen Ziels und einer kommentierenden Zusammenfassung durch die Aussage „und all solche leichten sachen" leitet der Stellvertretende Schulleiter zu den Arbeitsstunden über, die von den interviewten Akteuren der Haveloberschule als ein bedeutendes ganztagsspezifisches Element gesehen werden.[7] Die Arbeitsstunden finden jeden Morgen nach Möglichkeit in der ersten Stunde statt und dienen laut Auskunft der Schulleitung den Schülerinnen und Schülern dazu, sich weitestgehend selbstständig auf den Tag vorzubereiten. Wie Herr Schlosser hier ausführt, sollen die Stunden – ob die Arbeitsstunden oder generell die Unterrichtsstunden gemeint sind, bleibt unklar – zum Arbeiten sowie zu Gemeinschaft stiftenden Aktivitäten („miteinander essen . miteinander trinken") genutzt werden.[8] Er hält es für erforderlich, in dieser Reihung den Verzicht auf Gewalt explizit zu erwähnen („und nich schlagen"). Der Stellvertretende Schulleiter führt scheinbare Trivialitäten des Umgangs miteinander an und bezeichnet diese zudem noch als „leichte sachen". Indem die genannten Dinge einerseits als *leicht* charakterisiert werden und andererseits aber offensichtlich ausdrücklich benannt werden müssen, unterstellt diese Ausführung mindestens partiell, in einzelnen Bereichen, unfähige Schülerinnen und Schüler an der eigenen Schule. Herr Schlosser spricht nicht direkt die Probleme an, die es seiner Ansicht nach an der Haveloberschule mit den Schülerinnen und Schülern gibt, sondern weicht der unvermittelten Problemdarstellung – schließlich auch ein Störfaktor für die angestrebte Wohlfühlatmosphäre in der Schule – aus.

Dieselbe zusammenfassende, floskelhafte Formulierung „und all solche" taucht in der fortführenden Aufzählung erneut auf. Herr Schlosser bricht diese Sinneinheit ab und lässt offen, was er mit „solche" meint. Resümierend wird

---

[7] So auch im Antrag der Schule auf eine wissenschaftliche Begleitung durch das LUGS-Projekt.

[8] Der Aspekt der Gemeinschaft tritt auch in dem Interview mit der Schulleiterin des Öfteren auf. Sie betont, dass das „Miteinander" an der Schule wichtig ist. Aus anderen Gesprächen mit Lehrerinnen und Lehrern, z. B. auch aus dem Interview mit der Ganztagsschulkoordinatorin, wissen wir, dass diese davon ausgehen, dass die Mehrheit der Schülerinnen und Schüler morgens nicht zu Hause frühstückt. So werden die Arbeitsstunden am Ende auch dafür genutzt, dass die Schülerinnen und Schüler ihr Frühstück nachholen können. Hierdurch ließe sich vermuten, dass auch Herr Schlosser das „miteinander essen . miteinander trinken" direkt auf die Arbeitsstunden bezieht.

angeführt, dass „das ganz normale das soziale dass das erstmal stimm(en)" sollte. Hierbei ist der Text wiederum so aufgebaut, dass er nur indirekt etwas über
die Probleme an der Schule aussagt. Die von Herrn Schlosser wahrgenommenen
scheinbaren sozialen Defizite bei den Schülerinnen und Schülern werden als
solche nicht genau bezeichnet, sondern es wird gewissermaßen das Ziel, eine
Art soziale Grundausstattung für die Schülerinnen und Schüler, formuliert.

Die rekonstruierte Konstruktion einer defizitären Schülerschaft ist für
unsere Fragestellung bedeutsam, da sie auf eine zentrale Kompensationsfigur
des Stellvertretenden Schulleiters der Haveloberschule verweist: Herr Schlosser
nimmt bei den Schülerinnen und Schülern der Havelschule ein soziales
Verhalten wahr, das von gesellschaftlichen Normen abweicht. So werden nicht
nur die Schülerinnen und Schüler in Bezug auf die Einhaltung sozialer Normen
als defizitär konstruiert,[9] sondern Herr Schlosser räumt mit seiner Aussage, dass
das Soziale „erstmal" stimmen müsse, der Durchsetzung sozialer Normen an der
Schule gegenüber einem fachlich-inhaltlichen Lernen Priorität ein. Der
Stellvertretende Schulleiter sagt nicht klar und deutlich, dass die Schülerinnen
und Schüler der Haveloberschule diese nur allernotwendigsten sozialen Kompetenzen als Voraussetzung für den weiteren Schulbesuch erwerben müssen.
Doch ähnlich einer Bergbesteigung, die ohne die nötige Basisausrüstung
scheitern müsste, erscheint eine bestimmte Sozialisation[10] der Schülerinnen und
Schüler in diesen Formulierungen Herrn Schlossers als unabdingbare
Voraussetzung für ihren schulischen Erfolg. Die Schule fungiert hier als Ort
einer (nachholenden) Sozialisation, an dem die Schülerinnen und Schüler die
sozialen Normen in gemeinschaftlicher Praxis, vielleicht auch unter Aufsicht
und Kontrolle der Lehrerinnen und Lehrer, erwerben sollen.

Die Brisanz der hier erkennbaren Defizitkonstruktion zeigt sich auch in
dem Umstand, dass Herr Schlosser eine nicht konkret definierte schulische Wir-
Gemeinschaft für legitimiert hält, die genannten Defizite bis hin zur Veränderung der Persönlichkeit der Schülerinnen und Schüler und orientiert an den
genannten Normen erzieherisch auszugleichen. Diese erzieherische Kompensa-

---

[9] Die Förderung der sozialen Kompetenzen der Schülerschaft der Havelschule wurde auch von der
Ganztagsschulkoordinatorin im Interview als bedeutend herausgestellt. So sollen die Schülerinnen
und Schüler mehr Verantwortung für sich und andere übernehmen.
[10] Sozialisation soll an dieser Stelle zunächst und vereinfacht in Anlehnung an Fend 1974: 18
verstanden werden: „Sozialisation bezeichnet den Prozeß des Aufbaus von Verhaltensdispositionen
und der Eingliederung eines Individuums in die Gesellschaft oder in eine ihrer Gruppen über den
Prozeß des Lernens der Normen, Werte, Symbolsysteme und Interpretationssysteme der jeweiligen
Gruppe und Gesellschaft." Schulen sind diesem Verständnis zufolge „Instrumente der gesellschaftlichen Integration". In ihnen werden die Normen und Werte „reproduziert", die zur „Sicherung wün-
schenswerter Herrschaftsverhältnisse dienen". (Fend 1974: 66)

tion wird von Herrn Schlosser jedoch nicht in jedem „Fall" für nötig angesehen, sondern nur „wennes überhaupt etwas zu verändern gibt". Auffällig in diesem Textabschnitt ist, dass Aussagen wieder und wieder relativiert werden: Erst soll *der andere* akzeptiert werden, wie er ist, dann soll aber doch versucht werden, die Persönlichkeit „nach und nach" zu verändern, aber erst „wo man ihn besser kennenjelernt hat". Es liege immer im Ermessen, zu entscheiden, „ob man ihn so lässt". Eine Alternative wird von dem Stellvertretenden Schulleiter nur kurz angerissen, aber nicht näher ausgeführt („oder ob man ihn ..."). Es entsteht daher der Eindruck, dass sich Herr Schlosser durchaus der Brisanz seiner Äußerungen bewusst ist und aus diesem Grund dazu übergeht, seine erzieherischen Ambitionen wieder zu relativieren. In dem vorliegenden Interviewausschnitt werden den Schülerinnen und Schülern also nicht nur unterschwellig Defizite im sozialen Bereich, sondern auch auf den ersten Blick nicht feststellbare Defizite ihrer Persönlichkeit unterstellt.

Den Abschluss dieser Textpassage bildet eine als Tatsache formulierte Aussage des Stellvertretenden Schulleiters, die so auch in pädagogischer Ratgeberliteratur oder in neueren Veröffentlichungen zur Schul- und Organisationsentwicklung stehen könnte:[11] Formuliert wird, dass „jeder (...) ne persönlichkeit für sich (is) und (...) seine stärken und schwächen (hat)". Herr Schlosser sieht sich offenbar dazu legitimiert, die Defizite der Schülerinnen und Schüler zu kompensieren, wobei er gleichzeitig proklamiert, andere seien so zu akzeptieren, wie sie sind. Den vorab interpretierten Äußerungen des Stellvertretenden Schulleiters zufolge tritt die durch das Schulgesetz zugewiesene Bildungsfunktion von Schule[12] an der Havelschule (zunächst) in den Hintergrund, während erzieherische Ziele einen höheren Stellenwert einnehmen. Diese wirken inspiriert durch reformpädagogische Ansätze, wie sie beispielsweise im Konzept der Lebensgemeinschaftsschule[13] formuliert werden. Anhand des Interviews mit

---

[11] Als ein Beispiel sei Hinteregger 2001 angeführt, der in seinem Beitrag zur Systemischen Schulentwicklung anführt: „ Jeder ist eine Persönlichkeit, kein Handlanger, und keiner muss sich als Mitläufer behandeln lassen" (ebd: 39).
[12] Im Schulgesetz von Brandenburg formuliert z. B. Teil 1, Abschnitt 2 (Aufgaben von Schule) §4 die Ziele und Grundsätze der Erziehung und Bildung. Online unter: http://www.brandenburg.de /media/1238/bbgschulg.pdf (Stand: 9.4.2008).
[13] Ein solches Schulkonzept wurde bspw. in der Reformpädagogik von Peter Petersen entwickelt (vgl. Ofenbach 2000). Die Schule sollte diesem Konzept zufolge mehr als nur Unterrichtsanstalt sein und ein Schulleben bieten (vgl. ebd.: 146), das durch die Entfaltung neuer Lernformen wie Arbeit, Gespräch, Spiel und Feier geprägt wird (vgl. ebd.: 113). So spielt die Kommunikation in der pädagogischen Denkweise sowohl bei Herrn Schlosser („miteinander reden dass konflikte . durch reden ausgetragen werden") als auch bei dem Gründer der Jenaplanschule eine grundlegende Rolle. Auch die von Herrn Schlosser angesprochenen Gemeinschaft stiftenden Tätigkeiten („miteinander essen . miteinander trinken") nahmen bei Petersens Lebensgemeinschaftsschule einen hohen Stellenwert ein (vgl. ebd.: 112f.).

Herrn Schlosser lässt sich allerdings nicht klären, inwieweit er sich tatsächlich an solchen reformpädagogischen Ansätzen orientiert.

Das im Text beschriebene Anliegen, die Persönlichkeiten der Schülerinnen und Schüler derart zu verändern, dass sie den Vorstellungen der pädagogischen Wir-Gemeinschaft entsprechen („so wie wir das eigentlich wollen"), ist auf den ersten Blick nicht mit der von Herrn Schlosser angesprochenen bedingungslosen Akzeptanz des andern („wie er ist") in Einklang zu bringen. Unter Beachtung der genauen Wortwahl Herrn Schlossers könnte dieser Widerspruch jedoch eine Auflösung erfahren: Im Kontext der Forderung nach Akzeptanz wird das Wort „man" verwendet, das unpersönlich und unverbindlich wirkt. Das „Man" könnte sich in diesem Fall insbesondere auf die Schülerinnen und Schüler beziehen, die sich gegenseitig respektieren sollen,[14] wie es einer gängigen Floskel bei der Aufstellung von Regeln für das Miteinander entspricht. Damit schlösse sich der Stellvertretende Schulleiter nicht offiziell in den Kreis derjenigen ein, die Anerkennung zu leisten haben. Er und die nicht näher beschriebene schulische Wir-Gemeinschaft besäßen hingegen die Kompetenz und Autorität, Schülerinnen und Schüler eben nicht unter allen Umständen zu akzeptieren, sondern stattdessen regulativ in ihre Persönlichkeitsentwicklung einzugreifen.

Herr Schlosser ist bemüht, seine Äußerungen durch die bereits erwähnten Relativierungen abzumildern; es entsteht allerdings auch der Eindruck einer Rechtfertigungssituation. Wenn der Stellvertretende Schulleiter sich vollständig für die geforderten Erziehungsmaßnahmen legitimiert sähe, müsste er seine Ausführungen nicht derart vorsichtig formulieren. Falls Herr Schlosser Eingriffe in die Persönlichkeit der Schülerinnen und Schüler als Erziehung versteht, bewegt er sich in gewisser Weise konform mit reformpädagogischem Gedankengut.[15] Auch im Rahmen des Diskurses der Reformpädagogik, etwa bei Petersen, wurden explizite Forderungen nach einer „neuen Erziehung", nach einer „erziehenden Schule", laut.[16] Doch ebenso wie bei Herrn Schlosser waren die Vorstellungen der Reformpädagogik von dieser Art der (neuen) Erziehung widersprüchlich und vage. Vor diesem Hintergrund erschiene die Unsicherheit des Stellvertretenden Schulleiters der Haveloberschule verständlich, der zwar Eingriffe in die Persönlichkeitsentwicklung der Schülerschaft befürwortet, aber scheinbar kein konkretes Konzept damit verbinden kann.

---

[14] Auch die Ganztagsschulkoordinatorin hat im Interview darauf hingewiesen, dass die Förderung der sozialen Kompetenzen der Schülerinnen und Schüler wichtig sei, da diese untereinander sehr intolerant seien. Hieran lässt sich Herr Schlossers Appell für eine gegenseitige Akzeptanz anschließen.

[15] Vgl. Ofenbach 2000: 144ff.

[16] Vgl. Oelkers 1999: 13ff.

3 Die Regionale Schule Heiliggeist – Konstruktion des Ganztags als essentieller Bestandteil einer „guten" Schule

Auch wenn in der vorliegenden Sequenz die Ganztagsschule von Herrn Müller nicht explizit benannt wird, haben wir die Stelle aufgrund ihrer hohen metaphorischen Dichte ausgewählt. Sie findet sich ungefähr in der Mitte der zweistündigen Gruppendiskussion, wobei zuvor über die Organisation des Ganztags im Allgemeinen sowie über das Nachmittagsprogramm vor der offiziellen Einführung der Ganztagsschule diskutiert wurde. Konrektor Müller beschreibt hier seine Sicht auf den Alltag vieler Schulen:

> „es is an viele schule so da gibt's nix am middag ja des muss ma sehe da f-findet ä middags nix mehr statt, m gibt's schule die sin, wie n hochsicherheitstrakt abgsichert dass keener ind schul geht, a weder lehrer noch schulleider och sonschtwas (...)"

Bereits der Einstieg „es is an viele schule so da gibt's nix am middag" verweist aufgrund der Einleitung mit „es is" auf eine verobjektivierende Seinsaussage zur Schule als Institution. Dabei eröffnet Herr Müller eine gleichsam doppelte Differenz und zwar im Sinne einer zeitlichen Unterscheidung in Morgen, Mittag und Nachmittag sowie einer sachlichen Unterscheidung in „geben" und „nicht geben". Vorläufig bleibt aber unklar, was unter beiden Dimensionen zu subsumieren ist. Normalerweise gibt es an weiterführenden Schulen, im Gegensatz etwa zu Halbtagsgrundschulen, sehr wohl mittags „etwas". Übersetzt man die Zeitangabe „Mittag" mit der Uhrzeit 12.00 bis 13.00 überrascht der Vorwurf des Konrektors, denn in diese Zeitspanne fällt zumindest die sechste Schulstunde. Herr Müller scheint aber davon auszugehen, dass es an vielen Schulen am Nachmittag nichts mehr in Form eines schulischen Angebotes gibt.

Der durch diesen Auftakt hervorgerufene Erklärungsbedarf kann zumindest teilweise durch den Blick auf die nächste Sequenz erhellt werden: „ja des muss ma sehe da f-findet ä middags nix mehr statt". Vor dem bisher entfalteten Hintergrund setzt das Verb „stattfinden" die Aktivität einer Institution oder ihrer Beschäftigten voraus, die eine Tätigkeit planen und durchführen. Verknüpft man diese Erkenntnis nun mit der Formulierung „nix mehr", so wird ein Bezug zum Regelangebot der Schule nahe gelegt, der wiederum „nichts geben" in einen Sinn konstituierenden Rahmen einbettet. „Nix mehr" kann hier dementsprechend mit der schulischen Angebotsstruktur assoziiert werden. Im Sinne Herrn Müllers wären nicht-schulische Angebote wie z. B. VHS-Kurse oder Angebote von Sport- und Kulturvereinen, die teilweise nachmittags in Schulgebäuden stattfinden, auch „nix" – sie würden auf diese Weise disqualifiziert. Zusätzlich

wird mit dem Einschub „ja des muss ma sehe" die vorherige Sequenz in ihrem
Geltungsanspruch noch verstärkt – es ist entweder offensichtlich, evident, man
kann es gar nicht übersehen, oder es ist nötig, sich dieses einmal wirklich vor
Augen zu führen. Es käme also einem Skandal gleich, dass die Gebäude nicht
genutzt werden und die Schulen „nix" anbieten. Unklar bleibt hier noch, wie der
Konrektor zum „nichts geben" steht. Demzufolge könnte er im weiteren Verlauf seiner Äußerungen entweder versuchen, das Eigene zu legitimieren („überall sonst ist es genauso wie bei uns") oder aber die eigene Schule als Positivbei-
spiel anführen („an vielen Schulen ist es so, aber nicht bei uns, bei uns ist es viel
besser").

Im Folgenden wird ein defizitärer Zustand der schulischen Organisation –
am Mittag findet nichts statt – durch rhetorische Figuren wie Übertreibung und
Dramatisierung in ihrer Geltungskraft abgesichert. Zunächst wird eine Gleich-
setzung von Schule und Hochsicherheitstrakt vorgenommen: „m gibt's schule
die sin, wie n hochsicherheitstrakt abgsichert". Ein Hochsicherheitstrakt kann
als „totale Institution"[17] aufgefasst werden. Der allumfassende oder totale Charakter einer solchen Institution wird symbolisiert durch Beschränkungen des
sozialen Verkehrs mit der Außenwelt sowie der Freizügigkeit, die häufig schon
in der Architektur angelegt sind, etwa durch hohe Mauern, Stacheldraht und
verschlossene Tore.[18] „Totale Institutionen" lassen sich durch eine starke Sicherung nach innen wie außen definieren, wobei sich in ihrem Inneren zumeist oft
gefährdende Personen, ein Gefährdungspotential für die Ordnung der Gesellschaft – auch eine Konzentration von Macht – befindet. Die „Insassen", die sich
im Inneren aufhalten, werden durch ein striktes Überwachungssystem von Seiten des „Stabes" massiv in ihrem Handlungsvollzug eingeschränkt, sind also in
höchstem Maße fremdbestimmt, wodurch sich ihnen kaum ein Raum zu Entwicklung und Selbstentfaltung erschließt.

Die Anwendung der Metapher des Hochsicherheitstraktes auf die Schule
erweist sich als irritierend. Bindet man sie zurück an die vorhergehende Sequenz, so wird der ungewöhnliche Gebrauch der Metapher deutlich. Schließlich
findet auch in Hochsicherheitstrakten am Nachmittag etwas statt, da die Insassen zu jeder Zeit in ihm verbleiben (müssen) und somit auch die Voraussetzung
für Interaktionen geschaffen ist. Vermittels dieser übertrieben erscheinenden
Bildhaftigkeit seiner Rede entwirft Herr Müller eine Art Feindbild, dem es ent-

---

[17] „Eine totale Institution lässt sich als Wohn- und Arbeitsstätte einer Vielzahl ähnlich gestellter
Individuen definieren, die für längere Zeit von der übrigen Gesellschaft abgeschnitten sind und
miteinander ein abgeschlossenes, formal reglementiertes Leben führen" (Goffman 1977: 11).
Goffman zählt zu diesen „totalen Institutionen" in erster Linie Gefängnisse und psychiatrische
Kliniken, aber auch Kasernen, Internate, Klöster und Altenheime.

[18] vgl. Goffman 1977: 16

gegenzuwirken gilt und das durch die Art seiner Präsentation Widerrede nur noch eingeschränkt zulässt. Seine Rede überrascht in Anbetracht dessen, dass es sich beim Sprecher um den Konrektor der Heiliggeist-Schule handelt. Entweder ist das Gesagte allgemeiner Konsens in dieser Schule oder Herr Müller versucht, die Anwesenden auf seine „Mission" einzuschwören und gewissermaßen „auf Linie zu bringen".

In der nächsten Sequenz führt er dieses Feindbild noch genauer aus: „dass keener ind schul geht, a weder lehrer noch schulleider och sonschtwas". „Weder lehrer noch schulleider" haben – so wird hier suggeriert – eine Möglichkeit am (Nach)mittag in das Schulgebäude zu gelangen. Es scheint sämtlichen Akteuren unmöglich, etwas in der Schule zu tun, dort ein entsprechendes Programm anzubieten. Das erscheint ungewöhnlich, da die erstgenannten Personengruppen, nämlich Lehrerinnen und Lehrer, sowie die Schulleitung über ihre Position tatsächlich an einer solchen Situation etwas ändern könnten. Wenn also – wie hier gezeichnet – keiner der schulischen Akteure in der Lage ist, das Schulhaus zu betreten, vielleicht keine Person die Schule abschließt, scheint es die unpersönliche Institution selbst und ihr Programm zu sein. Die Institution selbst reproduziert sich auf diese Weise und schließt sich im übertragenen Sinne selbst auf und zu, ermöglicht Aktivitäten oder verwehrt sie. Tatsächlich wäre so diese Institution eine Art Hochsicherheitstrakt. Gleichzeitig unterminiert aber Herr Müller an dieser Stelle erneut seine eigene Metapher durch den Gebrauch des Verbs „geht", denn normalerweise ist es unmöglich, in einen Hochsicherheitstrakt einfach hinein zu spazieren oder auch nur die Wahlfreiheit hierzu zu besitzen. Darüber hinaus zeigt sich in dieser Sequenz, dass für Konrektor Müller die Schülerinnen und Schüler in diesem Bild einer abgeschlossenen Schule, die defizitär ist, weil nichts stattfindet, keine besondere Rolle spielen; sie werden nicht explizit erwähnt, sondern können höchstens implizit in „keener" oder „sonschtwas" mitgemeint sein.

Vor diesem Hintergrund konturiert sich das Idealbild einer durch Herrn Müller favorisierten Schulgestaltung heraus. Dabei handelt es sich um eine Schule, die auch am Nachmittag für alle geöffnet ist, also für Lehrerinnen und Lehrer, Schulleitung und Schülerinnen und Schüler. Sie ist aber nicht nur offen, sondern es findet auch etwas qualitativ Hochwertiges statt, wodurch die Lehrerinnen und Lehrer die Gelegenheit erhalten, ihren pädagogischen Auftrag zu erfüllen. Zusammen mit der Disqualifizierung anderer Nachmittagsbeschäftigungen scheint Konrektor Müller für eine Verlängerung pädagogischer Arbeit in den Nachmittag hinein zu plädieren. Möglicherweise können in dieser Form auch die Schülerinnen und Schüler, ganz im Gegensatz zur völligen Fremdbestimmung in einer „totalen Institution" wie einem Hochsicherheitstrakt, die

Chance bekommen, einen eigenen Bewegungs- und Entwicklungsspielraum zu gestalten und zu erfahren. Die interpretierte Textsequenz der Heiliggeist-Schule lässt also den Blick des Konrektors Müller als einen kritischen nachzeichnen; Kritik wird geübt an Schule im Allgemeinen, und im Besonderen an Schulen, in denen nachmittags nichts mehr stattfindet. Dabei scheint seine Auffassung zu sein, dass am Nachmittag wenn, dann etwas pädagogisch Anspruchsvolles mit Förder- und Bildungscharakter angeboten werden sollte. Für diese Aufgabe werden die Lehrkräfte in Anspruch genommen, sie sind diejenigen, die hier gestalterisch und fördernd tätig werden sollen. Die Nennung der Lehrerinnen und Lehrer an erster Stelle („dass keener ind schul geht, a weder lehrer noch schulleider och sonschtwas") verweist darauf, dass die Lehrkräfte gewissermaßen „mit gutem Beispiel voran" gehen sollten, erst danach folgen die Schulleitung und implizit Schülerinnen und Schüler sowie außerschulische Mitarbeiterinnen und Mitarbeiter. Überspitzt könnte hier festgehalten werden, dass es auch der Personenkreis der Lehrerinnen und Lehrer ist, der für das Gelingen der Ganztagsschule bzw. Schule, wie Herr Müller sie verstehen mag, verantwortlich ist. Erfüllen sie ihren Auftrag nicht, ist Ganztagsschule hinfällig.

Im Vordergrund für Konrektor Müller steht dementsprechend der Bildungsauftrag der Schule, der Erziehungsauftrag tritt hinter diesen zurück. Es geht weniger darum, familiäre oder soziale Defizite auf Seiten der Schülerinnen und Schüler zu beseitigen, als darum, ihnen durch das Mehr an Zeit am Nachmittag ein Mehr an Lernen und Förderung anbieten zu können. Dieser Fokus auf Bildung könnte in der Entstehung der Schule, Regionale Schule zu werden, begründet sein. Die Transformation zur Regionalen Schule ermöglichte es, ein Image der Aufstiegsorientierung zu pflegen, bietet doch die Heiliggeist-Schule als Regionale Schule nun sowohl den Haupt- als auch den Realschulabschluss an und ermöglicht den Schülerinnen und Schülern auf diese Weise diverse Anschlussoptionen für ihre Bildungsbiographie. Das Ganztagsangebot soll den Schülerinnen und Schülern dafür gute Lernbedingungen und Förderung bieten. Die Schule bleibt am Nachmittag geöffnet, es kann weiter gelernt, gefördert und gestaltet werden. Gleichzeitig steht die Heiliggeist-Schule unter Konkurrenzdruck. Sie wird konfrontiert mit der Vorannahme möglicherweise „besser" als eine reguläre Hauptschule, aber nicht gleichwertig zu den Realschulen zu sein. Die Schule braucht also, gerade wenn die Anzahl konkurrierender Schulen im Umkreis hoch ist, ein Profil. Sie muss sich besonders den Realschulen gegenüber beweisen, mit ihrem Programm, mit ihren Absolventenzahlen und den Abschlusszensuren.

4 Fazit – Oberschule wie Regionale Schule im Zwang der Profilierung als anerkannte weiterführende Schulen

In den Interpretationen wurde deutlich, dass beide Interviewpartner aus den weiterführenden Schulen unterschiedliche Defizitkonstruktionen vornehmen. Der Stellvertretende Schulleiter der Havelschule unterstellt seiner Schülerklientel vorsichtig relativierend eine mangelnde Sozialkompetenz, die durch erzieherische Maßnahmen, durch den Versuch, die Persönlichkeiten der Schülerinnen und Schüler zu verändern, kompensiert werden soll. Während an der Brandenburger Oberschule also Mängel auf Seiten der Schülerinnen und Schüler als Grund schulischer Entwicklungsnotwendigkeiten angeführt sind, werden an der Regionalen Schule in Rheinland-Pfalz die Mängel in der Institution Schule thematisiert. Aus diesem Grunde möchte der Konrektor die Schule verändern. Er plädiert für Schulen, die nachmittags für sämtliche schulischen Akteure geöffnet bleiben. Doch nicht nur das: Nachmittags soll etwas stattfinden. Der Nachmittag soll von Lehrerseite aus pädagogisch gestaltet werden und den Schülerinnen und Schülern Förderung versprechen.

Es stellt sich die Frage, warum an diesen beiden weiterführenden Schulen solche fast gegensätzlichen Konstruktionen entworfen werden. Während der Stellvertretende Schulleiter der Brandenburger Schule dieser Sozialisationsaufgaben auferlegt und dabei dem Erziehungsauftrag von Schule Vorrang einräumt, wird von dem Konrektor der Regionalen Schule in Rheinland-Pfalz der Bildungsauftrag von Schule – im Fall der Ganztagsschule auch bis in den Nachmittag hinein – herausgestellt. Im traditionell dreigliedrigen Schulsystem gilt die Hauptschule als diejenige Schulform – und Hauptschulen verstehen sich auch teilweise so –, die neben der Vermittlung fachlicher, insbesondere der Förderung personaler und sozialer Kompetenzen angesichts einer sozial benachteiligten und weniger leistungsfähigen Schülerschaft zu dienen hat.[19] Der Konrektor der Heiliggeist-Schule möchte seine Schule als weiterführende Schule dagegen durch verstärkte Bildungsangebote aufwerten und profilieren.

Bemerkenswert ist nun, dass die Regionale Schule ihrem Ursprung nach eine Hauptschule ist, während die Havelschule als Oberschule durch die Fusion

---

[19] Vgl. bspw. Ipfling 1998: 154. Ferner thematisieren z. B. Hänsel/Nyssen , dass die Hauptschule mit der Förderung von Arbeitstugenden wie Fleiß, Disziplin, Pünktlichkeit, Ordnung usw. nicht in ihrem offiziellen Bildungsauftrag, aber doch als Bestandteil des „heimlichen Lehrplans" ihre Schülerinnen und Schüler auf deren zukünftige Berufssituation als Arbeiter vorzubereiten versucht (vgl. Hänsel/Nyssen 1975: 40). Gefordert wird heute, dass die Hauptschule erzieherisch tätig werden soll, und all „jene Konzepte zu kurz greifen, die die Aufgabe der Hauptschule auf die ‚Vermittlung' von Grundwissen und Schlüsselqualifikationen oder Arbeitshaltungen und Sekundärtugenden begrenzen wollen" (Vgl. Rekus/Hintz/Ladenthin 1998: 308).

einer Gesamt- und Realschule entstanden ist. So verwundert es zunächst, dass gerade die Havelschule ihre Schülerklientel als defizitär beschreibt und nicht etwa die ehemalige Hauptschule in Rheinland-Pfalz. In Brandenburg allerdings gibt es keine Hauptschulen und die Schülerinnen und Schüler verteilen sich auf die Oberschulen und Gymnasien bzw. Gesamtschulen mit gymnasialer Oberstufe. Für die Regionale Schule in Rheinland-Pfalz stellt sich die Lage anders dar; sie muss neben Haupt- und Realschulen bestehen, d. h. sie scheint in diesem Gefüge dem Druck ausgesetzt, nicht mit der Hauptschule gleichgesetzt zu werden und mit der Realschule mithalten zu können.

Die Diskurse der beiden schulischen Akteure zeigen, dass – möglicherweise aufgrund des Kontrasts zu den Gymnasien – in beiden Bundesländern die weiterführenden Schulen eher mit einem schlechten Ansehen ringen. So sind die weiterführenden Schulen – einem mindestens unterschwellig wirkenden Selbstverständnis zufolge – nach wie vor Anlauf- und Sammelstellen für eine Schülerklientel, die keine Aussicht hat, nach der Grundschule vom Gymnasium aufgenommen zu werden.[20]

Die rekonstruierten, unterschiedlichen Defizitvorstellungen der beiden Stellvertretenden Schulleiter stehen möglicherweise in Verbindung mit den Schulformen der jeweils vertretenen weiterführenden Schulen in den beiden Bundesländern: Der Konrektor der Regionalen Schule in Rheinland-Pfalz setzt nicht wie der Stellvertretende Schulleiter der Brandenburgischen Oberschule an Schülerdefiziten an, sondern an Defiziten von Schule im Allgemeinen. Im Unterschied zur Haveloberschule kann sich die Regionale Schule Heiliggeist als eigene Schulform, mit eigenen Konzepten und möglicherweise auch mit einer eigenen Schülerklientel von den weiterhin bestehenden Hauptschulen durchaus positiv absetzen. Konrektor Müller scheint der Überzeugung zu sein, dass Schule Ganztagsschule sein muss, um eine gute Schule zu sein. Auch am Nachmittag weht der Geist des Lernens durch die Gänge der Schule; sie ist geöffnet und offen für die Lehrerinnen und Lehrer, die ihre pädagogische Tätigkeit in den Nachmittag ausdehnen und für die Schülerinnen und Schüler, die einen pädagogisch ausgestalteten Nachmittag verdienen, gewissermaßen ein Recht darauf haben. Zwischen missionarischem Eifer und Konkurrenzdruck konstruiert Herr Müller damit ein Idealbild von Schule, deren Eckpfeiler der pädagogisch ausgestaltete Nachmittag und die verlängerte Anwesenheit der Lehrerinnen und Lehrer sind.

---

[20] Auch Hurrelmann 2006 bezeichnet die Hauptschule als „Sammelbecken für Kinder aus den unteren Sozialschichten, für Kinder aus problematischen Familienverhältnissen und vor allem für Kinder aus Einwanderer- und Ausländerfamilien" (ebd.: 1).

Dagegen kann sich die Haveloberschule als eigene, neue Schulform bzw. „neue" Schule kaum etablieren, da es schon vor der Schulstrukturreform im Land Brandenburg keine Hauptschulen gab. Die Konkurrenz nach „oben" besteht aber weiterhin und wird auch durch die Fusion mit der örtlichen Realschule nicht aufgelöst. Hieran konnte deutlich werden, dass strukturelle Fragen in Bezug auf Schule auch in die Selbstbilder der schulischen Akteure eingehen und sich in diesen dementsprechend bestimmte Defizitkonstruktionen aufweisen lassen.

Trotz der unterschiedlichen, nahezu konträren Defizitkonstruktionen der beiden Stellvertretenden Schulleiter und den daraus abgeleiteten Aufgaben von Schule lassen sich Gemeinsamkeiten dieser beiden weiterführenden Schulen gegenüber den anderen an dem Forschungsprojekt teilnehmenden Schulen ablesen. Deutliche Differenzen zeigen sich in den hier analysierten „symbolischen Konstruktionen von Ganztag" im Vergleich mit den Grundschulen. Während von den dort interviewten Akteuren Schule häufig als eine Ersatzfamilie für die aus defizitär konstruierten Herkunftsfamilien kommenden Schülerinnen und Schüler dargestellt wird, entwerfen die Stellvertretenden Schulleiter der weiterführenden Schulen in den oben interpretierten Textpassagen zwar auch Defizite – die Havelschule sogar auf Seiten ihrer, allerdings schon älteren, Schülerklientel – jedoch konstruieren sie kein Bild von Schule als Familienersatz.

Literatur

Fend, Helmut (1974): Gesellschaftliche Bedingungen schulischer Sozialisation. Soziologie der Schule. Bd. 1. Weinheim und Basel: Beltz

Fend, Helmut (1980): Theorie der Schule. Urban und Schwarzenberg: München u. a.

Goffman, Erving (1977): Asyle. Über die soziale Situation psychiatrischer Patienten und anderer Insassen. 3. Auflage. Frankfurt a. Main: Suhrkamp.

Gukenbiehl, Hermann L./Mahr-George, Holger (1999): Die Regionale Schule in Rheinland-Pfalz. In: Hamburger, Franz/Heck, Gerhard (Hrsg.): Neue Schulen für die Kids. Veränderungen in der Sekundarstufe I. Opladen: Leske + Budrich: 37-55.

Hänsel, Dagmar/Nyssen, Elke (1975): Hauptschulunterricht: Wie die Restschule sozialisiert. In: betrifft: Erziehung, 8 (1975): 35-42.

Hinteregger, Robert (2001): Denkanstöße aus der Literatur zu den Human Energy Management-Schlüsselstellen. In: Gande, Reinhard/Hinteregger, Robert/Tatscher, Max (Hrsg.): Human Energy Management. Ein Beitrag zur Systemischen Schulentwicklung. Pädagogisches Institut des Bundes in Steiermark: Graz: 32-42. Online unter: www.pi-stuk.ac.at/ahs/publikationen/themenhefte/human.pdf (Stand: 9.4.2008).

Hurrelmann, Klaus (2006): Offener Brief an die Mitglieder der KMK: Erneuerung meines Plädoyers für ein Zwei-Wege-Modell im deutschen Schulsystem. Online unter: www.laenger-gemeinsam-lernen.de/fileadmin/lgl/Download/20061027_Hurrelmann.pdf (Stand: 9.4.2008).

Ipfling, Heinz Jürgen (1998): Erziehung in der Hauptschule. In: Bronder, Dietmar J./Ipfling, Heinz Jürgen/Zenke, Karl G. (Hrsg.): Handbuch Hauptschulbildungsgang. Bad Heilbrunn: Klinkhardt:154-159.

Melzer, Wolfgang/Sandfuchs, Uwe (Hrsg.) (2001): Was Schule leistet. Funktionen und Aufgaben von Schule. Weinheim und München: Juventa

Oelkers, Jürgen (1999): Die „neue Erziehung" im Diskurs der Reformpädagogik. In: Oelkers, Jürgen/Osterwalder, Fritz (Hrsg.) (1999): Die neue Erziehung. Beiträge zur Internationalität der Reformpädagogik. Berlin u.a.: Lang: 13-41.

Oevermann, Ulrich/Allert, Tilmann/Konau, Elisabeth/Krammbeck, Jürgen (1979): Die Methodologie einer „objektiven Hermeneutik" und ihre allgemeine forschungslogische Bedeutung in den Sozialwissenschaften. In: Soeffner, Hans-Georg (Hrsg.): Interpretative Verfahren in den Sozial- und Textwissenschaften. Stuttgart: Metzler: 352-434.

Ofenbach, Birgit (2000): Erziehung in Schule und Unterricht. Peter Petersens Modell einer erziehenden Schule. Donauwörth: Auer.

Rekus, Jürgen/Hintz, Dieter/Ladenthin, Volker (1998): Die Hauptschule. Alltag, Reform, Geschichte, Theorie. Weinheim und München: Juventa.

Rösner, Ernst (1999): Das Schulsystem in Deutschland. Kritische Befunde zur Schulstruktur der Sekundarstufe. Hamburg: Bergmann+Helbig.

Rösner, Ernst (2007): Hauptschule am Ende. Ein Nachruf. Münster u. a.: Waxmann.

Rosenau, Ulrich (2004): Stand und Entwicklung des Ganztagsangebots im Land Brandenburg. In: Appel, Stefan/Ludwig, Harald/Rother, Ulrich/Rutz, Georg (Hrsg.): Jahrbuch Ganztagsschule 2005. Investitionen in die Zukunft. Schwalbach/Ts.: Wochenschau: 68-78.

Wernet, Andreas (2006): Einführung in die Interpretationstechnik der Objektiven Hermeneutik. (2. überarb. Auflage). Wiesbaden: VS Verlag für Sozialwissenschaften.

Internetquellen

„Ein Auslaufmodell". Interview mit Ernst Rösner. In: „Die Zeit" (2007), 41, S. 78. Online unter: www.zeit.de/2007/41/C-Interview-Roesner-Hauptschule (Stand: 9.4.2008).

Gesetz über die Schulen im Land Brandenburg (Brandenburgisches Schulgesetz – BbgSchulG) (2002). Online unter: www.brandenburg.de/media/1238/bbgschulg.pdf (Stand: 9.4.2008).

Fehlende gymnasiale Arbeitshaltung der Schüler – Legitimationsfiguren an Gymnasien

Kerstin Rabenstein, Fritz-Ulrich Kolbe, Julia Steinwand, Kerstin Hartwich

Das Gymnasium wandelte sich in den letzten Jahrzehnten von einer Eliteanstalt zu einer Schule mit dem mittlerweile „attraktivsten Programm einer intellektuell anspruchsvollen Grundbildung" für einen breiten Anteil der Sekundarschüler (Baumert u.a. 2005: 487). Die Expansion des Gymnasiums ist zum einen auf die demographische Entwicklung und zum zweiten auf die verstärkte Nachfrage nach gymnasialer Bildung aus allen gesellschaftlichen Gruppen zurückzuführen. Auch wenn sich auf diese Weise die Heterogenität der Schülerschaft am Gymnasium hinsichtlich des familiären Bildungshintergrunds erheblich vergrößert hat, darf die Veränderung der sozialen Zusammensetzung der Gymnasialschüler dennoch nicht überschätzen werden, da nach wie vor die Mehrheit aus der breiten Mittelschicht der Bevölkerung stammt (vgl. Baumert u.a. 2005: 518). Zu Ganztagsschulen bzw. Schulen mit Ganztagsangebot werden die Gymnasien zur Zeit im Vergleich mit anderen Schulformen eher selten: die Gymnasiasten nehmen im Schuljahr 2002/2003 mit 3,89% zusammen mit den Realschülern (3,98%) die geringsten Anteile der am Ganztag partizipierenden Gruppe ein, während die Schülerinnen und Schüler der Integrierten Gesamtschule mit 66,81% den größten Anteil der am Ganztag teilnehmenden Gruppe einnehmen, gefolgt von den Sonderschülern (30,49%) und den Hauptschülern (10,24%) (vgl. Fees 2005: 128). Aktuell wird für manche Bundesländer zwar eine starke Erhöhung des Anteils der Ganztagsgymnasien berichtet (z. B. für Hamburg auf 93,6 % vgl. Quellenberg 2007: 18), dabei wird jedoch nicht reflektiert, inwiefern dies im Zusammenhang steht mit der Schulzeitverkürzung der Gymnasien auf acht Jahre, die das Angebot von Unterricht am Nachmittag erforderlich macht.[1]

Zwei Gymnasien aus dem ländlichen Raum in Brandenburg bzw. Rheinland-Pfalz zählen zu den Schulen in unserem Forschungsprojekt. Im Folgenden fragen wir danach, wie die Schulleiter bzw. Entwicklungsgruppen in den Interviews zur Entwicklungsgeschichte ihrer Schule den Schritt zur Ganztagsschule legitimieren. Das Ganztagsangebot an beiden Gymnasien wird mit dem Fehlen eines spezifischen, auch als gymnasial gedachten Habitus der Schüler legitimiert. Nicht die Kompensation von bislang der Familie zugeordneten primären Sozialisationsaufgaben wird demnach angestrebt. Für notwendig gehalten wird vielmehr im Fall der Spreeschule, mit dem Ganztagsangebot einen Rahmen für diszipliniertes Arbeiten an Hausaufgaben bereit zu stellen, der von den Familien eines Teils der Schülerschaft nicht mehr gewährleistet wird, bzw. im Fall der Napoleonschule für die nachzuholende Entwicklung bzw. Aneignung einer bestimmten Haltung und Arbeitseinstellung zu sorgen, die die Schüler als Voraussetzung gymnasialer Bildung mitbringen sollten, die aber bei großen Teilen der Schüler nicht mehr vorzufinden sei.

Unserer Darstellung im Folgenden legen wir die Interpretationen dreier Sequenzen aus Interviews mit den Schulleitern bzw. Entwicklungsgruppen der Schulen zugrunde, die wir objektiv hermeneutisch (vgl. dazu Wernet 2006) rekonstruiert haben. Wir stellen zunächst die symbolische Konstruktion des Ganztags an der Spreeschule, dann an der Napoleonschule dar, um im dritten Teil vergleichend Gemeinsamkeiten und Unterschiede der Defizitkonstruktionen und Legitimationsfiguren herauszuarbeiten.

1   Spreeschule: Ganztag als Betreuung über den ganzen Tag

Die interpretierte Passage ist einem Interview zur Einführung des additiven Ganztagsangebotes mit dem Schulleiter der Spreeschule entnommen und enthält eine Kompensationskonstruktion. Innerhalb der Passage wurde ein kurzer Pas-

---

[1] So heißt es in einer Pressemeldung vom 23.06.2006: „Außerdem machen alle Hamburger Gymnasien im Zuge der Schulzeitverkürzung auf acht Jahre Ganztagsangebote". http://fhh.hamburg.de/stadt/Aktuell/pressemeldungen/2006/august/23/2006-08-23-bbs-ganztagsschulen.html (12.9.2007)

sus mit detaillierten Angaben zur Spreeschule, der für die Interpretation verzichtbar erschien, aus Gründen der Anonymisierung gestrichen.

In der 20minütigen Eingangserzählung, die eher einer Außendarstellung der Schule zu repräsentativen Zwecken, denn einer Erzählung eigener Erfahrungen und Erlebnisse ähnelt, stellt der Schulleiter die Entwicklung der Schule zur Ganztagsschule erst auf Nachfrage hin dar. Danach wird der Schulleiter dazu aufgefordert, näher zu beschreiben, wer die Umstellung zum Ganztagsbetrieb initiiert habe. Zunächst antwortet er, dass der Impuls aus dem Kollegium gekommen und er nur unterstützend tätig geworden sei. Es folgt der Hinweis, dass es innerhalb der Schulleitung keine einheitliche Meinung zum Ganztag gebe, der Stellvertretende Schulleiter etwa sei gegen die Umstellung gewesen. Die im Folgenden interpretierte Passage ist diesen Ausführungen entnommen.

> „also mein stellvertreter zum beispiel ist nicht so ein fan der gesamtsch- äh der ganztagsschule ähm er meint eher also es wäre vernünftiger äh am vormittag unterricht und dann äh die schüler selber so zu lassen wie sie dann halt sind und nach hause fahren zu lassen weil sie zuhause ihre hausaufgaben besser machen könnten aber die praxis zeigt eben das viele kinder am nachmittag sich selber überlassen sind äh eher vorm fernseher rumhängen und deshalb trotzdem keine hausaufgaben machen weil die eltern noch berufstätig sind beziehungsweise sich manchmal auch um die probleme der kinder einfach nicht kümmern und demzufolge ähm ja son son son ich will nicht sagen verwahrlosungsprozess in der schülerschaft eingetreten ist aber doch son son vernachlässigungsprozess und wir glauben dass wir über ganztagsbetreuung das n bisschen abfangen können (…) ist es äh der richtige weg um um kinder in betreuung zu bringen und um die qualität damit der-der bildung und ausbildung äh zu erhöhen"

Der Schulleiter spricht zunächst die Haltung seines Stellvertreters zur Ganztagsschule an: dieser sei nicht „so ein fan der gesamtsch- äh der ganztagsschule". Die Bezeichnung „Fan", die er für seinen Stellvertreter wählt, verweist auf die Sphäre der Popkultur: ein Fan kann etwa Anhänger einer bestimmten Musikrichtung oder einer Popgruppe sein, er vertritt eine bestimmte kulturelle Gesinnung. Ob hier auf das Propagieren differierender Gesinnungen innerhalb der Schulleitung verwiesen wird, muss sich zeigen. Irritierend ist an dieser Stelle, dass der Schulleiter die Begriffe ‚Gesamtschule' und ‚Ganztagsschule' verwechselt, irritierend insbesondere da es sich um ein Interview zur Einführung des Ganztagsangebotes an der Spreeschule handelt. Das Spezifische der Ganztagsschule scheint bei diesen Ausführungen nicht im Vordergrund zu stehen; es könnte sein, dass Gesamt- und Ganztagsschule als Modeerscheinungen gesehen werden, die einander abwechseln und sich infolgedessen zum Verwechseln ähnlich sind.

Sein Stellvertreter – so der Schulleiter weiter – meine, es sei „vernünftiger", die Schüler nach Unterrichtsende nach Hause fahren zu lassen, weil sie dort ihre Hausaufgaben „besser" erledigen könnten. Der schulfreie Nachmittag ermögliche demnach, „die schüler selber so zu lassen wie sie dann halt sind". Diese Formulierung impliziert die Vorstellung von einem Schüler, der sich am Nachmittag („dann") in einem – von der Schule räumlich getrennten und von ihr nicht (über den Vormittag hinaus) beeinflussten – Zustand befinde, der es ihm ermögliche, seine Hausaufgaben „besser" als in der Schule zu erledigen.

Mit der Beschreibung der Realität, „aber die praxis zeigt", eröffnet der Schulleiter nachfolgend einen Kontrast zur Sichtweise seines Stellvertreters. Er setzt dessen Theorie des selbstbestimmt handelnden Schülers, der am Nachmittag selbstdiszipliniert und eigenverantwortlich seinen Schülerpflichten nachkommt, Wissen aus der „Praxis" entgegen: in der Realität nämlich würden die Schüler am Nachmittag „sich selber überlassen", schauten fern und machten „deshalb trotzdem" keine Hausaufgaben. Ist jemand sich selbst überlassen, dann hat er dies nicht selbst entschieden – er wird von einem anderen sich selbst überlassen. Dieser Zustand ist negativ konnotiert: die Schüler haben keine Wahl, sie bestimmen letztlich nicht über sich selbst und vor allem nutzen sie die Nachmittage nicht für die Erledigung schulischer Aufgaben, sondern ‚hängen vor dem Fernsehgerät herum'. Trotzdem sie sich in dem – vom Stellvertreter eingeforderten – ‚schulfreien' Zustand befänden, kämen sie ihren Pflichten nicht nach. Hier werden die ausschließlich in der Praxis sichtbaren Defizite häuslicher Realität offenbar. Die Theorie des sich nachmittags – gleichsam in der Nachwirkung schulischer Erziehung – selbst disziplinierenden Schülers erscheint hier als Idealvorstellung des Stellvertretenden Schulleiters ohne Realitätsbezug. Die „Praxis" hingegen zwinge die Schule zu einer Reaktion auf die vom Schulleiter skizzierte defizitäre häusliche Situation der Schülerinnen und Schüler. In dem Wissen um diese Differenz zwischen Ideal und Wirklichkeit manifestiert sich ein Dissens zwischen dem Schulleiter der Spreeschule und seinem Stellvertreter.

Die Defizite häuslicher Realität lägen – so gibt der Text nachfolgend zu verstehen – in der Berufstätigkeit der Eltern begründet. Hier irritiert der Gebrauch des Wortes „noch". Wir interpretieren es nicht etwa als einen Hinweis auf das Risiko der Arbeitslosigkeit in der Region, sondern lesen es temporal: im Gegensatz zur halbtägigen Schulzeit der Kinder, arbeiteten ihre Eltern „noch" den Nachmittag über und kämen erst am Abend nach Hause, so dass die Kinder in der Zwischenzeit ‚sich selbst überlassen' seien. Darüber hinaus gebe es aber auch Eltern, die sich „einfach nicht [um die Probleme ihrer Kinder] kümmern". Es bleibt offen, warum sich diese Eltern nicht kümmern. Beide Begründungen jedoch lasten den Eltern an, andere Tätigkeiten der Sorge um ihren Nachwuchs vorzuziehen.

Diese Kausalkonstruktion erteilt nun der ‚Theorie des Stellvertreters' eine weitere Absage: der ‚schulfreie' Zustand eines Schülers am Nachmittag, der sich scheinbar durch Selbstständigkeit und Selbstdisziplinierung auszeichne, ist ohne eine elterliche Anwesenheit nicht zu erreichen. Schülerinnen und Schüler bedürfen demnach einer Betreuung über den Vormittag hinaus, einer disziplinierenden Betreuung. Werden sie sich selbst überlassen, erfüllen sie die ihnen übertragene Aufgabe, die Erledigung von Hausaufgaben, nicht. Die Praxis verlangt folglich nach einer anderen Instanz, die die Disziplinierung von Schülerinnen und Schülern gewährleistet: der Schule. Betreuung wird so zu einer Aufgabe von Schule – auch und gerade am Nachmittag. Dabei bleibt der Begriff der Betreuung inhaltlich unscharf. Orientiert man sich an dem vorhergegangenen Text, so bedeutet Betreuung, die Kinder nicht ‚so zu lassen wie sie sind', sie nicht ‚vor dem Fernseher rumhängen' zu lassen oder sie ‚sich selbst zu überlassen' – mit anderen Worten, es bedeutet, sich um die Probleme der Schüler zu kümmern, damit diese ihre Hausaufgaben erledigen. Als Ziele schulischer Praxis werden so nicht etwa Entwicklung und Förderung von Selbstständigkeit und Selbstdisziplin, sondern vielmehr die disziplinierende Betreuung von Schülerinnen und Schülern entworfen: Schülerinnen und Schüler werden in der Ganztagsschule betreut, sie werden unter eine disziplinierende Aufsicht gestellt und die Fähigkeit, die ihnen zur Verfügung stehende Zeit nach Unterrichtsende anspruchsvoll zu gestalten, wird ihnen aberkannt.

Im Anschluss an die Beschreibung häuslicher Realität benennt der Schulleiter als Folge einen ‚Vernachlässigungsprozess' in der Schülerschaft. Dabei weist er darauf hin, dass es sich nicht um einen ‚Verwahrlosungsprozess' handle. Vernachlässigung ist also in Abgrenzung zu Verwahrlosung zu betrachten: während als Folge von Verwahrlosung zu erwarten wäre, dass die Schülerinnen und Schüler soziale und unterrichtliche Anforderungen nicht mehr erfüllten und dass Schule nur noch, je nach Grad der Verwahrlosung, eingeschränkt stattfände, spricht der Schulleiter von einem ‚Vernachlässigungsprozess', einem Prozess also, in dem es um Nicht-Betreuung, das Vorenthalten von Hilfe und die mangelnde Umsorgung geht. Während vorher der vermeintliche Missstand sehr genau beschrieben wird („vorm fernseher rumhängen", „keine hausaufgaben"), bleibt die Folge daraus, eben jener ‚Vernachlässigungsprozess', ein ausdrucksloser Begriff dramatischen aber ungenauen Inhalts, dessen genauer Sinn diffus bleibt.

Als Folge der defizitären häuslichen Realität und des mit ihr einhergehenden Vernachlässigungsprozesses ergibt sich für den Schulleiter der Spreeschule Handlungsbedarf: die Folgen häuslicher Vernachlässigung sind in der Schule spürbar und müssen dort kompensiert werden. Die vom Schulleiter den Eltern zugeordnete Aufgabe der disziplinierenden Betreuung wird von diesen nicht erfüllt und damit an die Schule zurückgegeben. ‚Ganztagsbetreuung' gilt dem Schulleiter und denen, die seine Sicht der Dinge teilen („wir"), als praktikable Möglichkeit, den ‚Vernachlässigungsprozess', in dem sich die Schülerinnen und Schüler befinden, „n bisschen abfangen" zu können. Das spezifische Angebot der Spreeschule als Ganztagsschule ist demnach darauf ausgerichtet, die familiäre Aufgabe der disziplinierenden Betreuung zu übernehmen: sie wandelt sich nach Unterrichtsschluss zur Betreuungseinrichtung. Nicht die Förderung und Entwicklung von Selbstständigkeit und Selbstdisziplin ihrer Schülerinnen und Schüler, sondern deren Betreuung scheint hier primäres Ziel der Umstellung zur Ganztagsschule zu sein.

Überraschend erscheint auf den ersten Blick der resümierende Satz des Schulleiters: „um die qualität damit der bildung und ausbildung zu erhöhen". Der Zusammenhang zwischen der disziplinierenden Betreuung, „kinder in betreuung bringen", und der Qualitätsverbesserung von Bildung und Ausbildung erschließt sich allerdings auf den zweiten Blick. Indem der Schulleiter konstatiert, dass die Qualität von Bildung und Ausbildung steige, wenn die disziplinierende Betreuung (den Schülerinnen und Schülern) die Erledigung der Hausaufgaben ermögliche, wird eine möglicherweise spezifisch gymnasiale Voraussetzung erfolgreicher Bildungs- und Ausbildungsprozesse deutlich: die Schüler haben eine individuelle Vorleistung zu erbringen, etwa an erster und zentraler Stelle die selbstständige Erledigung von Hausaufgaben. Während Lehrer anderer Schulformen (wie z. B. der Hauptschule) im Unterrichtsalltag bei weitem nicht (mehr) von einer selbstständigen Vor- und Nachbereitung des Unterrichts durch die Schüler ausgehen, ist die hier von dem Schulleiter angesprochene Voraussetzung als eine gymnasiale Haltung auf Seiten der Schüler im Sinne der Bereitschaft, Verantwortung für ihren Schulerfolg zu übernehmen, zu verstehen. Damit rekurriert der Schulleiter auch auf das in der öffentlichen Diskussion gängige Argument (vgl. Kuhlmann/Tillmann in diesem Band), nach dem mit der Einführung von Ganztagsschulen eine Steigerung der Qualität der schulischen Ausbildung einhergehe. Für das Gymnasium ist allein in einem sozialpädagogischen Sinn für die Betreuung der Schülerinnen und Schüler zu sorgen, keine ausreichende Legitimation zur Umstellung von einer Halbtags- zu einer Ganztagsschule. Der Verweis auf Bildung und Ausbildung könnte dann als eine Erinnerung an die Funktion von Schule verstanden werden, in deren Dienst auch die neu erkannte Aufgabe von Schule – nämlich die Betreuung der selbstständig zu leistenden Hausaufgaben steht. Wir fassen zusammen: entgegen dem Bild vom selbstständigen und sich selbst disziplinierenden Schüler (vgl. Rabenstein 2007) sieht sich der Schulleiter der Spreeschule in der Praxis mit den Defiziten der häuslichen Realität seiner Schülerinnen und Schüler konfrontiert: als Folge eines Vernachlässigungsprozesses, der in den Familien der Kinder und Jugendlichen stattfinde, wird ein Mangel an Disziplin in der Schülerschaft offenbar, und zwar der Disziplin, selbstständig nach Schulschluss die Hausaufgaben als notwendiges Moment (gymnasialen) Unterrichts und Lernens zu erledigen. Diesem Mangel begegnet die Spreeschule mit der Einführung eines Ganztagsangebotes, dessen primäres Ziel die Sicherstellung einer auf den Nachmittag ausgeweiteten disziplinierenden Betreuung ihrer Schülerinnen und Schüler ist und die so diszipliniertes Arbeiten und damit die Erledigung von Hausaufgaben gewährleistet. Verbunden hiermit könnte das Ziel sein, die Funktionalität des Gymnasiums trotz veränderter Schülerschaft aufrecht zu erhalten.

2   Napoleonschule: Ganztag als didaktisiertes Erziehungsprogramm

Auch am Napoleongymnasium scheint das Erziehungsideal auf eine Aneignung von „Gymnasialität" bzw. den Aufbau eines gymnasialen Habitus ausgerichtet zu sein, der als die Fähigkeit der Schüler und Schülerinnen zur Selbstdisziplinierung verstanden wird. Nicht nur in den Diskursen über verschiedene Angebotsteile, sondern insbesondere am Konstrukt der Klientel, also der Schüler, und ihres „Erziehungsbedarfes" lässt sich der ideelle Entwurf von Ganztagsschule an der Napoleonschule und die in ihm enthaltene Kompensationsvorstellung herausarbeiten. Die folgende Sequenz stammt aus einer Gruppendiskussion mit dem Entwicklungsteam, d. h. der Gruppe von Schulleiter und Lehrern, die als Steuergruppe seitens des Kollegiums eingesetzt wurde, und zwar aus dem Teil, in dem es thematisch um die Vorüberlegungen zur Umsetzung des Angebotes geht:

> „haben wir hier in der GTS einen anteil kinder (die) in der form gefordert und gefördert werden die dann auch am gymnasium wieso glauben wir dass wir dann nach der achten klasse keine ganztagsschule mehr benötigen die kinder müssen soweit sein dass sie dann gelernt haben selbstständig zu lernen selbstständig ihre arbeit zu machen eigenverantwortlich zu arbeiten und dies muss aber in den ersten vier jahren gelernt werden und die struktur die Herr X jetzt angesprochen hat .. diese projekte mit dem jonglieren das zeigt dass diese zusammenset-

zung der kinder keine vom intellekt her schlechte gruppe ist aber diese gruppe muss erst mal rangeführt werden die muss gefördert werden weil sie zum teil schon aus anderen sozialen schichten kommt"

Auffällig ist, dass ein Lehrer einen Zusammenhang herstellt zwischen dem, was die Schule als Ganztagsschule den Kindern bietet, und dem, was die Schule als Gymnasium von ihnen verlangt, d. h. was die Schüler spätestens ab der 8. Klasse sich zu eigen gemacht haben sollten. Er konstruiert für einen Teil der Kinder, die am Ganztagsschulprogramm der Napoleonschule teilnehmen, mangelnde Voraussetzungen, um am „normalen" Unterricht am Gymnasium, der eine bestimmte Form selbstständigen Arbeitens erfordert, teilzunehmen. Diese Kinder sind für ihn Schülerinnen und Schüler, für welche Förderung zuerst bedeutet, ihnen eine eigene Anstrengung abzufordern. Ohne solche, so die Vorannahme, fehlt eine von Seiten jedes Gymnasiasten zu erbringende Voraussetzung für das erfolgreiche Durchlaufen des Gymnasiums.

Diese mangelnde Gymnasialität im Sinne einer Voraussetzung für gymnasiale Bildung auf Seiten der Schüler wird in der Formulierung des Zustandes, den die Schüler und Schülerinnen mit der 8. Klasse erreicht haben sollten, darin bestimmt, dass diese zuerst noch eine Haltung zu erlernen beziehungsweise einen Habitus zu erwerben hätten, selbstständig ihre Arbeit des Lernens auszuführen, ohne ständig von außen dazu angehalten zu werden. Die nähere Präzisierung des selbstständigen Lernens durch den Lehrer verschiebt dabei den Fokus der Bedeutung von einer selbstständigen Aktivität, die mit Neugier verbunden sein könnte, zu einer zu erledigenden Arbeit, die man pflichtgemäß „zu machen" hat. Weiter erläuternd wird außerdem herausgestellt, dass damit die Fähigkeit, Selbstverantwortung übernehmen zu können, identifiziert wird. Der Sprecher setzt also für selbstständiges Arbeiten das Vorhandensein einer inneren Disposition voraus: die Schülerinnen und Schüler müssen bereit sein, für sich selbst Verantwortung zu übernehmen und den äußeren Anforderungen an sie ständig und genügend gerecht werden zu wollen. Der Sprecher setzt damit die Fähigkeit zur Selbstdisziplinierung als Bedingung voraus, also die Fähigkeit, sich die Anstrengung und Bereitschaft zu arbeiten, kontinuierlich abzufordern, ohne auf die Motivation und Kontrolle durch Dritte angewiesen zu sein. Wie diese Disposition zustande kommt, bleibt an dieser Stelle offen. Vor allem bleibt offen, ob deren Aufbau durch äußeren Zwang oder durch eigene Einsicht der Schülerinnen und Schüler und darauf folgenden Selbstzwang gedacht wird.

Der Verweis auf die Bedeutung schichtspezifischer Sozialisation im Anschluss setzt allerdings voraus, dass der Lehrer eine gerade in der Familie und ihren

Sozialisationserfahrungen habitualisierte Instanz der Selbstdisziplinierung annimmt. Er macht deutlich, dass der angesprochene Habitus für das Schüler-Sein im Gymnasium als schichtspezifisch vermittelt gedacht wird. Gleichzeitig setzt der Sprecher voraus, dass ein Teil der Schülerschaft die familiären Sozialisationserfahrungen nicht mehr in die Schule mitbringt, die bisher die Voraussetzungen für ein „gymnasiales", selbst diszipliniert ausgeführtes Arbeiten darstellten. Als Ursache des Defizits wird demnach ein Wandel eines Teil des Schülerklientels entworfen und eine damit einhergehende Veränderung der sozialen Funktion des Gymnasiums. Eine – gegenwärtig populäre – Deutung, von destruktiven Veränderung in den Familien gymnasialnaher Bevölkerungsgruppen auszugehen, oder gar von einem allgemeinen Mangel an Erziehungsfähigkeit der Eltern, ist dagegen nicht Teil der entworfenen Problematik. Der Lehrer betont, dass es sich bei den Kindern dieser nachträglich gymnasial zu sozialisierenden Gruppe nicht um intellektuell nicht-gymnasialfähige Schüler handle, sondern lediglich um Schüler, in deren Elternhäusern auf den Erwerb spezieller gymnasialrelevanter Fähigkeiten nur unzureichend Wert gelegt worden ist.

Da der Lehrer damit ein hohes Maß an „gymnasialen" Defiziten für eine ganze Gruppe von Schülern konstatiert, stellt sich die Frage nach der pragmatischen Funktion der Einrichtung eines ganztägigen Angebotes. Folgt man dieser Bedeutungszuschreibung, so wird die Einrichtung ganztägiger Angebote an der Napoleonschule als Unterstützung für Kinder bildungsferner Schichten verstanden, ohne freilich im geringsten den gymnasialspezifischen Anspruch an Schule aufzugeben. Die Napoleonschule als Ganztagsschule offeriert damit für Eltern, die mit der Schulbildung für ihre Kinder die Hoffnung auf einen sozialen Aufstieg verbinden, die Option, dass ihre Kinder – mittels der durch das ganztägige Angebot bereit gestellten Unterstützung – das Abitur erwerben können

In der weiteren Darstellung des „Erziehungsbedarfes" werden diese Ausführungen dann folgendermaßen konkretisiert: am Material einer Gruppendiskussion derjenigen Lehrer, die das Ganztagsangebot durchführen, lässt sich das Konstrukt von Erziehungsbedarf am Beispiel der Erziehung durch oder bei Hausaufgaben näher rekonstruieren. Hervorgehoben wird dabei ein von den Lehrern formuliertes Problem der Kontrolle des so genannten Hausaufgabenheftes, das jeder Schüler verpflichtet ist zu führen. Pädagogisch ist es Aufgabe, dafür zu sorgen, dass die Schülerinnen und Schüler das Richtige machen, und das auch vollständig. Als entwicklungsförderliches didaktisches Arrangement dafür, die Schüler immer stärker an die Bewältigung dieser Aufgabe heranzuführen, wird Folgendes geschildert:

„wir ham ja so ne prioritätenliste erstmal was ist für morgen wichtig also des ist son ritual ich komm da rein der plan hängt ja hinten groß an der wand der stundenplan (...) also die erste priorität ist immer für morgen und dann die Fächer was schriftlich eben zu erledigen ist die ich am wenigsten gerne wo ich am wenigsten erfolgreich arbeite die nehmen wir am anfang gleich dran"

In den vorhergehenden Sequenzen der Gruppendiskussion geht es um die Frage, wie für die Schüler und Schülerinnen eine klare Orientierung darüber entstehen kann, was sie angesichts vielfältiger Hausaufgaben sich selbst als nächstes sinnvollerweise vorzunehmen hätten.

Dabei wird das Organisationsprinzip zur Erledingung der Hausaufgaben eher unprätentiös wie ein unspektakulärer Gegenstand des Alltages eingeführt, als etwas Naheliegendes und als gemeinsame Einrichtung aller Beteiligten. Formuliert wird dies in Frageform, in der Form einer Selbstbefragung, die hier allerdings öffentlich aufgeführt wird. Geschildert wird eine hierarchisierte Aufstellung von zu erfüllenden Anforderungen im Rahmen der Erledigung von Hausaufgaben, also eine Ordnung von unterschiedlich wichtigen Gesichtspunkten für die Durchführung und Bewältigung von Hausaufgaben. Wichtigster Gesichtspunkt ist die zeitlich am nächsten liegende Anforderung. Es gilt nämlich, das an erster Stelle zu bearbeiten, was zuerst vorzulegen ist, um der Pflicht genüge zu tun und vorbereitet zu sein. Die eigene Verantwortung dafür, auf den nächsten Schultag oder den unmittelbar bevorstehenden Unterricht vorbereitet zu sein, also diese Vorbereitung an die erste Stelle zu setzen, impliziert, der Pflichterfüllung einen besonderen Stellenwert einzuräumen, „auf jeden Fall" mittels der Hausaufgaben vorbereitet zu sein – im Gegensatz beispielsweise zu inhaltlichen Prioritäten, die eine andere Ordnung nach sich zögen. Als zweite Priorität wird eingeführt, dasjenige zuerst auszuführen, was am umfangreichsten ist, und anschließend das, wofür aufgrund vorangegangener Misserfolge die geringste Motivation vorhanden ist. Ein erster Schritt in die Gymnasialität ist also die eigenverantwortliche Vorbereitung des nächsten Schultages. In einem zweiten Schritt sind alle schriftlich vorzulegenden oder besonders umfangreichen Arbeiten vorzunehmen. Diese wiederum werden den Vorlieben der Schüler entsprechend erneut hierarchisiert, wobei die von den Schülern nicht bevorzugten Aufgaben zuerst zu erledigen sind.

Diese Prioritätenliste impliziert Folgendes: erstens sind die entscheidenden Bedingungen zu erfüllen, damit die Klasse als Ganze arbeitsfähig ist, d. h. Individuelles ist diesem kollektiven Anspruch untergeordnet. Zweitens wird die eventuell vorhandene Motivation, gerade Gelerntes in den dazu aufgegebenen

Hausaufgaben zu erproben, bzw. nach eigenen Präferenzen bevorzugte Aufgaben zu erledigen, im Keim erstickt, sofern diese Hausaufgaben nicht am nächsten Tag vorzulegen sind. Anstelle der bevorzugten Aufgaben müssen die am wenigsten präferierten vorgezogen werden und so werden möglicherweise heute präferierte Aufgaben zu den uninteressanten des Folgetages. Sich die größte Arbeitsanstrengung in Form von umfangreichen oder ungeliebten Arbeiten als zweites vorzunehmen, impliziert als Vorannahme seitens der pädagogischen Akteure die naturalistische Logik, dass die Schüler mit fortschreitender Zeit in der Hausaufgabenstunde sich immer weniger konzentrieren können, so dass schwierigere Aufgaben zu Beginn der Einheit leichter zu bewältigen sind. Eine zweite Lesart wäre möglicherweise, dass sich die Schüler zuerst subjektiv als schwieriger empfundene Aufgaben vornehmen sollen, weil dort die psychische Disziplinierungsleistung am höchsten ist. In beiden Fällen dominiert das abstrakte Prinzip, nach der Maximierung der Pflichterfüllungschancen vorzugehen. Das Vorgehen nach konkreten und individuellen Mustern ist nicht mitgedacht. Ein einheitliches funktionales Vorgehen der Lernenden bei der Erledigung ihrer Hausaufgaben wird so oberster Aspekt des hier konstruierten gymnasialen Habitus. Da als dritte Priorität vorgesehen ist, als nächstes nicht Motivierendes zu erledigen, lässt sich diese Lesart hier bestätigen. Ein individuell gestaltetes Arbeiten findet in diesem Entwurf keinen Platz. Es handelt sich um ein Erziehungsprogramm zur Maximierung der Erfüllung von Leistungspflichten nach abstrakten, formalen Kriterien.

Betrachtet man beide rekonstruierten Sequenzen als fallintern komplementäre Sinnstrukturen, so fügen sich die Ergebnisse zu folgender Strukturhypothese zusammen: als mangelnde Voraussetzung der Schüler und Schülerinnen für die Teilnahme am Unterricht wird ihre fehlende Haltung angesehen, selbstständig ihre Arbeiten auszuführen, also sich selbst zum Arbeiten anzuhalten. Für einen so verstandenen gymnasialen Habitus wird eine Disposition auf Seiten der Schüler, zur Selbstdisziplinierung fähig zu sein, voraus gesetzt, die als Produkt günstiger familiärer Sozialisationserfahrungen verstanden oder erklärt werden kann. Ein durchaus schichtspezifisches Familienideal wird dabei angenommen.

Wie der Aufbau einer Disposition, die zur Selbstdisziplinierung befähigt, vorzustellen ist, wird dann in der zweiten Sequenz deutlich: die Prinzipien, nach denen die Hausaufgaben zu erfüllen seien, führen die Norm ein, auf die Erfüllung der institutionell vorgegebenen Pflichten vorbereitet zu sein. Indem sie dabei als Fragen formuliert werden, wird den Schülern eine Praktik der Selbstprüfung nahe gelegt. Damit werden die normativen Größen öffentlich thematisiert und im Vollzug der Selbstbefragung bekräftigt, an denen sich Regelgerechtes messen lassen muss. Sowohl die Norm, allzeit vorbereitet zu sein, welche die

Arbeitsfähigkeit der Lerngruppe sichert, als auch die Norm, nach der Maximierung der Pflichterfüllungschancen vorzugehen zeigen den abstrakten Charakter der Kriterien auf. Die genannte, als defizitkompensierend entworfene Internalisierung läuft deshalb darauf hinaus, eine verallgemeinerte Orientierung an abstrakt gefassten Pflichten anzusinnen, und sie zielt durch diese Eigenschaft auf Verinnerlichung in Gestalt einer eigenen, normativen Instanz.

3 Kontrastierung: Schule als Erziehungsinstanz für eine gymnasiale Arbeitshaltung

Hinsichtlich der Defizitkonstruktionen zeigen sich im Vergleich beider Schulen folgende Gemeinsamkeiten und Unterschiede: gemeinsam ist den Defizitkonstruktionen beider Schulen die Unterstellung, dass ein Teil der Schüler und Schülerinnen nicht mehr die Haltung mitbringt, die Gymnasiasten für erfolgreiches schulisches Lernen mitbringen müssen. Ihnen fehle die Bereitschaft und die Fähigkeit zum disziplinierten Arbeiten und so z. B. auch zum selbstständigen Erledigen von Hausaufgaben, welche an beiden Gymnasien als konstitutiv für den Unterricht angesehen werden. Erklärt wird dieser Mangel disziplinierten Arbeitens an beiden Schulen mit Defiziten in der familiären Ausgangssituation. Konstatiert wird, dass in familiärer Sozialisation etwas nicht gelingen werde, was angeblich früher gelang, nämlich die Voraussetzungen zu schaffen für gymnasiale Schulbildung. Für diese Veränderung der familiären Sozialisation werden dann allerdings an beiden Schulen unterschiedliche Ursachen angeführt.

Die Rekonstruktion der Interviewpassage des Schulleiters der Spreeschule ergab, dass hier eine durch gesellschaftlichen Wandel verursachte Veränderung auf Seiten der Familien bzw. Eltern angenommen wird, die dazu führt, dass die Eltern sich nicht mehr so wie früher um ihre Kinder kümmern bzw. dazu nicht mehr so wie früher in der Lage sind. Die Rekonstruktion der Interviewpassagen aus der Gruppendiskussion der Napoleonschule zeigte demgegenüber, dass hier eine kollektive Aufstiegsbewegung ehemals bildungsferner gesellschaftlicher Gruppen als Ursache für die Ausweitung der sozialen Zusammensetzung der Schülerschaft am Gymnasium angenommen wird. Die familiären Sozialisationsdefizite werden demnach als ein schichtspezifisches Problem wahrgenommen. Nur Familien aus bestimmten, so genannten bildungsfernen, Milieus schaffen es demnach nicht, die Voraussetzungen gymnasialer Bildung bei ihren Kindern zu legen.

Die Frage, was die Schulen anbieten, um diese Defizite auf Seiten der Schüler und Schülerinnen zu kompensieren, wird an beiden Schulen etwas unterschiedlich beantwortet. Die Legitimationsfigur für das Ganztagsangebot an der Napoleonschule beinhaltet die Vorstellung eines didaktisierten Erziehungsprogramms: in den Formulierungen der Interviewpassage „gelernt haben selbstständig zu lernen [...] eigenverantwortlich zu arbeiten" scheint ein technisches Versprechen auf, die notwendige gymnasiale Haltung, die Fähigkeit und Bereitschaft zur Selbstdisziplin, auf Seiten der Schüler durch geeignete didaktische Arrangements hervorbringen zu können. Dabei wird die Möglichkeit zusätzliche Angebote zu machen, die durch den Ganztag gegeben ist, für die Bereitstellung solcher didaktischer Arrangements genutzt. Der symbolischen Konstruktion und damit auch Legitimation von Ganztag liegt in der Spreeschule eine andere Vorstellung von Disziplinierung der Schülerinnen und Schüler zugrunde, nämlich die Herstellung von Disziplin bzw. diszipliniertem Arbeiten durch die Schaffung eines entsprechenden äußeren Rahmens, in dem die Schüler „betreut" werden und somit diszipliniert arbeiten können. Zusammenfassend heißt das also, dass sich die Akteure für die Herstellung des notwendigen Schülerhabitus in der Napoleonschule ein Arrangement vorstellen, das zur Selbstverantwortlichkeit und Selbstdisziplin anhält und letztlich die Entwicklung der Bereitschaft zur Selbstdisziplinierung fördert. In der Spreeschule setzt der Schulleiter hingegen auf ein Angebot, das die Schülerinnen und Schüler im Sinne der Aufrechterhaltung von Gymnasialität diszipliniert, sie in einem betreuten Rahmen diszipliniert arbeiten lässt, das aber nicht notwendigerweise mit der erzieherischen Absicht verbunden ist, die Bereitschaft und Fähigkeit der Lernenden zu diszipliniertem Arbeiten jenseits eines Betreuungsangebots herzustellen.

Das zugrunde liegende Idealkonstrukt der Haltung der Schülerinnen und Schüler differiert demnach auch an beiden Schulen. Während der Idealschüler der Spreeschule seine Arbeiten in einem betreuten Setting pflichtbewusst erledigt, internalisiert der Idealschüler der Napoleonschüler die an ihn gerichteten Erwartungen der Selbstdisziplinierung und Selbstständigkeit und macht somit die Aufsicht bzw. Kontrolle durch Dritte zunehmend überflüssig. In der Spreeschule wird hingegen die Ansicht vertreten, die Schüler nicht sich selbst überlassen zu können, das heißt dann auch ihnen keinen Raum zu überlassen, in dem sie eigenverantwortlich werden können.

Ganztagsschulische Angebote an den beiden Gymnasien werden als Sozialisationsinstanz entworfen, die die familiären Sozialisationsdefizite hinsichtlich der Voraussetzungen gymnasialen Lernens eines Teiles der Schülerschaft kompensieren soll. Ganztagsangebote an den beiden Gymnasien erscheinen als sozial differenziert angebotenes Intensivprogramm für die ersten Jahre am Gymnasium, das es Lehrern erlaubt, nachträglich doch noch Gymnasialität hervorzubringen oder entstehen zu lassen. Insgesamt nimmt diese symbolische Konstruktion von Ganztagsschule deshalb die Gestalt einer eigens für die Kompensation der unterbliebenen Sozialisierungsprozesse geschaffenen Institution an, in der die Schülerinnen und Schüler einen gymnasialen Habitus nachholend entwickeln können. Das entworfene Konstrukt Ganztagsschule weist dabei einen eigenartigen Bruch auf: so sehr betont wird, dass es sich um fehlende familiäre Sozialisationserfahrungen handelt, so deutlich wird eine pädagogisch-institutionell zu leistende Kompensation entworfen. Damit werden in beiden Fällen die Grenzen der Aufgabenzuweisung an Schule gegenüber bislang geltenden Bestimmungen, wie sie der Strukturfunktionalismus beschreibt, verschoben.

Literatur

Baumert, Jürgen/ Roeder, Peter Martin / Watermann, Rainer (2005): Das Gymnasium – Kontinuität im Wandel. In: Cortina, Kai S./ Baumert, Jürgen/ Leschinsky, Achim/ Mayer, Karl Ulrich/ Trommer, Luitgard (Hrsg.): Das Bildungswesen der Bundesrepublik Deutschland. Strukturen und Entwicklungen im Überblick. Reinbek bei Hamburg :Rowohlt Verlag: 487-524.

Fees, Konrad (2005): Die öffentliche Ganztagsschule in Deutschland. In: Ladenthin, Volker/ Rekus, Jürgen (Hrsg.): Die Ganztagsschule. Alltag, Reform, Geschichte, Theorie. Weinheim und München: Juventa: 125-161.

Quellenberg, Holger (2007): Ganztagschule im Spiegel der Statistik. In: Holtappels, Heinz-Günter/Klieme, Eckhard/ Rauschenbach, Thomas/ Stecher, Ludwig (Hrsg.): Ganztagsschule in Deutschland. Ergebnisse der Ausgangserhebung der „Studie zur Entwicklung von Ganztagsschule" (StEG). Weinheim und München: Juventa: 14-36.

Rabenstein, Kerstin (2007): Das Leitbild des selbstständigen Schülers. Machtpraktiken und Subjektivierungsweisen in der pädagogischen Reformsemantik. In: Rabenstein, Kerstin/Reh, Sabine (Hrsg.): Kooperatives und selbstständiges Arbeiten von Schülern. Zur Qualitätsentwicklung von Unterricht. Wiesbaden: VS Verlag für Sozialwissenschaften: 39–60.

Wernet, Andreas (2006): Einführung in die Interpretationstechnik der Objektiven Hermeneutik. (2. überarb. Auflage). Wiesbaden: VS Verlag für Sozialwissenschaften.

III. Symbolische Konstruktionen des Ganztages aus schultheoretischer Perspektive

Grenzverschiebungen des Schulischen im Ganztag – Einleitung zur schultheoretischen Diskussion

Fritz-Ulrich Kolbe, Sabine Reh, Till-Sebastian Idel
Bettina Fritzsche, Kerstin Rabenstein

Der in der bildungspolitischen und auch schulpädagogischen Diskussion teils implizit, teils explizit formulierte Anspruch, Ganztagsschule müsse gegenüber der konventionellen Halbtagschule mehr und anderes bieten[1], spiegelt sich auch in den im Forschungsprojekt LUGS erhobenen und in diesem Band dokumentierten Diskursen von Akteuren neuer Ganztagsschulen. Deren symbolische Konstruktionen vom Ganztag[2] sind nicht nur von einem offensichtlich starken Legitimationsdruck getragen, sondern auch von dem Vorhaben, mit dem Ganztagsmodell eine Schule zu schaffen, die über die Grenzen des „typisch Schulischen" hinausstrebt. Programmatisch bewegt sich der von uns dokumentierte Diskurs schulischer Akteure im Rahmen einer reformpädagogisch aufgeladenen Semantik, mit der sowohl die Notwendigkeit einer Veränderung von Schule begründet als auch deren Richtung angedeutet werden. Im Zentrum steht in dieser Selbstthematisierung der Praxis die grundlegende Frage, wie sich Schule auf diejenigen Institutionen, Veranstaltungen und Verhältnisse bezieht, die als pädagogisch wirkende betrachtet werden, aber gleichzeitig nicht Schule sind. Im Konkreten wird gefragt, in welchem Verhältnis zueinander Schule, Familie und Freizeit stehen, in reformpädagogischer Semantik ausgedrückt, wie Leben und Lernen sich zueinander verhalten. Wir wollen dies, das folgende Kapitel einleitend, kurz in den Kontext gegenwärtig diskutierter schultheoretischer Fragestellungen rücken. Es geht uns hierbei um eine heuristische Konzeptualisierung schultheoretisch relevanter Unterscheidungen, die wir in den nachfolgenden Beiträge dieses Kapitels vertiefend diskutieren möchten.

---

[1] Ein solcher Anspruch findet sich beispielsweise in symbolisch verdichteter Form in dem Slogan „Ganztagsschulen. Zeit für mehr", der im Rahmen des IZBB-Programms ausgegeben wurde.
[2] Vgl. Teil II dieses Bandes

1 Symbolische Konstrukte und Schultheorie

Die Frage nach dem Verhältnis von Schule, Leben und Lernen begleitet den historischen Prozess der Systembildung von Schule von Beginn an, seit Schule überhaupt als vom Alltagsleben separiertes und systemisch vernetztes Institutionengefüge entstanden ist (vgl. Benner/Kemper 2001a u. 2001b; Oelkers 1995). Im soziologisch orientierten schultheoretischen Diskurs wird dies als konstitutives Moment der modernen Institution Schule bezeichnet: Die Schule ist im Modernisierungsprozess als eigenständige Sphäre in der Differenz zur Familie und dem Alltagsleben entstanden, genau darin liegt die Spezifik ihrer Institutionalisierung als gesellschaftliches Problemlösungsmuster (vgl. Adick 1992; Fend 1980 u. 2006). In der Schule wird systematisch, methodisch-kontrolliert und angeleitet durch Professionelle das gelernt, was im naturwüchsigen Mitvollzug im Alltagsleben von den Heranwachsenden nicht mehr en passant angeeignet werden konnte (vgl. Diederich/Tenorth 1997: 19ff.). Nach Luhmann reagiert die Bildung des Funktionssystems der Erziehung auf den gesellschaftlichen Komplexitätszuwachs, sie ist nicht Schrittmacher sozialer Evolution, sondern deren Folge (vgl. Luhmann 2002: 111). Durch die funktionale Spezifizierung reduziert das System im Außenverhältnis Komplexität und steigert in der Binnenperspektive die eigenen Möglichkeiten der Funktionsbewältigung. Es entsteht ein autonomes, von der Umwelt abgegrenztes Erziehungssystem, das durch erziehenden Unterricht Lernen ermöglicht bzw. Lernbereitschaft generalisiert (vgl. Luhmann 2002; Tenorth 1994 u. 2001).

Die Funktion der Schule bestände in der Doppelstruktur von gesellschaftlicher Reproduktion und Resubjektivierung von Kultur, die gleichzeitig im Sinne des Aufbaus von Persönlichkeitsstrukturen zu verstehen ist. Über strukturelle Kopplungen erbringt das Erziehungssystem zudem für die anderen Funktionssysteme bestimmte Leistungen. Im Anschluss an Parsons unterscheidet Fend, wie, bezogen auf verschiedene Funktionssysteme, gleichzeitig sowohl für gesellschaftliche Reproduktion und Resubjektivierung von Kultur gesorgt wird: mit der Qualifikationsfunktion bezieht sich die Schule über den Unterricht auf das Berufs- und Beschäftigungssystem, indem sie die dort notwendigen Fähigkeiten und Fertigkeiten anbahnt; mit der Selektions- bzw. Allokationsfunktion richtet sie sich in Form von Prüfungen und Berechtigungen auf die Sozialstruktur und deren Statushierarchie; mit der Legitimations- bzw. Integrationsfunktion vermittelt sie in der Sphäre des Schullebens die für die Stabilisierung der sozialen Ordnung notwendigen Normen, Werte und politischen Orientierungen (vgl. Fend 1980 u. 2006).

Die immer wieder vorgetragene reformpädagogische Kritik dieser funktionalen Separierung der Schule aus dem Alltag und die programmatischen Entwürfe einer Entschulung der Schule bzw. einer Revitalisierung der Schule durch einen lebensweltlichen Bezug, durch Öffnung nach außen, durch ganzheitliches Lernen, durch geringere Selektionshärte, durch andere Umgangsformen und ein verändertes pädagogisches Generationenverhältnis etc. zeigen auch das Problempotenzial des Institutionalisierungsprozesses von Schule, das jeweils zeittypisch bzw. epochenspezifisch vor dem Hintergrund der Veränderung gesellschaftlicher Reproduktionsverhältnisse bearbeitet wird – gegenwärtig etwa im Rahmen der forcierten Einführung ganztagsschulischer Angebote. Für die interviewten schulischen Akteure scheint es klar, dass mit der Einführung von ganztagsschulischen Angeboten die Grenzen zwischen Schule und Leben, die Formen und Bezüge des Lernens neu austariert werden müssen. Der in unseren Daten rekonstruierte Versuch, die schulischen Aufgaben, die schulischen Grenzen nach Außen sowie die innerschulischen Unterscheidungen zwischen verschiedenen ganztagsschulischen Angeboten unterschiedlicher Funktion neu zu bestimmen, zeigt, dass den schulischen Akteuren die Bestimmungen üblicher Begrifflichkeiten des pädagogischen Diskurses nicht mehr angemessen erscheinen, dieses zu beschreiben. Im Versuch, ihre Konzepte zu charakterisieren, ringen die Professionellen oftmals um Worte. So formuliert beispielsweise eine von uns interviewte Förderschullehrerin: „ich weigere mich immer zu sagn dem obligatorischen unterrichtsrahmen". Mit Luhmann lassen sich die symbolischen Konstrukte als wissenschaftliche Beobachtung der (problematisierenden) Selbst-Beobachtungen der System-Grenzen im System selbst verstehen.

2 Schule als separierte Praxis – schultheoretische Unterscheidungen

Die Akteure thematisieren in ihrer Grenzreflexion also *Unterscheidungen,* die in den schultheoretischen Überlegungen Parsons (1968) die Trennungen der Systeme bzw. die Grenzen der Schule konstituieren (vgl. Abb. 1).

Abbildung 1: Schulische Grenzverhältnisse

Grenzverhältnis	Unterscheidung erscheint im Diskurs auch als die von ..	Tendenz
Schule / Familie	öffentlich vs. privat	Familiarisierung der Schule
Unterricht / Freizeit	künstlich vs. authentisch	Informalisierung der Angebote
Rolle / Person	rollenbezogen (außen-orientiert) vs.umfassend personal (Innenraum)	Pädagogisierung der Beziehungen u. jugend-lichen Lebenswelt

Strukturfunktionalistische Konzeptualisierungen gehen davon aus, dass eine der schulischen Grenzen auf der Unterscheidung zwischen Schule und Familie, re-zipiert als die zwischen *Öffentlichem* und *Privatem,* beruht. „Öffentlich" und „privat" verstanden als Bezeichnungen für soziale Handlungs- und Verantwor-tungsbereiche mit einem je grundsätzlich verschiedenen normativen Charakter; das Öffentliche ist dem Anspruch nach für alle verbindlich, im allgemeinen In-teresse und unter Kontrolle der Mitglieder (vgl. Peters 2007). An Parsons' Theo-rem der pattern variables lässt sich die Differenz zwischen Schule und Familie in diesem Sinne idealtypisch verdeutlichen (vgl. ebd. S. 57ff.). Während fami-liale Beziehungen emotional fundiert (Affektivität), mit keinem spezifischen Objektinteresse verbunden (Diffusität), an die Besonderheit und Unverwechsel-barkeit der Person geknüpft (Partikularismus) und hinsichtlich der personalen Wertschätzung situationsunspezifisch voraussetzungslos sind (Qualität), folgen die schulischen Rollenbeziehungen dem Muster von affektiver Neutralität, spe-zifischen Objektinteressen (Spezifität), prinzipieller Austauschbarkeit des Per-sonals (Universalismus) und kontextspezifischer Leistungserbringung der Per-son (Performanz).

(1) Diese Strukturdifferenz von Familie und Schule bilde, so der Struktur-funktionalismus, erst das sozialisatorische Potenzial der Schule (Parsons 1968). Der erste fundamentale Kontakt mit rollenförmigen Beziehungsmustern, der sozialisatorisch gesehen gewissermaßen in vollem Umfang Ernstcharakter be-sitzt, findet im Raum der Schule statt. Die Schule verkörpert der strukturfunkti-onalistischen Lesart zufolge den gesellschaftlichen Leistungsuniversalismus in gesteigert-purifizierter Form (Wernet 2003: 95). Insofern die Schule nun diese Prinzipien in einzigartiger „Reinheit" (Wernet) praktisch zum Ausdruck bringt, ist sie sozialisationstheoretisch gesehen kein Übergangsraum zwischen Familie

und Gesellschaft, sondern die nirgendwo sonst anzutreffende gesteigerte Institutionalisierung des gesellschaftlichen Leistungsuniversalismus, dessen Verkehrsformen die Schüler und Schülerinnen als Grundqualifikation zum Rollenhandeln zu beherrschen lernen müssen. Der Übergang in den öffentlichen Raum der Schule, so die strukturtheoretische Analyse, eröffnet dem Schüler neue Freiheitsgrade, die ihm auch eine emotionale Ablösung von der Familie ermöglichen (Tyrell 1985, Combe/Helsper 1994). Er könne sich in der Schule nicht nur kognitiv dezentrieren, sondern auch die partikularen Begrenzungen und die Enge des familialen Binnenraums überschreiten. In den Interviews der Ganztagsschulakteure, also in den Beobachtungen und im Diskurs der Praktiker, wird nun diese Unterscheidung, wie sie auch auf theoretischer Ebene und in der strukturfunktionalistisch informierten Schultheorie getroffen wird, als die zwischen privater und öffentlicher Sphäre in Frage gestellt, wenn von einer Öffnungsbewegung der Schule gegenüber der Familie, von einer Familiarisierung der Schule die Rede ist – eine noch zu reflektierende Praxis-Perspektive.

(2) Die zweite schultheoretisch relevante Grenzziehung betrifft die Unterscheidung von Unterricht und Freizeit, im Diskurs auch rezipiert als eine Differenz von *Künstlichkeit* und *Authentizität*. Definiert man Unterricht als curricularisiertes, fachdifferenziertes Arrangement, hergestellt durch Lehrkräfte, in welchem durch Artikulation, d.h. durch eine systematische, am Lernen der Schülerinnen und Schüler ausgerichtete, methodisch-kontrollierte Repräsentation Wissen dargestellt und Aneignung ermöglicht wird (vgl. Prange 1995), so wird diese Bestimmung als spezifisches Charakteristikum für den Unterricht nun aus Sicht der Ganztagsprofessionellen fragwürdig. Stattdessen wird ein schulisches Lernarrangement entworfen und diskursiv legitimiert, in dem die informellen Lernpotenziale der Freizeit systematisch zur Geltung gebracht werden sollen, um so dem schulischen Unterricht durch Informalisierung des Lernens seine Künstlichkeit zu nehmen.

(3) Die strukturtheoretische Bestimmung von Schule konstituiert auf der Ebene der Adressaten die Unterscheidung zwischen Rolle und Person. In der Schule ist der Schüler adressiert, im Gegensatz dazu ist in der familialen Kommunikation die ganze Person adressiert. Während entsprechend dieser Vorstellungen, etwa bei Parsons (1968), die Rolle gewissermaßen eine *Außenorientierung,* universalistische Prinzipien, etwa die schulische Orientierung auf Leistung, markiert, konstituiert sich das Subjekt im mehr und mehr glückenden, strategischen Umgang mit diesen Ansprüchen und Erwartungen als *Innenraum.* In den Konstruktionen der Professionellen lässt möglicherweise die phantasierte, emotionale Nähe zwischen Schule, Lehrkräften auf der einen und Schülerinnen und Schülern auf der anderen Seite, ihre diffuser werdenden Beziehungen die Grenzen zwischen einem Außen, spezifischen Anforderungen, und einem dem-

gegenüber abzugrenzenden bzw. abgegrenzten Innenraum verschwimmen. Das Schülersein wird nun projektiert als umfassende Lebensform, nicht als rollenbasierte Teilinklusion in eine Institution, sondern als Form einer personalen Pädagogisierung (vgl. Helsper 2005).

3   Zu den Beiträgen

Wir wollen in diesem Teil des Bandes in den folgenden Kapiteln die von uns im empirischen Material dokumentierten bzw. von den Professionellen entworfenen Variationen, das Verhältnis zwischen Schule, Leben und Lernen neu zu bestimmen, schultheoretisch analysieren und problematisieren. Wir positionieren uns dabei weder auf der Seite der oben angedeuteten struktur-funktionalistisch-systemtheoretischen Schultheorie bzw. einer Kritik des ‚reformpädagogischen Zeitgeistes' (etwa Giesecke 1996), die einseitig jegliche Veränderung der Schule im oben genannten Sinne als diffuse Entgrenzung disqualifizieren, noch argumentieren wir im Sinne einer normativen Reformpädagogik, die – ohne zunächst zu untersuchen, was Schule leisten kann – nur danach fragt, was Schule leisten soll (vgl. Tenorth 2001). Die oben dargestellten Unterscheidungen und Grenzziehungen, wie sie die systemtheoretische Schultheorie und der eher unhistorisch verfahrende Strukturfunktionalismus entwerfen, verstehen wir als Beschreibung einer historischen, und insofern wandlungsfähigen, Produktion institutioneller Formen und damit auch Grenzen. Empirisch wäre ohnehin eher von fließenden Übergängen in permanenten Prozessen der Grenzsetzung und -verschiebung auszugehen.

Uns geht es darum, die verschiedenen Argumentationsfiguren als Beschreibungen von intendierten oder befürchteten Grenzverschiebungen in Bezug auf schultheoretische und reformdidaktische Fachdiskurse auszubuchstabieren. Wir möchten also den Diskurs der Praktiker[3] mit den jeweiligen pädagogischen Fachdiskursen in Verbindung bringen und damit genauer ausleuchten, was die Praktiker in ihren symbolischen Konstruktionen andeuten. Dazu werden in den folgenden drei Kapiteln, die jeweils als eigenständige, auch getrennt voneinander lesbare Beiträge konzipiert wurden, entlang der oben beschriebenen schultheoretischen Unterscheidungen die Grenzverhältnisse von *Schule und Familie* (Joachim Scholz und Sabine Reh), *Unterricht und Freizeit* (Till-Sebastian Idel,

---

[3] Wohlgemerkt den Diskurs, über dessen Effekte in der Praxis erst noch empirischen Befunde rekonstruiert werden müssen. Die Fragen, was sich auf der Ebene der Interaktionsverhältnisse und Unterrichtsprozesse der Lern- und Schulkultur an Grenzverschiebungen faktisch ereignet und wie diese das Aneignungs- und Vermittlungsgeschehen, die Subjektbildung der Schülerinnen und Schüler das professionelle Handeln beeinflussen, sind der schultheoretisch informierten Forschung aufgegeben.

Bettina Fritzsche und Sabine Reh), sowie *Zum Verhältnis von Schule und Schülern* (Fritz-Ulrich Kolbe und Kerstin Rabenstein) historisch und systematisch problematisiert. Zum Abschluss dieses Teils fragen Fritz-Ulrich Kolbe und Sabine Reh in einem Fazit nach dem schultheoretischen Revisionsbedarf, der unseres Erachtens durch die Modernisierungsprozesse von Schule, wie sie uns besonders prägnant in Ganztagsschulen erscheinen, angezeigt wird.

Literatur

Adick, Christel (1992): Die Universalisierung der modernen Schule, Schöningh: Paderborn.

Benner, Dietrich/Kemper, Herwart (2001a): Die pädagogische Bewegung von der Aufklärung bis zum Neuhumanismus. Weinheim u.a.: Beltz.

Benner, Dietrich/Kemper, Herwart (2001b): Die pädagogische Bewegung von der Jahrundertwende bis zum Ende der Weimarer Republik. Weinheim u.a.: Beltz.

Combe, Arno/Helsper, Werner (1994): Was geschieht im Klassenzimmer? Perspektiven einer hermeneutischen Unterrichtsforschung. Weinheim: Deutscher Studienverlag.

Diederich, Jürgen/Tenorth, Heinz-Elmar (1997): Theorie der Schule. Ein Studienbuch zu Geschichte, Funktionen und Gestaltung. Berlin: Cornelsen Scriptor.

Fend, Helmut (1980): Theorie der Schule. München u.a.: Urban u. Schwarzenberg.

Fend, Helmut (2006): Neue Theorie der Schule. Einführung in das Verstehen von Bildungssystemen. Wiebaden: VS-Verlag.

Giesecke, Hermann (1996): Wozu ist die Schule da? Die neue Rolle von Eltern und Lehrern. Stuttgart: Klett-Cotta.

Helsper, Werner (2005): Der imaginäre soziale pädagogische Sinn der Schule – die Konstruktion des Schülerhabitus in schulischen Institutionen-Milieu-Komplexen. In: Ruppert, Matthias/Badawia, Tarek/Luckas, Helga (Hrsg.): Ethos – Sinn – Wissenschaft. Historisch-systematische Perspektiven einer philosophischen Pädagogik. Remscheid: Gardez-Verlag: 191-216.

Luhmann, Niklas (2002): Das Erziehungssystem der Gesellschaft. Frankfurt am Main: Suhrkamp.

Oelkers, Jürgen (1995): Schulreform und Schulkritik. Würzburg: Ergon-Verlag.

Parsons, Talcott (1968): Die Schulklasse als soziales System: Einige ihrer Funktionen in der amerikanischen Gesellschaft. In: Ders.: Sozialstruktur und Persönlichkeit. Frankfurt a.M.: EVA: 161-193.

Prange, Klaus: Die wirkliche Schule und das künstliche Lernen. In: Zeitschrift für Pädagogik, 41/1995: 327-333

Tenorth, Heinz-Elmar (1994): „Alle alles zu lehren". Möglichkeiten und Perspektiven allgemeiner Bildung. Darmstadt: WBG.

Tenorth, Heinz-Elmar (2001): Kann Schule leisten, was sie leisten soll? In: Melzer, Wofgang/Sandfuchs, Uwe (Hrsg.): Was Schule leistet. Funktionen und Aufgaben von Schule, Weinheim: Juventa: 255-271

Tyrell, Hartmann (1985): Gesichtspunkte zur institutionellen Trennung von Familie und Schule. In: Melzer, Wolfgang (Hrsg.): Eltern, Schüler, Lehrer. Weinheim und Basel: Juventa: 81-99

Wernet, Andreas (2003): Pädagogische Permissivität. Schulische Sozialisation und pädagogisches Handeln jenseits der Professionalisierungsfrage, Opladen: Leske+Budrich.

Verwahrloste Familien – Familiarisierte Schulen
Zum Verhältnis von Schule und Familie in den Diskursen der deutschen Schulgeschichte seit 1800

Joachim Scholz, Sabine Reh

Neue Forschungsbefunde bescheinigen der Ganztagsschule eine hohe Akzeptanz im Elternhaus. Züchner (2007) konnte nachweisen, dass die Chancen, die diese Schulform für die Betreuung von Schulkindern, aber auch zur Ermöglichung von Erwerbstätigkeit vor allem der Mütter von Kindern im Grundschulalter gegenüber der Halbtagsschule bietet, in den Familien erkannt und überwiegend gewürdigt werden. Die Eltern der Kinder, die Ganztagsschulen besuchen, beanstanden mehrheitlich keine negative Beeinflussung des Familienklimas, sondern fühlen sich – vor allem, weil kaum noch Hausaufgaben betreut werden müssen – durch die Angebote der Ganztagsschule entlastet.

Bei den in unserem Projekt analysierten symbolischen Konstruktionen des Ganztags an den Schulen offenbaren sich seitens der professionellen Akteure eher widersprüchliche Sichtweisen auf das Verhältnis von Schule und Familie. Das Zusammenspiel beider Handlungszusammenhänge ist unter den von uns interviewten Ganztagsschullehrern zwar ein sowohl vordringliches wie sensibles Thema, wird aber auch als spannungsreich beschrieben. Man konnte bemerken, dass die Einführung ganztägigen Unterrichts auf Schulseite zwar allgemein als eine Notwendigkeit gilt, hier aber auch einen spezifischen Legitimierungsdruck schafft, der zu immer ähnlichen Argumentationsmustern führt. Wollen die Akteure begründen, warum sie eine Grenzverschiebung von Schule, den Aufgabenzuwachs und die raumzeitliche Ausdehnung, die diese neue Entwicklung mit sich bringt, für wichtig halten, berufen sie sich regelmäßig auf Defizite in den außerschulischen Lebensbereichen der Schülerinnen und Schüler und konstruieren ihre Schule als eine „heilsame Gegenwelt" zu einem mit Mängeln durchsetzten Familienleben (vgl. Idel/Reh/Fritzsche/Brehler in diesem Band).

Das Unbehagen, das die schulischen Akteure dabei insbesondere gegenüber dem familiären Umfeld der Schüler artikulieren und die Problematisierung des Verhältnisses von Schule und Familie gehen in der Regel mit kompensatorischen Ansprüchen einher (vgl. etwa Fritzsche/Idel/Reh u.a.; Bechthold/Krause/

Scholz/Schütz in diesem Band). In den symbolischen Konstruktionen schulischer Akteure wird Abhilfe dann einerseits aus einer Übernahme von „Leistungen" der Familie durch die Ganztagsschule erwartet: vom Frühstücksangebot, der Schaffung von Gemütlichkeit und von emotional stabilen Beziehungen mit Erwachsenen oder zwischen unterschiedlich alten peers. Auf der anderen Seite wird eine Kompensationsmöglichkeit in der pädagogischen Einflussnahme auf die Eltern gesehen, im Versuch, deren Erziehungsverhalten zu verbessern. Kurz, wir erkennen in den Konstrukten zwei Modelle, die Abhilfe zu versprechen scheinen: nämlich Familiarisierung des schulischen (Gemeinschafts-)Lebens und Pädagogisierung der Eltern.

Diese Diagnosen haben, wie nun dieser Aufsatz zeigen soll, eine bemerkenswert stabile historische Dimension. Ausgehend von einem Modell der Binnendifferenzierung des Erziehungssystems in Familie und Schule möchten wir zeigen, dass Wahrnehmungs- und Erklärungsmuster und dass auch Defizitzuschreibungen einschließlich ihrer Begründungen keineswegs neu sind, sondern mit der Ausdifferenzierung der modernen Schule und der Entstehung der modernen Familie bzw. den ihr zugeschriebenen Stützleistungen vorhanden sind. Auch die angebotenen „Lösungsmuster" – Familiarisierung des Schulischen und Pädagogisierung der Familien bzw. der Eltern – tauchen bereits vor der Schulreformdiskussion des späten 19., frühen 20. Jahrhunderts auf und verstärken sich – auch in einem internationalen „policy trend towards encouraging closer relations between home and school" – anscheinend bis heute (Edwards: 2002: 2).

Wir werfen dafür einen Blick vor allem auf zwei Abschnitte der Schulgeschichte, nämlich den Zeitraum der Etablierung eines zentralisierten und professionalisierten höheren und niederen Schulwesens um 1800 und eine etwa einhundert Jahre später erkennbare Phase der deutschen Schulgeschichte, in der wir Versuche sehen, eine inzwischen notorisch gewordene Kritik an der öffentlichen Schule in Form der Errichtung reformierter Schulen Realität werden zu lassen. Auf dem hiermit abgesteckten diskursiven Feld kehren spezifische, mindestens ambivalente Familienvorstellungen immer wieder: Idealisierungen und Abwertungen, Ansprüche auf Stellvertretung und Ablösung der Familie durch die Schule, die bis heute fortwirken und den Entwicklungsprozess auch von Ganztagsschulen mit Widersprüchen belasten.

Unsere Perspektive hat es mit zwei Einschränkungen zu tun. Wir beleuchten das Feld nur von einer, der schulischen Seite her und verfolgen die sozialhistorische Wirklichkeit von Familie und Schule bloß am Rande hauptsächlich innerhalb des Verweisungszusammenhangs, der zwischen Programmatik und Praxis zwangsläufig besteht. Für wie bedeutsam diese beidseitige Durchdringung jedoch zu halten ist, soll zu Beginn unserer Ausführungen herausgestellt werden, wo auf den Prozess gesellschaftlicher Ausdifferenzierung und Modernisierung, in dem wir wie viele andere Autoren den Hintergrund des diskursiven Verhältnisses von Familie und Schule sehen, eingegangen wird. Die Binnendifferenzierung des Erziehungssystems in einen privaten und einen öffentlichen Bereich hat erst jene Fragen, Probleme und Lösungsansätze aufgeworfen, welche in den dann folgenden Abschnitten diskutiert werden.

1 Familie und schulische Organisation im historischen Prozess

Es ist bekannt, dass der Prozess gesellschaftlicher Ausdifferenzierung, als der sich die Entstehung der modernen Gesellschaft abbilden lässt, auch die Funktion und Struktur der Familie erfasst und grundsätzlich gewandelt hatte. Von einer zusammenhängenden Lebens- und Wirtschaftsgemeinschaft, dem „ganzen Haus", war die Familie zuerst in den wachsenden bürgerlichen Schichten, später auch im bäuerlichen Milieu zu einer Form gelangt, die sich in den privathäuslichen Bereich hinein verschoben hatte. Für die moderne Familie ist konstitutiv, dass Arbeit, Wohnen und Konsumtion anders als zuvor als getrennte Handlungs- und Zuständigkeitsbereiche nebeneinander existieren (vgl. Sieder 1987, Gestrich u.a. 2002). Mit dieser Entwicklung konnte ein Familienbild an Bedeutung gewinnen, das die genealogische Kernfamilie in erster Linie als einen intimen Rückzugsraum und Ort des emotionalen Austauschs zeigte. An die Mitglieder der Kleinfamilie als des nunmehr bestimmenden Familientypus' wurden neue Aufgaben herangetragen, die zu Postulaten sowohl für das Verhältnis zwischen den beiden Partnern der familiären Gattenbeziehung als auch zu Kennzeichen des Erziehungsraums Familie geworden sind. „Als die zentralen Funktionen der Kleinfamilie erschienen nunmehr Erziehung und Ausbildung, also die Sozialisation des Nachwuchses, ferner Bildung und andere kulturelle Aktivitäten, vor allem aber die Bereitstellung von Gefühl und ‚Liebe'" (Faulstich 2002: 26; vgl. auch Gestrich u.a. 2002, bes.: 484-504; Herrmann 2005). Entsprechend den dabei behaupteten anthropologisch geschiedenen Geschlechterqualitäten erfuhr – argumentativ unterfüttert durch die Ideologien der Aufklärungsbewegung wie auch der Romantik – insbesondere die Frauen- und Mutterrolle eine bedeutsame Veränderung. Seit dem 18. Jahrhundert und dem Einsetzen der Debatte um die Naturgemäßheit des Selbststillens hatte sich das Ideal der Mutterliebe mit seinen Attributen wie empathischer Sorge, Zärtlichkeit und Liebe und einer besonderen Zuständigkeit für die Pflege der Kinder herausgebildet (Badinter 1984; Vogel 2001).

Etwa zur selben Zeit tritt dann mit der Ausdifferenzierung eines staatlichen Pflichtschulsystems wirkmächtiger als es schon zuvor landesherrliche Verordnungen gefordert hatten auch der Bereich der öffentlichen Erziehung neben die familiäre Sorge um den Nachwuchs. Grundsätzlich steht die Herausbildung des öffentlichen Schulwesens im selben historischen Zusammenhang des Erstarkens der bürgerlichen Gesellschaft und der sie tragenden spezifischen Leistungsethik. Dem Ideal selbstverantwortlichen, herkunftsunabhängigen Statuserwerbs, durch das die bürgerliche Lebensführung sich legitimiert, entsprach die Konzeption der modernen Schule. Trotz einer grundsätzlichen Wertehomologie wurden Differenzen zwischen Familie und Schule sozialhistorisch dort besonders sichtbar, wo die Schule neben der Sozialarbeit und Sozialgesetzgebung im Sinne einer „Zivilisierung des sozialen Körpers" als Agent staatlicher Herrschaft in Erscheinung tritt und dann zu einem Widerpart familiärer Autorität werden kann (vgl. Donzelot 1980: 83-95). Zahllose Berichte der Schulaufsichtsbehörden über die Resistenz gegen die Ausweitung des Schulzugriffs, wie sie vor allem aus der Reformperiode am Beginn des 19. Jahrhunderts überliefert sind, bezeugen, wie den Vertretern der schulischen Institution gegenüber Familien, die ihre Kinder für Feldarbeit und Hütedienste benötigten und Schulgeldzahlungen ablehnten, die Hände gebunden waren. Die Schule ließ sich auf dem Lande nur gegen erhebliche Widerstände etablieren. Auch, aber nicht nur deshalb ist in der Sozialgeschichtsschreibung des Volksschulwesens Preußen-Deutschlands die Disziplinierung der vormodernen Lebenswelt als gleichgeordneter Aspekt den Modernisierungsprozessen beigeordnet worden (vgl. Kuhlemann 1992).

Doch auch, wenn man nicht vorrangig ihre sozialdisziplinierende Funktion fokussiert, kann die Schule als eine selbstständige, organisatorisch vom familiären Lebensbereich getrennte und mit eigenen Handlungsorientierungen versehene Sphäre betrachtet werden. Was macht hierbei die Differenz zwischen den Erziehungsräumen Schule und Familie aus?

Schon für Hegel war die Trennung von Familie und Schule zum Gegenstand des Nachdenkens geworden. So betonte er in seiner Gymnasialrede von 1811 die „besondere Gestalt" und „eigentümliche Sphäre" der Schule gerade im Kontrast zur Familie (Hegel 1995 [1811]). Dem persönlichen und bedingungslosen Verhältnis um des einzelnen Kindes willen, wie man es in der Familie finden kann, stehe ein sachgebundenes, von Leistungserbringung abhängiges Verdienstverhältnis in der Schule entgegen, „wo die Empfindung und die besondere Person" keine Geltung besäßen (ebd.: 48). Unschwer lässt sich bereits bei Hegel eine Vorwegnahme Parsons'scher Thesen aus dessen berühmtem „Schulklassenaufsatz" erkennen, in dem dem affektiv neutralen Leistungsuniversalismus der modernen Schule das diffus-partikularistische, affektiv gefärbte Beziehungs- und Handlungsmuster der Familie gegenübergestellt ist und die Schule als *die* Sozialisationsinstanz für die Vermittlung der in der berufsrollenförmig organisierten modernen Arbeitswelt geltenden Bereitschaften und Fähigkeiten angesehen wird (vgl. Parsons 1968 [1959]). Ob Schule dabei als Übergang und lebenszeitliche Passage zwischen Familie und Berufsleben oder als Ort der puritanisch gesteigerten Geltung der Normen und Rollenerwartungen, die der modernen Gesellschaft ihr Gepräge geben (vgl. Wernet 2003: 95) gesehen wird: sie ist in der Regel der biografische erste Ort, an dem das Kind systematisch Erfahrungen mit den Gesetzen dieser „wirklichen Welt" macht (Hegel 1995 [1811]: 50).

Strukturell lässt sich das Heraustreten der Schule aus dem Leben (Diederich/ Tenorth 1997: 15 ff.) und ihre institutionelle Trennung von der Familie an vielen einzelnen Punkten ablesen. Tyrell (1985) zählt dazu die räumliche und zeitliche Geschiedenheit der Schule vom Elternhaus, die unterschiedlichen Systemreferenzen, die sich als Sinndifferenz zwischen den jeweils in Frage stehenden Gegenständen zeigen, das verschiedene Gefüge der Rollenkonstellationen hier wie dort oder auch nur die anders geartete soziale Umgebung der Schule mit Lehrkräften und Peers, aber ohne die Anwesenheit der Eltern. Schule bedeutet zumindest den temporären Verzicht der Eltern auf die Verantwortung für das Kind sowie die Bestimmung der erzieherischen Interaktion durch professionelles Personal mit allen Folgen, die das nach sich zieht. Tyrell weist in Anlehnung an systemtheoretische Argumente an dieser Stelle auf das strukturell bestehende Kommunikationsdefizit hin – Familie und Schule sind füreinander Umwelt, systemisch geschieden, folglich intransparent und gegenseitig auch nicht steuerbar (ebd.: 89 ff.). Wechselbeziehungen zwischen beiden Systemen treten immerhin auf, grundlegend sind sie etwa insofern, als die Familie die motivationale Basis zum Schulbesuch des Kindes legt und erhält, die Schule also auf Unterstützungsleistungen der Familie im Sinne einer „Dauerbezuschussung" (Tyrell 1987: 113) angewiesen ist.[1] Unter bestimmten Bedingungen ließe sich sogar, so Kramer/Helsper, die These von „Harmonie durch Differenz" vertreten. Dort, wo die bürgerliche Kernfamilie idealtypische Form annimmt, können Familie und

---

[1] Gegenwärtig wird in der empirischen Forschung erneut nachgewiesen bzw. darauf hingewiesen, dass der unterschiedliche „elterliche Umgang mit Lern- und Leistungsfragen" Auswirkungen auf die schulische Leistungsfähigkeit der Schüler und Schülerinnen habe (vgl. Wild 2001: 455/456).

Schule einander stützen, zuarbeiten und jeweils in dem entlasten, was der Genpart nicht leisten kann (Kramer/Helsper 2000: 208). Kramer/Helsper argumentieren, dass ein solches Verhältnis aktuell allerdings durch Spannungen belastet sei, die „aus der gesteigerten Ansprüchlichkeit und Riskanz von Bildungsverläufen" (z.B. durch die Bildungsinflation), aber auch aus dem Wandel der modernen Familie und ihrer Lebensformen (vgl. dazu Lüsche/Schultheis/Wehrspaun 1988, Peukert 2005) resultieren und die Tragfähigkeit des Stützsystems in Frage gestellt werden muss.[2] Soziologische Diagnosen zur gegenwärtigen Lage der Familie (vgl. die Darstellung bei Lange/Lettke 2007) schwanken zwischen dem Topos eines „Schrumpfens von Familie", etwa durch eine Abnahme ihrer Bedeutung, eines Sinkens der Bevölkerungszahlen und der Diversifizierung ihrer Formen und einer „Erweiterung", etwa in Richtung sozialer Netzwerke oder auch einer zeitlichen Ausdehnung, weil Kinder länger im Hause bleiben. Diese „Erweiterung" allerdings gehe einher mit „Entgrenzungen", mit einem Verwischen der Grenzen zwischen einem ehemals privaten Bereich der bürgerlichen Familie und einem öffentlichen, zwischen Arbeit, Freizeit und Familienzeit (vgl. Lange/Lettke 2007:29-31).

Bei der institutionellen Absicherung der Schule durch die jungen Schulverwaltungen im 19. Jahrhundert spielte der Nachvollzug der Funktionen und Aufgaben der Schule gegenüber der Familie zunächst in organisatorischer Absicht dort eine Rolle, wo mit der Konzeption des öffentlichen Schulwesens eine Verhältnisbestimmung zwischen Familie und Schule formuliert werden musste. In Ludwig Natorps „Grundriß zur Organisation der Elementarschulen" von 1812, der von dem preußischen Schulmann zur Vorbereitung des preußischen Unterrichtsgesetzentwurfs von 1819 angefertigt wurde, wird bei grundsätzlicher Betonung der gemeinsamen Interessen mit den Elternhäusern deutlich die Absicherung des staatlichen Schulwesens vor unberechtigten Einsprüchen aus den familiären Lebenszusammenhängen der Kinder gefordert: „Da der Staat die erforderlichen Anstalten trifft, diesen Schulen [den öffentlichen Volksschulen, J.S.] eine den Bedürfnissen u[nd] Wünschen der einsichtsvollern Eltern entsprechende Verfassung zu geben: so kann den Eltern kein directes Sich-Einmischen in die Angelegenheiten der Schulerziehung verstattet werden. Vielmehr müssen es sich die Eltern gefallen lassen, ihre Kinder, sobald sie der Schule übergeben

---

[2] So geben empirische Forschungen immer wieder Hinweise auf deutliche Schwierigkeiten in der Zusammenarbeit zwischen Elternhaus und Schule, die öffentlich und prinzipiell zwar seitens der Lehrkräfte propagiert, deren Ausweitung gleichzeitig aber widersprochen wird (vgl. Wild 2001: 456).

sind, auch der in derselben eingeführten Ordnung unbedingt zu unterwerfen" (Natorp 1812, zit. nach Thiele 1912: 161). Komplementär zur klaren Abgrenzung des schulischen Anspruches sahen die Schul- und Unterrichtsentwürfe der preußischen Schulverwaltung indes auch Mitbestimmungsrechte der hausväterlich strukturierten Gemeinden an der Schule vor. Nicht nur, dass letztlich die Familien für die Unterhaltung der Schulen die Hauptlast zu tragen hatten, begründete ein Mitspracherecht der Familie in Schulangelegenheiten, es lag auch im Horizont neuhumanistischen Denkens, die einzelnen Glieder der Nation in die institutionelle Ordnung des Staates einzubeziehen. Bei der Installation des erneuerten Schulwesens als einer „Institution des Staates", wie es schon im Preußischen Landrecht von 1794 geheißen hatte, spielte nach 1806 die Flankierung durch Selbstverwaltungsgremien auf lokaler Ebene – Schuldeputationen in den Städten und Schulvorstände auf dem Lande – zur Sicherung von Transparenz und zur Wahrung von Gemeinde- und Elternrechten folglich eine wichtige Rolle (vgl. Menze 1975: 133-135).

2 Familienvorstellungen in schulischen Diskursen seit dem Ausgang des 18. Jahrhunderts

Die in den organisatorischen Entwürfen vorausgesetzte Möglichkeit, dass das Verhältnis von Schule und Familie so gestaltbar sei, dass bei institutioneller Geschiedenheit beide für gleich legitim gelten können, wird in der Reflektion der Erziehungsphilosophen und Professionellen nicht immer geteilt. In der diskursiven Bearbeitung durch die Pädagogik hat die Differenz von Familie und Schule in den letzten 200 Jahren im deutschsprachigen Raum spezifische Ambivalenzen hervortreten lassen und für typische Erwartungen und Enttäuschungen gesorgt.

Um Kritik an der Schule zugunsten des familiären Prinzips zu finden, muss nicht lange gesucht werden. Selbst bei einem Klassiker der Schulmännerpädagogik des 18. und 19. Jahrhunderts wie Johann Heinrich Pestalozzi sind entsprechende Passagen nicht nur den unbefriedigenden Schulzuständen des schweizerischen Schulwesens seiner Zeit geschuldet, sondern galten ganz offensichtlich der öffentlichen Schule als solcher. Diese unterliegt bei ihm tendenziell dem Verdacht, jenem Zivilisationsverderben unterworfen zu sein, das mit der beginnenden Industrialisierung – Pestalozzis Erfahrungshintergrund ist die protoindustrielle Heimarbeit – eingesetzt habe und das Kind von der natürlichen Sittlichkeit seines häuslichen Umfeldes entfremde. Anders als in der Familie, wo das Kind noch realitätsnahe Erfahrungen sammeln könne, würden in der Schule lediglich Zivilisationskenntnisse und -fertigkeiten vermittelt, denen Pestalozzi, an der Zivilisationskritik Rousseaus orientiert, eine sittliche Qualität abspricht (vgl. Hinz 1991: 26 ff.).[3] „Schulen und Erziehungsanstalten sind vielseitig abgeschnitten von aller Lebendigkeit des instinktartigen Einflusses häuslicher Umgebungen auf Erweckung einer wohlwollenden Gemüthsstimmung und thätiger Theilnahme an allem Bildenden. Man darf sich nicht verhehlen, daß der Mangel dieses Einflusses eine höchst bedeutende Lücke ins Schul- und Erziehungswesen hineinwirft, die in beiden schwer auszufüllen ist" (PSW, Bd. 27: 13). Lehrer und Erzieher sollten, könnten aber auch bloß, dem Wirken der Schule gegen die „Reinheit der Naturstellung für Erziehung und häusliches Leben" durch Nachahmung „reinen, väterlichen Sinns" begegnen (ebd.). Diese Kontrastierung von Schule und Familie kulminierte in Pestalozzis viel zitiertem „Wohnstubenmodell", in dem familiäre Erziehungsformen zum Muster für jede gelingende Form von Bildung und Erziehung erhoben werden (vgl. Hinz 1991: 81-84).

Pestalozzi ist für die Illustration der pädagogischen Problematisierung von Schule und Familie auch deshalb interessant, weil er sich unter dem Eindruck der Protoindustrie und eigener Erfahrungen mit Eltern ihm anvertrauter Kinder von der pauschalen Idealisierung der Familie bereits abwendet, der Schule unter Umständen eine kompensatorische Erziehung zum häuslichen Bereich zuerkennt und damit eine sich künftig fortschreibende Ambivalenz im Verhältnis von Familie und Schule eindrücklich formuliert hat. Im dritten Teil seines Erziehungsromans „Lienhard und Gertrud" schreibt er von „verderbten Eltern" aus Familien der Baumwollspinner, von denen man nicht erwarten könne, dass sie „ihre Kinder zu so einem ordentlichen und bedächtigen Leben anhalten und auferziehen werden" und folglich nichts anderes bliebe, als dass man ihren Kindern „in der Schul Einrichtungen mache, die ihnen das ersezen, was sie von ihren Elteren nicht bekommen" (PSW Bd. 3: 15). Die Abwertung realer Elternhäuser musste indessen kein Abrücken vom Ideal der familiären Erziehung bedeuten. Pestalozzis Biografie lässt sich zum Beleg dafür heranziehen, dass auch professionelle (Schul-)Pädagogen zumindest sprachlich die Vaterrolle für sich reklamierten.

---

[3] Dass sich aus Rousseaus Betrachtungen über Familie, Schule, Gesellschaft und Staat keine konsistente Einschätzung des Verhältnisses von Familie und Schule herauslesen lässt (vgl. Roth 1999), hinderte die zahlreichen Rezipienten seiner Schriften nicht, sich zur argumentativen Untermauerung vorwiegend solcher Positionen, die in der Familie den „natürlichen" und folglich optimalen Erziehungsraum erkennen, auf ihn zu berufen.

Auf eine vergleichbare Ausformung pädagogischer Vorstellungen haben Tyrell/Vanderstraeten mit Blick auf die Debatte in England im 18. Jahrhundert verwiesen (Tyrell/ Vanderstraeten 2007: 161-163). Sie vertreten die These, dass im Spiegel des damaligen pädagogischen Diskurses „Schulen im Grunde ein Symptom des Versagens der Familie waren" und „ihre Existenzbedingung (...) nur der Tatsache [verdankten], dass bestimmte Eltern ihren pädagogischen Aufgaben nicht gewachsen waren und/oder bestimmte Kinder sich als besonders widerspenstig und ungehorsam erwiesen" (ebd.: 162). Obwohl diese Begründung weder den sozialhistorischen Entstehungszusammenhängen systematischen Unterrichtens noch den tatsächlichen Aufgaben, die daraus resultierend der Schule zufielen, gerecht wird, verbindet eine Argumentation, die die Notwendigkeit von Schule aus den Defiziten der Eltern herleitet, schulskeptische Positionen im Diskurs der Pädagogen mit solchen, die der öffentlichen Erziehung weit aufgeschlossener gegenüberstanden.

Am Ende des 18. Jahrhunderts existierte neben radikaler Schulkritik und dem angedeuteten „Stellvertretermodell" bereits eine weitere emphatische Figur, mittels der sich Pädagogen zur Familie ins Verhältnis setzten. Im Kontext der Volksaufklärung stößt man auf das Argument, in der Schule das Heilmittel gegen Rohheit und Unbildung des häuslichen Lebens und ein Instrument der sittlichen Bildung und Erziehung zu erkennen. In Berichten über die pädagogische Musteranstalt des märkischen Schulreformers Friedrich Eberhard von Rochow in Reckahn bei Brandenburg an der Havel etwa mangelt es nicht an Hinweisen darauf, dass Sittlichkeit nachhaltig erst durch die Schule in das ländliche Leben gelangt sei. Ein Schulinspektor aus dem Oderbruch, der 1812 „das Volk von Reckahn" aufsuchte, vermerkte in seinem Reisetagebuch: „Alle waren mit diesen Anstalten [den Rochowschen Schulen, J.S.] sehr zufrieden, und freuten sich des genossenen bessern Unterrichts ... Die Bauernwirthschaft, welche ich gesehen habe, haben mir gefallen; es herrschte in den Häusern, auf den Höfen und in den Ställen Ordnung und Reinlichkeit" (Neumann 1812).

Die Einschätzung der sittlichen Qualität des familiären und schulischen Bildungsraumes variierte schon damals mit den Standpunkten und Meinungen gegenüber den erkennbar werdenden gesellschaftlichen Modernisierungstendenzen, mit der Haltung zu Fortschritt und Tradition. Eine Tendenz zur Rückbesinnung auf die „natürlichen" Lebensordnungen, die sich schon im 18. Jahrhundert im Sturm und Drang findet, im 19. Jahrhundert dann unter romantischen Vorzeichen erst recht ausprägt, geht auch mit naturalistischen Interpretationen der Familie einher. Sie ist es dann auch zumeist, die den Wunsch nach Angleichung der schulischen Verhältnisse an familiäre Formen nährt und ihn in die Entwürfe

zur Gestaltung des öffentlichen Schulwesens einbringt. Argumentationen und
Maßnahmen gegen die Übermacht des zentralstaatlichen Einflusses und für eine
Stärkung lokaler Instanzen lassen sich, wie oben angedeutet, in der Bildungsgeschichte früh ausmachen; sie wurden sowohl als Plädoyers für die größere Be-
rücksichtigung von Lehrerrechten als auch für die der Gemeinde und Eltern
geführt (vgl. Kloss 1981 [1949]: 35-46). In den Äußerungen der zahlreichen
Befürworter von mehr Elternrechten nimmt die Idee von der Familiarisierung
der Schule Kontur an.

Von Friedrich Wilhelm Dörpfeld und seinem Entwurf einer „Freien Schulgemeinde" aus der Mitte des Jahrhunderts über die notorisch werdende Schulkritik an seinem Ende und noch weit darüber hinaus beeinflusst dann ein Familienideal den pädagogischen Diskurs um die Gestaltung der deutschen Schule,
das die Familie als den Nährboden für das sittliche und gesellschaftliche Leben
darstellt und ihr als natürlicher Erziehungsinstitution Vorbildfunktion überträgt
(vgl. Reh 2008, im Druck). So will Dörpfeld die Schule als „Hülfsanstalt des
Hauses" verstanden und den „Charakterzug der Familienhaftigkeit … in der
Einrichtung und im Leben der einzelnen Schulanstalten deutlich ausgeprägt und
durch die Verfassung und die Leitung des gesamten Schulwesens anerkannt und
geschützt" (Dörpfeld 1863: 30) wissen. Mit ähnlichen Argumentationen sind,
wenn auch meist unsystematisiert, die Werke etlicher pädagogischer Schriftstel-
ler des 19. Jahrhunderts unterfüttert.[4] Vielen wohnt eine gegenüber der Staats-
schule kritische „antigesellschaftliche" Tendenz inne, die sich „nicht nur von
den Entwürfen einer besseren, humaneren Gesellschaft, sondern aus einer Natu-
ralisierung der Familienverhältnisse als der pädagogischen Urverhältnisse her-
leiten lässt" (Roth 1999: 303).

Im internationalen Vergleich zeigt sich nicht nur der Einfluss, den unterschiedliche Typen von Wohlfahrtsregimen auf das Verhältnis von Staat, Familie
und Politik bzw. auf den Diskurs darüber haben und umgekehrt (vgl. Edwards
200: 7), sondern es zeigt sich hier vor allem die Bedeutung, die solchen naturali-
sierenden Familienvorstellungen gerade im deutschsprachigen Raum zukommt.
Anders als in westeuropäischen Ländern oder gar in Übersee hatte sich eine
tiefgreifende Skepsis gegenüber der Schulerziehung dort schon früh und fest
etabliert. Vertreter öffentlicher Erziehungskonzepte, wie Friedrich Fröbel mit
seiner auf Selbstaktivität und demokratischer Vergesellschaftung abzielenden
Pädagogik, konnten sich in Deutschland nur schwer durchsetzen und sind im 19.

---

[4] Zahlreiche Beispiele bei Kloss 1981 [1949]: 35-41.

Jahrhundert im Heimatland weniger diskursmächtig. Im Unterschied etwa zu den USA, wo Fröbel zum „Helden" der Bildungsgeschichtsschreibung und Vorbild einer Sozialisationsrichtung werden konnte, die sich zur Öffentlichkeit bekannte und sich als „making citizens" verstand, hatten in der deutschen Tradition lange familiär-partikularistische Erziehungsvorstellungen, die in öffentlichen Erziehungsinstitutionen eine potenzielle Bedrohung und Schwächung der familiären Gemeinschaft sahen, den Vorrang (vgl. Baader 2004). In Deutschland dominierte seit der Lutherzeit die Vorstellung, dass gute und pflichtbewusste Menschen nur auf dem Boden der familiären Ordnung gedeihen könnten, während die amerikanische Gesellschaft auf Modernisierung und permanente Integration fremdsprachiger Bevölkerungsgruppen angewiesen war (vgl. ebd.: 438).[5] Differenzen in den politischen Kulturen hatten Auswirkungen nicht nur auf die Installation verschiedener Klassiker der Pädagogik – Fröbel in den USA, Pestalozzi hierzulande –, sondern finden im pädagogischen Diskurs auch Ausdruck im Selbstverständnis des Erziehungssystems und seiner Einbindung in die öffentliche und private Ordnung der Gesellschaft.[6]

3 Familie als Vor- und Gegenbild bei der Konstruktion schulischer Aufgaben im Kontext von Reformpädagogik und gesellschaftlichem Umbruch

Als gegen Ende des 19. Jahrhunderts die Kulturkritik in sozialkritischer Zuspitzung die Differenz von „Gemeinschaft und Gesellschaft" (Tönnies 1887) erfolgreich auch gegen die Künstlichkeit schulischer Erziehungsverhältnisse ins Feld führte, konnte man bereits auf eine längere Tradition wertender Unterscheidung zurückgreifen. Der Fortbestand einer skeptischen Einstellung gegenüber dem rein Schulischen wurde durch die tiefgreifenden sozioökonomischen Veränderungen, die Deutschland verspätet, aber mit unverminderter Wucht ab etwa 1850 erreichten, gesichert. Das Ideal der familiären Welt und ihrer pädagogi-

---

[5] Vgl. ebd.: 438; vgl. auch Roths Hinweis auf Luthers frühe „Differenzierung von familiärer Intimwelt und Staat als gegeneinander abgehobene Teilsysteme mit unterschiedlichen Beziehungsformen und Legitimationen" (Roth 1999: 292).
[6] So fehlten in der deutschen pädagogischen Tradition bis ins 20. Jahrhundert hinein eine Auseinandersetzung mit internationalen Zusammenhängen und Bezügen sowie eine positive innergesellschaftliche Einbindung des Erziehungssystems. Stattdessen setzte etwa die geisteswissenschaftliche Pädagogik Hermann Nohls auf die „Autonomie der Pädagogik" von anderen sozialen Instanzen (vgl. Baader 2004).

schen Vorzüge erschien damals nicht nur den Vertretern der einsetzenden reformpädagogischen Bewegung als Fluchtpunkt vor dem „Hetzen und Jagen" des
modernen Lebens und der Entfremdung durch die Schule.

Doch auch in der wissenschaftlichen Fachdebatte um Familie und Schule
diente eine grundsätzlich positive Einschätzung der Familie als maßgebender
Bezugsrahmen für die Bestimmung eines optimalen Erziehungsrahmens. Die
Analyse pädagogischer Handbuchartikel des ersten Viertels des 20. Jahrhunderts
unter dem Gesichtspunkt der disziplinären Konstruktion des Verhältnisses von
Familie und Schule ergibt beispielsweise, dass die Autoren zu Beginn des letzten Jahrhunderts Naturgemäßheit und Ganzheit, „Ummittelbarkeit und Lebens-
frische" (Tews 1904: 731) als Inbegriffe guter Pädagogik unverändert auf Seiten
der Familie verortet haben (Reh 2008, im Druck).[7]

Daneben aber ist auch in diesem Zeitraum ein gegenläufiger Aspekt auszumachen, der dort ins Gewicht fiel, wo die Realität des Familienlebens dem
gezeichneten Ideal nicht entsprach. Die krisenhafte Wahrnehmung von Industrialisierung und Urbanisierung machte auch vor der Einschätzung der Familie
nicht halt, wobei Degenerationsindizien vor allem im aufkeimenden Proletariat
unschwer auszumachen waren. Wo der Vater oder gar erst die Mutter tagsüber
durch Lohnarbeit absorbiert sei und zusätzlich noch wirtschaftliche Not herr-
sche, büße die Familie ihren inneren Halt ein. Selbst ein Zeitgenosse wie Johannes Tews, der im Diskurs um die „Großstadtpädagogik" (Tews 1911) nicht zu
den Urbanitätskritikern zählte und im Unterschied zu den meisten Reformpäda-
gogen die Anregungen und Vorzüge der Großstadt als Erziehungsraum ausdrücklich würdigte, gehörte in der Auseinandersetzung um den Zustand der
Familienerziehung zu den Skeptikern und konstatierte in Wilhelm Reins Enzy-
klopädischem Handbuch der Pädagogik: „Leider kann die Familie ihre pädagogischen Funktionen vielfach nur noch in mangelhafter Weise ausüben" (Tews
1904: 731).

Zur Lockerung des „pädagogischen Bezuges" der Familie trügen aber auch
Verzärtelung und Mangel an Autorität bei, Erscheinungen, die als Folgen einer
Individualisierung den Verlust der spezifisch pädagogischen Qualität der Fami-
lien nach sich gezogen hätten und bereits in der Mitte des 19. Jahrhunders dem

---

[7] Reh bezieht sich auf Artikel zu Familie, Familienerziehung und zum Verhältnis von Familie und
Schule, die zwischen 1904 und 1910 in dem von Wilhelm Rein herausgegebenen „Enzyklopädi-
schem Handbuch der Pädagogik" erschienen sind, sowie auf Artikel zum selben Themenkreis in
dem von Hermann Nohl und Ludwig Pallat herausgegebenen „Handbuch der Pädagogik", das in
mehreren Bänden am Ende der 1920er Jahre erschien.

„gewöhnlichen Familienleben, besonders dem unserer gebildeten Stände" (Raumer 1988 [1853]: 5) unterstellt wurden.[8] An der Stelle, wo festgestellt wurde, dass der Zustand der Familie sich mit dem gezeigten Ideal nicht (mehr) in Übereinstimmung befand, drohte das Bild von der Familie ins Negative umzuschlagen.

Was bedeutet dies nun aber für die Konstruktion schulischer Aufgaben? Zunächst überwiegt im professionellen Diskurs trotz grundsätzlich pessimistischer Zustandsbeschreibungen Einigkeit im Ziel der Harmonisierung von Elternhaus und Schule zu Gunsten des zu erziehenden Kindes. Die Annahmen über das Zusammenspiel von Schule und Familie in ihrer jeweiligen erzieherischen Funktion, die Zulässigkeit gegenseitiger Einflussnahmen und die Gewichtungen des professionellen Zugriffs auf die Kindererziehung variieren jedoch beträchtlich. In den lexikalischen Artikeln nicht weniger als in der schulprogrammatischen Diskussionen des frühen 20. Jahrhunderts reichen die Vorschläge von einer solidarischen Angleichung von Eltern und Lehrpersonen bis zur Ablehnung des Elternhauses als noch relevanter Erziehungsinstitution. Die Fremdheit und Kühle, die der Beziehung zwischen beiden – Elternhaus und Schule – generell unterstellt wird, wird von einigen Autoren ursächlich mit den verschiedenen Legitimationsprinzipien und Selektionsmaßstäben in Verbindung gebracht und dabei das schulische Leistungsprinzip insbesondere herausgestellt (vgl. Deiters 1928: 19). Vor dem Hintergrund dieser Einschätzungen ließen sich unterschiedliche Konsequenzen formulieren. So wird die Schule einerseits häufig als reformbedürftige Institution betrachtet, die sich an den Merkmalen familiärer Erziehung zu orientieren habe. Diese Ausrichtung wirbt dafür, dass Lehrpersonen sich in Richtung einer Familiarisierung an Väterlichkeits- und Mütterlichkeitsideale anpassen sollten (z.B. Offenberg 1929: 38). Eine zweite typische Auffassung legt der Schule im Zusammenwirken mit dem Elternhaus bei Wahrung ihrer Eigenarten die Funktion einer Familienergänzung nahe, die so weit gehen kann, dass auch die Möglichkeit eines Familienersatzes darin inbegriffen ist. Schule wird schließlich drittens ausdrücklich auch als eine Erziehungsinstitution für die Eltern entworfen und erhält dabei die Aufgabe, „orientierend und korrigierend auf die häusliche Entwicklung" einzuwirken (Wigge 1906: 70).

Die typischen Ausprägungen des pädagogischen Fachgespräches hatten im experimentierfreudigen Klima der ersten Hälfte des letzten Jahrhunderts durch-

---

[8] Diese Figur der Abwertung realer Familien vor ständischem Hintergrund beruft sich bis zum Ende des 19. Jahrhunderts auf das durch Pesatlozzi geprägte, kanonisierte Familien- und Mutterbild (vgl. Korte 2007: 82 f.).

aus ihre schulprogrammatischen Entsprechungen. Reformpädagogische Schul-
versuche steuerten regelmäßig in Richtung einer Familiarisierung der Schule
oder zeigten alternative Vergemeinschaftungstendenzen wie etwa bei Gustav
Wyneken zu erkennen ist, der seinen Vorstellungen von „Jugendkultur" folgend
bestrebt war, mit seinem pädagogischen Modellprojekt, der „Freien Schulgemeinde Wickersdorf", eine selbstbestimmte Gemeinschaft zu etablieren, in der
die familiäre „Gemütlichkeit" einer jugendbewegten „Kameradschaft" gewichen
sein sollte. In seiner Schrift über den „Gedankenkreis der freien Schulgemeinde" (1919) fragt Wyneken polemisch: „Ließe sich nicht mindestens mit dem
gleichen Recht, wie der Satz von den Eltern als den geeigneten Erziehern, der
gegenteilige verfechten, nämlich dass es für niemanden schwieriger sei, Kinder
vernünftig und objektiv zu erziehen, als für die eigenen Eltern, und dass gerade
sie also prinzipiell nicht erziehen dürften?" (ebd.: 12). Wyneken markiert in der
diskursiven Auseinandersetzung zwischen Familie und Schule freilich einen
Grenzbereich, der jedoch anzeigt, wie diffuse Ansprüche der Schule auch in
einen Kampf um das „ganze Kind" münden konnten (vgl. Timm 2007: 84-98).

In anderen reformpädagogischen Schulkonzeptionen erscheinen Familie
und Schule eher als ungleich starke Verbündete im Streben nach Rückgewin-
nung der durch Modernisierung und Rationalisierung verloren gegangenen
Ganzheit des Lebens. Dann übernimmt Schule die Funktionen der Familie,
ergänzt deren erschöpfte Kraft durch ihren professionellen und organisatorischen Ressourcenvorsprung und integriert das Kind in eine, nicht zuletzt durch
sie, die Schule, geschaffene „bessere" Gesellschaft.[9] Derart reformpädagogisch
und sozialpolitisch motiviert tritt etwa Paul Oestreich mit dem Anspruch auf,
die auf ein defizitäres Umfeld zurückzuführenden Leiden kindlichen Aufwachsens statt durch einzelne Fürsorgeeinrichtungen präventiv durch eine „elastische
Einheitsschule" auszugleichen. „Wieviel Wohltätigkeit in 1000 Organisatiön-
chen wäre überflüssig," schreibt Oestreich, „wenn die Schule zusammenfaßte,
wenn Unterricht, Ernährung, Luft, Licht und Frohsinn nicht mehr getrennte
Bezirke wären, wenn man endlich die Heuchelei abtäte, als wäre – abgesehen
von einem geringen Prozentsatz, der aber allerdings den größten Teil unserer

---

[9] Hier spielt eine Rolle, dass viele der gegen die Zivilisationsübel der Zeit anlaufenden Schul- und
Sozialreformer gleichermaßen gern beim gesellschaftlich noch unverdorbenen Kind ansetzen (vgl.
Harten 1991). Dieser Aspekt soll hier allerdings ebensowenig weiter verfolgt werden wie die Folgen
der Einsicht, dass es sich bei der Schule anders als manche politisch engagierte Pädagogen dachten
und wünschten, nicht um eine politische Organisation, sondern eine Institution der funktional differenzierten Gesellschaft handelte, in der Eltern und Lehrer als Professionelle und Laien, bestenfalls
Klienten zusammen treffen.

öffentlichen Meinung beherrscht, – die Familie in den engen Stuben der Miets-
kasernen, auseinandergerissen in der Tagesfron, vereinigt in abendlicher Mü-
digkeit und Nervenabgespanntheit und in der krankhaften Erholungsgier der
Sonn- und Festtage, wirklich die wahrhaft erziehende und bergende Lebensge-
meinschaft, als die sie in Festreden und besonders im sentimentalen Klagetone
gerade sehr unvollkommener Eltern immer wieder aufspielt" (Oestreich 1921:
37, Hervorhebung im Original).

Die reformpädagogische Katastrophenrhetorik gegenüber der Familie, die
man ähnlich auch bei anderen Vertretern, wie z.b. bei Hermann Lietz lesen
kann (vgl. Lietz 1997 [1897]: 7-10), ist bei aller Abwertung im Kern nicht gegen die Familie gerichtet, da ihre Autoren die Ursache des Problems, vor dessen
Lösung sie die Schule gestellt sahen, außerhalb der Familie in der Gesellschaft
erblickten und die Familie eher als die um ihr Ideal gebrachte Leidtragende
derselben Zivilisationsgebrechen ansahen, denen auch die erneuerte Schule
begegnen sollte. Reformpädagogische Praxisversuche zeigten sich daher mitun-
ter offen für neue Formen der Kooperation mit den Familien. Die Praxis der
Gemeinschaftsschulen beispielsweise ist reich an Versuchen, Gelegenheiten des
Austauschs herbeizuführen und etwa in Elternsprechstunden, Elternbeiräten
oder bei Elternbesuchen (als Besuche und Gegenbesuche in Unterricht und
Haus) Aushandlungsbereitschaft und die Zulässigkeit gegenseitiger Einflussnahme zu demonstrieren (vgl. Rude 1927: 101-107). Die Logik der Besetzung
familiären Terrains und der Familiarisierung von Schule durchdringt freilich
auch solche Vergemeinschaftungsabsichten; gerade sie lassen sich umstandslos
als Grenzverschiebung von Schule interpretieren, bei der die Eltern von der
reformierten Schule mit erfasst und potentiell zu Objekten einer Pädagogisierung werden.

4 Familiarisierung und Naturalisierung als Belastungsfaktoren der Ganz-
tagsschule

Die moderne Ganztagsschule hat mindestens in Deutschland eine reformpädagogische Geschichte (vgl. Ludwig 1993; Kolbe/Reh 2008). Verfechter ganztagsschulischer Konzepte ließen sich vor und nach 1945 von der reformpädagogischen Bewegung inspirieren und auch die dann thematische Auseinandersetzung mit der Familie unterscheidet sich zunächst nicht von den in diesem Band
analysierten symbolischen Konstruktionen und den hier sichtbar gewordenen
Mustern und Regelmäßigkeiten. Die reformpädagogischen Protagonisten der

Ganztagsschule positionierten sich gegenüber der Familie über eine Argumentationsfigur, die schon um 1800 unter den Erziehungsphilosophen und Schulmännern geläufig war, indem sie durch das Doppelbild der zugleich idealisierten und verwahrlosten Familienwelt die von ihnen jeweils angestrebte schulische Programmatik stützten oder kontrastierten. Dazu, dass „Familie" im Diskurs um die Ganztagsschule eine derart hochrelevante und sinnbeladene Metapher geworden war, hatte die Pädagogik mithin selbst beigetragen. Ein Blick in die Praktiken der in den Ganztagsschulen initiierten Zusammenarbeit mit den Eltern könnte zeigen, ob die Versuche der Einflussnahme auf die Familie sich so massiv zeigen, dass sie dann allerdings im Rahmen der Vorstellungen einer „verantworteten Elternschaft" (vgl Lange/Lettke 2007: 17) auch eine qualitative Veränderung des Verhältnisses zwischen Schule und Familie anbahnen könnten – so etwa für England von Vincent und Tomlinson herausgestellt (vgl. Vincent/Tomlinson 1997) und von Edwards charakterisiert: „The ‚soft' language of partnership is becoming a more hard-edged attempt to direct a regulate family and home life both parents and children" (Edwars 2001: 4).

Vor dem Hintergrund einer historischen Betrachtung des Verhältnisses von Schule und Familie in Deutschland sind wohl nicht erst die Versuche totalitärer Vereinnahmung der Familie, wie sie zur Zeit des Nationalsozialismus und auch im DDR-Erziehungswesen betrieben worden sind, Ursache für das prekäre Verhältnis zwischen Schule und Familie. Zwar haben die politischen Entwicklungen des 20. Jahrhunderts Befürchtungen vor staatlichen Eingriffen in den Binnenraum der Familie neu geweckt, so dass in Westdeutschland die – durchaus vorhandene – Parteinahme für die Ganztagsschule schon aufgrund des durchsichtigen staatlichen Ganztagsschulsystems der DDR problematischer schien als in den übrigen westeuropäischen Ländern und der Schutz der Familie ein wirkungsvolles Argument gegen die ganztägige Schulform war (vgl. Gottschall/Hagemann 2002). Dennoch sollte durch den Blick in die Schulgeschichte deutlich geworden sein, dass der Schulreformdiskurs in Deutschland schon sehr viel länger durch eine erschwerende zweifache Bezugnahme auf die Familie bestimmt war, die einerseits eine Ausweitung der Schule immer wieder angeraten sein ließ – insofern nämlich der defizitären Realfamilie die Kompetenz für notwendige Erziehungsleistungen abgesprochen wurde –, im Ideal der Familienerziehung auf der anderen Seite aber immer auch Gründe für die Zurückweisung dieser Leistungsübernahme durch die Schule bestanden. Der hohe legitimatorische Aufwand, den unter diesen Umständen die Einführung ganztägiger Angebote erforderte und noch erfordert, nimmt also nicht Wunder. Die Lösung des Dilemmas hat für schulische Akteure häufig darin bestanden, eine „Familiarität" der Schule anzustreben und damit die Grenzen, die die Schule vom „Leben" trennen, zu beseitigen. Als eine Hypothek dieser lang andauernden und im deutschsprachigen Raum besonders intensiv geführten Debatte halten Familie und Familiarität in Form „wirkmächtiger Chiffren" den Schulreformdiskurs besetzt und bürgen darin auf diffizile Weise für die Qualität von Schule (Reh 2008, im Druck). Eine positive oder auch nur unbefangene Lesart der „Künstlichkeit" systematischen Unterrichts als des Kerngeschäfts der Schule ist dadurch auch heute noch selten und bei Lehrerinnen und Lehrern der Ganztagsschule noch seltener zu finden.

Quellen und Literatur

Baader, Meike (2004): Froebel and the Rise of Educational Theory in the United States. In: Studies in Philosophy and Education. 23. Jg. H. 4-5: 427-444.

Deiters, Heinrich (1928): Die Lebensform der Schule. In: Nohl, Hermann/ Pallat, Ludwig (Hrsg.): Handbuch der Pädagogik. Band 4. Die Theorie der Schule und der Schulaufbau. Langensalza: Julius Beltz: 3-47.

Diederich, Jürgen/Tenorth, Heinz-Elmar (1997): Theorie der Schule. ein Studienbuch zu Geschichte, Funktionen und Gestaltung. Berlin: Cornelsen Scriptor.

Dörpfeld, Friedrich Wilhelm (1863): Die freie Schulgemeinde und ihre Anstalten auf dem Boden der freien Kirche im freien Staat. Beiträge zur Theorie des Schulwesens. Gütersloh: Bertelsmann.

Donzelot, Jacques (1980): Die Ordnung der Familie. Frankfurt am Main: Suhrkamp.

Edert, Eduard (1914): Die Tagesschule. Die Schule der Großstadt. Der Plan ihrer Ausführung in Kiel. Leipzig, Berlin: Druck und Verlag von G.B. Teuber.

Edwards, Rosalind (2002): Conceptualising relationships between home and school in children's live. In: Dies.: (Hrsg.): Children, Home and School. Regulation, Autonomy or Connection? London/New York: Routledge/Falmer: 1-23.

Faulstich, Werner (2002): Die Entstehung von „Liebe" als Kulturmedium im 18. Jahrhundert. In: Faulstich, Werner/Glasenapp, Jörn (Hrsg.): Liebe als Kulturmedium. München: Wilhelm Fink Verlag: 23-56.

Gestrich, Andreas/Krause, Jens-Uwe/ Mitterauer, Michael (2003): Geschichte der Familie. Stuttgart: Kröner.

Gottschall, Karin/Hagemann, Karen (2002): Die Halbtagsschule in Deutschland: Ein Sonderfall in Europa? In: Aus Politik und Zeitgeschichte, Beilage zur Wochenzeitung „Das Parlament", Band 41: 12-22.

Harten, Hans-Christian (1991): Neue Menschen für eine neue Gesellschaft. Eine Geschichte der Erziehungs- und Gesellschaftsutopie in Deutschland vom Kaiserreich bis zum Nationalsozialismus. Berlin: Manuskript.

Hegel, Georg Wilhelm Friedrich (1995 [1811]): Gymnasialrede am 2. September 1811. In: Apel, Hans-Jürgen/Grunder Hans-Ulrich (Hrsg.): Texte zur Schulpädagogik. Weinheim: Juventa: 46-53.

Herrmann, Ulrich (2005): Familie, Kindheit, Jugend. In: Hammerstein, Notker/Herrmann, Ulrich (Hrsg.): Handbuch der deutschen Bildungsgeschichte. Band II. 18. Jahrhundert. München: Beck: 69-96.

Hinz, Renate (1991): Pestalozzi und Preußen. Zur Rezeption der Pestalozzischen Pädagogik in der preußischen Reformzeit (1806/07-1812/13). Frankfurt am Main: Haag+Herchen Verlag.

Kloss, Heinz (1981 [1949]): Lehrer, Eltern, Schulgemeinden. Der Gedanke der genossenschaftlichen Selbstverwaltung im Schulwesen. Hildesheim/New York: Georg Olms Verlag.

Kolbe, Fritz-Ulrich/Reh, Sabine (2008): Ganztagsschule und Reformpädagogik. Eine kritische Diskursgeschichte. In: Coelen, Thomas/Otto, Hans-Uwe (Hrsg.): Handbuch Ganztagsbildung. Wiesbaden: VS-Verlag (i.Dr.).

Korte, Petra (2007): Die Mutter bei bei Rochow und Pestalozzi. In: Schmitt, Hanno/Horlacher, Rebekka/Tröhler, Daniel (Hrsg.): Pädagogische Volksaufklärung im 18. Jahrhundert im europäischen Kontext: Rochow und Pestalozzi im Vergleich. Bern u.a.: Haupt: 76-91.

Kuhlemann, Frank-Michael (1992): Modernisierung und Disziplinarisierung. Sozialgeschichte des preußischen Volksschulwesens 1794-1872. Göttingen: Vandenhoeck & Ruprecht.

Lange; Andreas/Lettke, Frank (2007): Schrumpfung, Erweiterung, Diversität. Konzepte zur Analyse von Familien und Generationen, in: Dies.: (Hrsg.): Generationen und Familien. Analysen – Konzepte –gesellschaftliche Spannungsfelder. Frankfurt a.M.: Suhrkamp: 14-43.

Lietz, Hermann (1997 [1897]): Emlohstobba. Roman oder Wirklichkeit? Bilder aus dem Schulleben der Vergangenheit, Gegenwart oder Zukunft? Herausgegeben von Rudolf Lassahn. Heinsberg: Agentur Dieck.

Ludwig, Harald (1993): Entstehung und Entwicklung der modernen Ganztagsschule in Deutschland. 2 Bände. Köln, Weimar, Wien: Böhlau Verlag.

Lüscher, Kurt/Schultheis, Franz/Wehrspaun, Michael (Hrsg.) (1988): Die „postmoderne" Familie. Familiale Strategien und Familienpolitik in einer Übergangszeit. Konstanz: Universitätsverlag.

Menze, Clemens (1975): Die Bildungstheorie Wilhelm von Humboldts. Hannover u.a.: Hermann Schroedel Verlag KG.

Natorp, Bernhard Christoph Ludwig (1812): Grundriß zur Organisation der Elementarschulen. Wieder abgedruckt in: Thiele, Gunnar (1912): Die Organisation des Volksschul- und Seminarwesens in Preußen 1809-1819. Leipzig: Verlag der Dürr'schen Buchhandlung.

Neumann, Karl Friedrich (1812): Bericht über die Verbindung des Rochowschen mit dem Pestalozzischen Lehr- und Disciplinarsystem, erstellet an die Königl. Hochlöbl. Kurmärkische Regierung von dem Superintendenten Neumann zu Lossow. In: Geheimes Staatsarchiv Berlin, PK X HA Rep. 2 B Nr. 3811, 32 Seiten.

Oestreich, Paul (1921): Die elastische Einheitsschule: Lebens- und Produktionsschule. Vorträge gehalten in der Pädagogischen Osterwoche 1921 des Zentralinstituts für Erziehung und Unterricht zu Berlin. Berlin: A. Schwetschke & Sohn.

Offenberg, Maria (1929): Die sozialpädagogische Bedeutung der Familie und die Familienfürsorge. In: Nohl, Hermann/ Pallat, Ludwig (Hrsg.): Handbuch der Pädagogik. Band 5. Sozialpädagogik. Langensalza: Julius Beltz: 29-38.

Parsons, Talcott (1968 [1959]): Die Schulklasse als soziales System. Einige ihrer Funktionen in der amerikanischen Gesellschaft. In: Ders.: Sozialstruktur und Persönlichkeit. Frankfurt am Main: Europäische Verlagsanstalt: 161-193.

Pestalozzis Sämtliche Werke (PSW). Kritische Ausgabe. Begr. v. Arthur Buchenau, Eduard Spranger u. Hans Stettbacher. 31 Bde., Berlin und Zürich 1927-1996. Daraus: Band 3: Lienhard und Gertrud. Ein Buch fürs Volk. 1. Fassung, 3. Teil (1929 [1785]); Ein Wort von Pestalozzi über Schulen und Erziehungshäuser als Anstalten der Sittlichkeitsbildung. Aus seinen schriftlich hinterlassenen Unterhaltungen über Grundlage zur Menschenbildung. In: Band 27 (1976 [ca. 1820]): 13-15.

Peuckert, Rüdiger ([6]2005): Familienformen im sozialen Wandel. Wiesbaden: VS-Verlag.

Raumer, Karl von ([5]1880): Geschichte der Pädagogik. Dritter Theil. Gütersloh: Bertelsmann.

Reh, Sabine (2008): „Der aufmerksame Beobachter des modernen großstädtischen Lebens wird zugeben, dass die Familie heute leider nicht mehr den erzieherischen Wert früherer Tage besitzt." Defizitdiagnosen zur Familie als wiederkehrendes Motiv in reformpädagogischen Schulentwürfen und Schulreformdiskursen Deutschlands im ersten Drittel des 20. Jahrhunderts. In: Ecarius, J./Groppe, C./Malmede, H. (Hrsg.): Familie und öffentliche Erziehung. Theoretische Konzeptionen, historische und aktuelle Analysen. Wiesbaden: VS-Verlag (i. Dr.).

Roth, Hans-Joachim (1999): Familie und Schule – Pädagogische Antagonismen als Mittel der Integration in Zivilgesellschaften. In: Bukow, Wolf-Dietrich/Ottersbach, Markus (Hrsg.): Die Zivilgesellschaft in der Zerreißprobe. Opladen: Leske + Budrich: 290-309.

Rude, Adolf (1927): Die neue Schule und ihre Unterrichtslehre. Band 1: Die neue Schule. Osterwieck/Harz und Leipzig: Zickfeld.

Sieder, Reinhard (1987): Sozialgeschichte der Familie. Frankfurt am Main: Suhrkamp Verlag.

Tews, Johannes (1911): Großstadtpädagogik. Vorträge, gehalten in der Humboldt-Akademie zu Berlin. Leipzig: Teubner.

Tews, Johannes ([2]1904): Familie und Familienerziehung. In: Rein, Wilhelm (Hrsg.): Encyklopädisches Handbuch der Pädagogik. 2. Auflage. Langensalza: Beyer & Mann: 731-756.

Timm, Franziska (2007): Gott – Daimon – Missetäter. Überlegungen zum pädagogischen Eros in der klassischen Knabenliebe, in Platons „Symposion" und in Gustav Wynekens Apologie „Eros". (= Magisterarbeit): Universität Potsdam http://www.bbf.dipf.de/hk/klinkhardt_2007.htm, Zugriff am 01.02.2008.

Tyrell, Hartmann (1985): Gesichtspunkte zur institutionellen Trennung von Familie und Schule. In: Melzer, W. (Hrsg.): Eltern – Schüler – Lehrer. Zur Partizipation an Schulen. Weinheim: Juventa: 81-99.

Tyrell, Hartmann (1987): Die „Anpassung" der Familie an die Schule. In: Oelkers,J./Tenorth, H.-E. (Hrsg.): Pädagogik Erziehungswissenschaft und Systemtheorie. Weinheim/Basel: Juventa: 102-124.

Vincent, Carol/Tomlinson, Sally (1997): Home-School Relations: "The swarming of disciplinarymechanisms"? In: British Educational Research Journal 23, Jg., H. 3: 361-377.

Vogel, Peter (2001): Über die Entstehung der „Mutterliebe". Ideen- und sozialgeschichtliche Befunde zur Pädagogik der Mutter-Kind-Beziehung im Übergang zur Moderne. In: Dörpinghaus, Andreas/Hercher, Gaby (Hrsg.): Denken und Sprechen in Vielfalt. Bildungswelten und Weltordnungen diesseits und jenseits der Moderne. Festschrift für Karl Helmer zum 65. Geburtstag. Würzburg: Königshausen & Neumann: 215-229.

Wernet, Andreas (2003): Pädagogische Permissivität. Schulische Sozialisation und pädagogisches Handeln jenseits der Professionalisierungsfrage. Opladen: Leske + Budrich.

Wigge, Heinrich ([2]1906): Haus und Schule. In: Rein, Wilhelm (Hrsg.): Encyklopädisches Handbuch der Pädagogik. Langensalza: Beyer & Mann: 67-72.

Wild, Elke (2001): Wider den „geteilten Lerner", in: ZfPäd. 47. Jg. H. 4: 455-459.

Wyneken, Gustav (1919): Der Gedankenkreis der freien Schulgemeinde. Jena: Eugen Diederichs.

Züchner, Ivo (2007): Ganztagsschule und Familie. In: Ganztagsschule in Deutschland. Ergebnisse der Ausgangserhebung der „Studie zur Entwicklung von Ganztagsschulen" (StEG). Weinheim und München: Juventa: 314-332.

Freizeit – Zum Verhältnis von Schule, Leben und Lernen

Till-Sebastian Idel, Sabine Reh, Bettina Fritzsche

In vielen der von uns geführten Interviews äußern die Professionellen hohe Erwartungen gegenüber dem Freizeitbereich. In den symbolischen Konstruktionen von Ganztagsschule, die wir in Kapitel 2 dieses Buches rekonstruiert haben, zeigt sich unserer Ansicht nach ein Deutungsmuster, das folgendermaßen charakterisiert werden kann: Indem die Ganztagsschule als Schule imaginiert wird, die den Freizeitbereich integriert und pädagogisiert, erscheint ein eigener Mangel, nämlich lebensferne Unterrichtsschule zu sein, kompensierbar. Das Leben soll nun in Gestalt der Freizeit in die Schule geholt und zugleich systematisch genutzt werden.

Uns interessiert die Frage, in welchem Spannungsfeld erziehungswissenschaftlicher Diskurse über Schule, Leben und Lernen sich diese Vorstellungen einer zu pädagogisierenden Freizeit bewegen. Dazu werden wir zunächst in einem kurzen Rückblick auf die Interviews zusammenfassen, in welcher Hinsicht dieses Deutungsmuster als eines, in dem Grenzverschiebungen zwischen Unterricht und Freizeit thematisch sind, verstanden werden kann. Anschließend werden wir die schulpädagogisch-didaktische Kontroverse um das Verhältnis schulischen Lernens zum Leben exemplarisch an der Position Rumpfs und der Kritik daran rekonstruieren. Wird hier deutlich, welche Interpretation das Leben als Gegenstück zur Schule bzw. zum Unterricht erfährt, können wir anschließend skizzieren, in welcher Weise und mit welchen Hypotheken der Bildungsraum Freizeit (vgl. Opaschowski 1996) im Praktikerdiskurs an die Stelle dessen rückt, was im Unterschied zum künstlichen Unterricht das wahre Leben symbolisiert. Ausgehend von Bedeutungen und Bedeutungsverschiebungen in der diskursiven Konstruktion von Freizeit, werden wir dazu einen Blick auf die interessierenden erziehungswissenschaftlichen Fachdiskurse mit freizeit- und sozialpädagogischem Fokus sowie auf die in der Erwachsenenbildung geführte Debatte um informelles und lebenslanges Lernen richten.

1   Rückblick: Konstruktionen der Grenzverschiebung

In den symbolischen Konstruktionen der Professionellen zum Freizeitbereich
der Ganztagsschule dominieren Konzeptionen, in denen die Grenzen zwischen
Unterricht und Freizeit verschoben werden, indem all jene Angebote, die über
das schulische Kerngeschäft des Unterrichtens hinausgehen, nun in pädagogi-
sierter und curricularisierter Form mit hohen Erwartungen belegt werden: So
steht beispielsweise das Mittagessen an der rheinland-pfälzischen Knuspel-
Förderschule im Dienste der Vermittlung von Wissen über das Essen, über ge-
sundes Essen, darüber, wie man sich beim Essen benimmt – wie es einer der
Interviewten formuliert: „wie isst man was isst man warum isst man das". Freizeit an der Ganztagsschule ist dem Anspruch unserer Interviewpartnerinnen und
-partner zufolge eine hochwertigere Freizeit als andere Freizeit – und sie ist vor
allem eine Freizeit, in der viel gelernt wird, und zwar nicht nebenbei. Freizeitgestaltung ist ein Unternehmen, das zu managen jeder einzelne lernen muss und
dies am besten in der Schule unter Führung, weil es andernfalls nur zufällig wäre. Dies dokumentiert sich beispielsweise in der Aussage einer Lehrerin der Regenbogenschule (Förderschule, Brandenburg), die betont, bei der nachmittäglichen Freizeitgestaltung an ihrer Schule würden „keine spielerchen angeboten",
und in der Formulierung des Schulleiters der Berliner Bocuse-Grundschule, an
seiner Schule sei versucht worden, „freizeitorientierte angebotsstrukturen" zu
implementieren. Diese Angebote scheinen zwar orientiert an Freizeit, jedoch mit
dieser als informalisierter Tätigkeit keinesfalls gleichzusetzen, da sie mit dem
Anspruch verknüpft sind, ‚pädagogisch wertvoll' zu sein. Sowohl das Mittagessen als auch die hinzugewonnene Zeit am Nachmittag sollen vorrangig als Lern-
Zeit genutzt werden; in diesem Sinne distanzieren sich einige unserer Interviewpartnerinnen und -partner explizit von der Vorstellung, an ihrer Schule sollten Kinder nachmittags nur „aufgefangen" oder „betreut" werden, und der
Schulleiter der Berliner Schwanenseegrundschule betont, an der Ganztagsschule
gehe es vor allem darum, mehr zu lernen und Anderes zu lernen. So kritisiert
auch der Konrektor der Regionalen Schule Heiliggeist in Rheinland-Pfalz solche
Schulen, an denen nachmittags nichts mehr stattfindet, es also kein Angebot
gibt, nicht mehr gelernt und nicht mehr gefördert wird.

2   Schulpädagogik: Kritik des Unterrichts

Terhart (2002: 153) bezeichnet „die Ausgestaltung des Grenzverkehrs zwischen
Schule und Leben" als eines der zentralen Grundprobleme, an dem sich der
schulpädagogische Diskurs abarbeite. Dabei seien zwei Pole des schulpädagogi-

schen Denkens żu unterscheiden: der eine, stimmstärkere Pol, der „die Ver-
künstlichung von Lehren und Lernen (...) als eine Art Erbsünde" wahrnehme
und eine Integration von Leben und Lernen fordere, und der andere, weitaus
schwächere Pol, der durch diejenigen markiert würde, die die Begrenzung der
Schule forderten. Die Gefahr der „Abkapselung" der Schule vom Leben würde
im Diskurs viel eher notiert als die einer ebenso unproduktiven „Verschmel-
zung".

Ein prominenter Vertreter der reformpädagogischen Kritik an der Lebensferne des Unterrichts ist Horst Rumpf (vgl. insb. Rumpf 1981 u. 1986). Im Zentrum seiner Kritik steht die These, dass die Schule im Prozess der Zivilisation als
Sphäre des „Künstlichen" sich vom wirklichen, authentischen Leben und Lernen separiert habe, wobei auch dieses dem Zivilisierungszwang unterworfen
wurde. Die Schule und ihr Unterricht zivilisieren um den Preis unmittelbarer,
sinnlich fundierter und damit subjektiv bedeutsamer Erfahrung: „Man lernt, wie
man sich dieser Filter bedient, Störungen und Verwirrungen aus der eigenen
Subjektivität wie aus der Welt der Außenerfahrungen fernzuhalten. Man lernt,
an sich zu halten in der Bedienung des approbierten Weltbearbeitungsbestecks"
(Rumpf 1986: 17). In der „künstlichen Schule" wird das Lernen so inszeniert,
dass es als entsinnlichtes via Instruktion dem Schüler nur äußerlich und damit
fremd bleibt. Daher könne es weder an die „inoffiziellen Weltversionen" der
Schülerinnen und Schüler anschließen noch nachhaltig bildsame Effekte, also
Lebensbedeutsamkeit zeitigen. Schule bietet so ein negativ gedeutetes Leben
aus zweiter Hand, in der die eigenen Erfahrungen verdrängt werden müssen. Für
Rumpf sind diese „institutionellen Zurichtungen" der menschlichen Erfahrungswelt nicht nur in der Schule am Werke, sondern sie überformen überhaupt
die Lebenswelt von Kinder und Jugendlichen. Die zivilisationskritische Analyse
bezieht sich also nicht bloß auf Schule und Unterricht, sondern auf die moderne
Gesellschaft überhaupt. Diese Kritik schließt zum einen an Adornos Kritik der
Freizeitindustrie an, zum anderen bezieht sie sich auf ein Phänomen, das sich
gerade erst in den 1980er Jahren herauszubilden begann: die „sich rasch entwickelnde und allgegenwärtige Informationsvermittlungsindustrie" (ebd.: 40), die
das Vermittlungsmonopol der Schule in Frage stelle.

Als positive Gegenkonstruktion zeichnet Rumpf das Bild einer Schule, die
reflexiv mit dem Zivilisierungsdruck, der sich hinter dem Rücken der Subjekte
aufwirft, umzugehen weiß und eine Gegendrift zur Entsinnlichung des Lernens
aufbaut. „Es ist vielmehr die Frage, ob die blinde Eigendynamik einer Instruktion, die die Menschen durch Zwischenschaltung von Apparaten diverser Art
immer weiter von der leibhaften Erfahrung der Welt und ihrer selbst entfremdet,
ob diese blinde Eigendynamik bewusstgemacht und in Kontrolle genommen
werden kann" (ebd.: 27). Der Schule wird also die Aufgabe zugewiesen, der

Entfremdung und Verdinglichung, die im Zivilisationsprozess die Lebens- und damit Erfahrungs- und Lernprozesse nach dem Muster instrumenteller Rationalität beschränken, etwas entgegenzusetzen. „Die unabsehbaren Abhängigkeitsketten, in die jedes Gesellschaftsmitglied im Zug des Zivilisationsprozesses hineingeflochten ist, fordern, dass es das ihm Widerfahrende auf Abstand bringt" (ebd.: 49). Das Gegenmittel hierzu ist die „Revitalisierung des Menschenlernens" durch die Förderung der ästhetischen Dimension lebensweltlicher Erfahrung in Abgrenzung zu naturwissenschaftlichen, „diakritischen" Wahrnehmungsformen der Welt: „Sehen statt einordnendes Wiedererkennen, Verlangsamung statt Beschleunigung, kunstvoller Aufbau dessen, was sich der fixen Einordnung und Beurteilung sperrt, worüber die offizielle Rationalität der Gesellschaft die Akten geschlossen zu haben glaubt, worüber sie keine Akten eröffnen will" (ebd.: 69).

Auch wenn Rumpf den Raum, den man als Gegenwelt zur Schule als „Zivilisierungsinstrument" markieren könnte, nicht identifiziert als Freizeit, so ist das Erfahrungsideal, das er favorisiert, doch nahe am Modus der Muße, des autonomen Lernens in freier Zeit, das seiner Ansicht nach auch dem modernisierten Schulbetrieb verschlossen bleibt: „Die (...) Scheinhaftigkeit des herkömmlichen Übernehmens von Erkenntnissen ist durch ein freundlicheres Sozialklima in den Schulen ebenso wenig verschwunden wie durch bunte und didaktisch hochgerüstete Lehrmaterialien. Man kann es an Einzelerfahrungen, an Einzelinitiativen zeigen, wie das Unbehagen an der bloßen Erkenntnisübermittlung nach neuen Formen sucht, sich etwas nahe kommen, etwas in sich eindringen zu lassen – ohne programmierte Stufenfolge, ohne den Experten, der alles weiß, ohne die zeitliche Fixierung" (ebd.: 93).

Die Revitalisierung des „wirklichen Lernens" in der „künstlichen Schule" wird also im reformpädagogisch inspirierten Denken Rumpfs gedacht als paradoxe Kultivierung nicht-schulischen Lernens in der Schule, das als ganzheitliches, lebensursprünglicheres Erfahrungslernen idealisiert wird. Im Reformdiskurs wird vorgeschlagen, diese Annäherung der Schule an das ‚wirkliche Leben' über eine subjektorientierte Öffnung des Unterrichts zu erreichen, die zugleich gewährleisten soll, dass im Unterricht „erzogen" wird. Ramseger (1993: 836f.) etwa spricht im Anschluss an Rumpf von drei Öffnungstendenzen: (a) der „methodischen Öffnung", die „in der Provokation der Schüler zum Fragen und zur eigenständigen Lösungssuche für ihre Fragen" bestünde; (b) der „thematischen Öffnung", die darauf zielt, die Gegenstände des Unterrichts im „Fragehorizont" der Lernenden zu entwickeln; (c) der „institutionellen Öffnung" gegenüber der außerunterrichtlichen Wirklichkeit, deren Funktion es auch ist, „die unvermeidliche Trennung zwischen den Sphären des Unterrichts und des Handelns in realen Lebenssituationen *bewusst* zu machen". Die Reform der Schule und des Unterrichts, mit der das Verhältnis zwischen Schule und Leben neu justiert werden soll, ist also als eine reflexive Grenzverschiebung des Schulischen zu verstehen, in der die Trennung zwischen den Sphären zwar nicht aufgehoben werden könne, aber Formen spannungsreicher Integration gesucht würden.

Kritik an dieser didaktischen Öffnungs-Programmatik einer Grenzverschiebung hat insbesondere Prange formuliert, der von der Gegenseite als Vertreter einer instruktionsorientierten Didaktik vorgeführt wird. Prange moniert grundlegend den ins Feld geführten Gegensatz zwischen ‚wirklichem Leben' und ‚künstlicher Schule'. Schule sei eine ebenso künstliche Praxis wie andere Lebensbereiche der modernen Gesellschaft: Die Schule „ist indes nicht künstlicher als viele andere Praxen auch, vermutlich eher weniger künstlich als die Praxis eines Börsianers oder einer Krankenversorgung, einer Fakultätssitzung oder einer Neckermann-Reise nach Mallorca" (Prange 1995: 331). Die Differenz zwischen Unterricht und Erziehung, die Ramseger als Gegensatz von Subjekt- und Instruktionsorientierung bezeichnet, ist nach Prange konstitutiv für schulisches Lernen, und inwiefern unterrichtliche Instruktion erzieherische Folgen über sich hinaus zeitige, sei kontingent, also eine kaum zu beantwortende Frage: „Unterricht vermittelt Kenntnisse und Fertigkeiten. In diesem Punkt ist er bestimmt und sicher; er ist es nicht in Hinsicht auf den zukünftigen Gebrauch, d.h. in Hinsicht auf die Erzeugung und Bewahrung lebenslanger Motive" (ebd.: 331). Aus dieser Perspektive auf das Verhältnis von Schule und Leben ist Unterricht erstens *eine mögliche* Inszenierung von Erziehung und zweitens eben immer eine *Inszenierung:* „Fragen des Unterrichts, des wirklichen und nicht des programmatisch gedachten, sind Fragen der Inszenierung und Gestaltung, eben der Artikulation zu einem bestimmten Zweck, nämlich dem des Lernens (...), um so das Lernen zu verstetigen, auf die Reihe zu bringen und Effekte in der Breite wahrscheinlicher zu machen" (ebd.) Die fundamentale Differenz zwischen Schule und Leben, die von Ramseger und Rumpf am Gegensatz von belehrender Instruktion und erziehender Subjektorientierung konstatiert wird, wird hier zu einer rein zeitlichen Differenz dekonstruiert. Es geht dann nicht darum, den vermeintlichen Gegensatz durch mehr Subjekt- und weniger Instruktionsorientierung aufzuheben, sondern „das unvermeidlich künstliche Arrangement von Unterricht" so zu inszenieren (...), dass die Wahrscheinlichkeit erwünschter Folgen und Wirkungen zunimmt" (ebd.: 332).

Ebenso kritisch, aber nicht aus didaktischer, sondern modernisierungs-, kultur- und subjekttheoretischer Perspektive argumentiert Ziehe (1991), der auf die Notwendigkeit von Differenzerfahrungen für kindliche und jugendliche Entwicklungsprozesse hinweist. Er lehnt eine überzogene Orientierung an der Lebens- und Erfahrungswelt der Schüler als unproduktive Anbiederung ab, der eine affirmativ-verklärte Konstruktion außerschulischer Lebenswelten Jugendlicher zugrunde läge: „Die Schule für das Leben zu öffnen ist nur bedingt eine fruchtbare Forderung, denn dieses vielzitierte ‚Leben' ist ja auch nicht so unschuldig. Wir werden also nicht bei einer *Sozialisationstheorie* verweilen dürfen, die kulturelle Modernisierung gewissermaßen subjekt-blind einfach nur konstatiert und fragt, was Jugendliche im Leben ‚brauchen'. Wir werden eine *Bildungstheorie* entwickeln müssen, die danach fragt, wie wir lernen können, mit ambivalenter kultureller Modernisierung so zu verfahren, dass nicht regressive Sicherheitsbedürfnisse letzthin die Oberhand gewinnen" (ebd.: 95).

3   Historische Freizeitsemantiken

In den antiken Bestimmungen wird bereits mit einem semantischen Dual von Arbeit und Muße operiert, d.h. Muße wird der Arbeit gegenüber gestellt, sie ist etwa – wie bei Aristoteles – Ziel der Arbeit und mit „gebildetem Lebensgenuss" gleichgesetzt, für den wiederum Tugenden dienlich seien (vgl. z.B: Aristoteles 1995: 271-273, vgl. auch Prahl 1977: 36ff.): Denn die Muße, um noch einmal von ihr zu reden, ist der Angelpunkt, um den sich alles dreht. Denn wenn auch beides sein muss, so ist doch das Leben der Arbeit vorzuziehen, und das ist die Hauptfrage, mit welcher Art Tätigkeit man die Muße auszufüllen hat. Man wird doch wohl nicht behaupten wollen, dass man sie auf eitles Spiel verwenden müsse. (…) Die Muße dagegen scheint Lust, wahres Glück und seliges Leben in sich selbst zu tragen. (…) Und so leuchtet denn ein, dass man auch für den würdigen Genuss der Muße erzogen werden und manches lernen muss, und dass diese Seite der Erziehung und des Unterrichts ihrer selbst willen da ist, während das, was für die Arbeit gelernt wird, der Notdurft dient und Mittel zum Zweck ist." (Aristoteles 1995: 284/285). Scholé, die etymologische Wurzel von ‚Schule', bedeutet das Freisein von Geschäften und stellt damit die Bedingung der Möglichkeit dar, Zeit zur geistigen Bildung, zu kultureller und politischer Aktivität erübrigen zu können. Freie Zeit bedeutet *Muße* zu haben, der nur der Bürger nachgehen kann: Dies ist das ‚eigentliche Leben', in der der Mensch zu seiner Bestimmung gelangt. Arbeit ist kein kulturell dominantes Wert- und Orientierungsmuster; dies ist vielmehr umgekehrt die freie Zeit. Arbeit ist das, was die Sklaven erledigen, damit die freien Bürger sich der Muße widmen können. Die Nutzung freier Zeit im Sinne konsumtiver Unterhaltung, hedonistischen Genusses und freizügiger Ausgelassenheit kennt aber auch die Antike schon in Form der sozialintegrativen Spiele, Feste und Feiern. Die entscheidenden Weichen eines Bedeutungswandels, der in die Entstehung des modernen Freizeitverständnisses in der Industrialisierung führt, dieser aber vorausliegt, werden mit

Beginn der frühen Neuzeit und einer protestantischen Arbeitsethik gestellt, die Arbeit als gesellschaftlichen Zentralwert verankert. Freizeit ist nun begriffslogisch nicht nur insofern auf Arbeit bezogen, als sie deren Gegenteil bedeutet, sie wird sozial normiert als Erholungszeit, die der Wiederherstellung der Arbeitskraft zu dienen hat. Ansonsten ist sie zu unterbinden, denn mit der freien Zeit wird erstens Zeit vergeudet und besteht zweitens die Gefahr, dem Müßiggang und dem lasterhaften Leben zu verfallen.

Das heute geläufige Wort ‚Freizeit' wird im 19. Jahrhundert geprägt, als das Phänomen Freizeit im Gefolge der Industrialisierung entsteht. Sie differenziert sich kehrseitig aus als eigenständige Lebenssphäre der universalisierten, sozial abgesicherten Lohnarbeitsexistenz (Helmstetter 2002: 274). Freizeit wird nun in einer negativen Definition als Zeit bestimmt, die nach Abzug von der Arbeitszeit als Restzeit übrigbleibt. Freizeit ist die Zeit, in der nicht gearbeitet wird, sie ist Nicht-Arbeitszeit. Es ist nicht nur die sozial-räumliche sowie zeitliche Trennung von öffentlicher Arbeits- und privater Lebenssphäre, die Freizeit im modernen Sinne konstituiert, sondern zugleich die langsame Institutionalisierung der Schule und die etwa gleichzeitig entstehende Vorstellung eigenständiger und pädagogisch zu bearbeitender bzw. zu gestaltender Entwicklungsphasen, der Kindheit und etwas später der Jugend. Schule wird nun nicht mehr, wie im antiken Verständnis, als Muße verstanden, sondern semantisch der Arbeit zugeschlagen. Freizeit ist damit auch die Zeit, die außerhalb von Schule verbracht wird. Und erst die Bewährung in Arbeit und Schule erlaubt es, freie Zeit sich leisten zu dürfen: „Die dominante Ideologie unter protestantisch-kapitalistischen Bedingungen geht davon aus, dass Freizeit und Muße nur dann geduldet werden können, wenn sie durch harte Arbeit erworben wurden und der Regeneration der Arbeitskraft dienen" (Lamprecht/Stamm 1994). Von Beginn an aber, und mit steigenden Freizeitbudgets immer stärker, wird versucht, die Formen der Freizeitbeschäftigung unter Regie zu bringen: Sie wird „als industrieller Ersatz für den Müßiggang" (Helmstetter 2002: 261) erfunden und sogleich kanalisiert, domestiziert und zivilisiert.

In der Geschichte lassen sich, vernachlässigt man innere Differenzierung und Variationen der semantischen Konstruktion, somit drei zentrale Deutungsmuster von Freizeit identifizieren: (a) Mit dem Begriff Muße wird Freizeit als Bildungssphäre, in der der Mensch sich erst vervollkommnen kann, idealisiert. Diese in der antiken Kulturauffassung dominante Konstruktion wird im Mittelalter abgeschwächt. (b) Freizeit wird lediglich residual gefasst zur Arbeit und dient als Zeit der körperlichen und geistigen Rekreation bzw. Restitution, die die Individuen wieder in die Lage versetzt, ihre Arbeitskraft gewinnbringend im Arbeitsprozess zur Geltung zu bringen. Dieses Verständnis entsteht mit der Universalisierung von Lohnarbeit im Modernisierungsprozess. (c) Kulturpessimistisch und aus der Perspektive einer negativen religiösen Anthropologie wird die Freizeit auch in ihrem sozialen Bedrohungspotenzial gesehen, insofern der menschlichen Neigung zu einem lasterhaften Müßiggang Raum gegeben wird. Vor diesem Hintergrund wird ein Kontrollbedarf gesehen, der durch pädagogische Programme bearbeitet werden kann bzw. werden muss. So vertritt Opaschowski die These, dass in der Aufklärungspädagogik zum ersten Mal das „Freizeitproblem" erkannt worden und das Wort Freizeit erstmalig 1823 in den Schriften Fröbels aufgetaucht sei (vgl. Opaschowski 1976: 22ff.). Wir werden sehen, in welcher semantischen Akzentuierung die Freizeit in den pädagogischen Gegenwartsdiskursen thematisch wird.

4   Freizeit- und Sozialpädagogik: Der Bildungswert außerschulischen Lernens

Die Pädagogik reagiert auf die soziale Entstehung von Freizeit als eines eigenständigen Lebensbereichs, der sich in den letzten Jahrzehnten aufgrund sinkender Lebensarbeitszeit und steigender Lebenserwartung stetig vergrößert hat, mit einem eigenen Diskurs: der Freizeitpädagogik bzw. der Pädagogik der freien Zeit (vgl. exemplarisch Nahrstedt 1972, Opaschowski 1976 & 1996). Opaschowski konstruiert die freie Zeit als Zeit jenseits der Erwerbstätigkeit, die eigene Lebensführungskompetenzen erfordere: „Damit sich die Beschäftigungskrise nicht zur Bildungskrise ausweitet, müssen die Menschen *erweiterte Kompetenzen für ein selbständiges Leben* erwerben" (Opaschowski 2003: 17).

   In der semantischen Konstruktion der Freizeit in freizeitpädagogischen Schriften sind wiederum zwei Lesarten anzutreffen: (a) Zum einen die Perspektive auf Freizeit als kulturindustriell überformte, den Menschen entfremdende ökonomisierte Lebenssphäre, in der dieser sich dem konsumtiven Genuss überlässt und dabei manipuliert wird: „Freizeit wurde vorschnell zur Privatsache erklärt, und die Menschen an der Kasse des Kommerz abgeliefert. Wo sie seither als Freizeitkonsumenten am Markt auch funktionieren" (Zellmann 2003: 48). In dieser Lesart werden die Individuen vom Freizeitmarkt und seinem „Konsumterror" (ebd.: 51) fremdbestimmt. Diese Auffassung richtet sich gegen den modernen Freizeitmythos, demzufolge „die Freizeit eine für die Gesellschaftsorganisation ungefährliche Spielwiese sei, auf der mannigfaltige individuelle und soziale Spannungen in kontrollierter Weise abgebaut werden könnten. Freizeit suggeriert den Akteuren ‚Freiheit' und individuelle Entfaltungsmöglichkeiten, die allerdings auf diesen Bereich beschränkt bleiben und die Tatsache verschleiern, dass die Freizeit selbst mannigfaltigen Kontrollen ausgesetzt ist" (Lamprecht/Stamm 1994). (b) Demgegenüber steht die an der emanzipatorischen Pädagogik orientierte Konstruktion von Freizeit und Freizeiterziehung. Sie „ist demnach nicht nur Erholung von (und zur) Arbeit, Freizeit ist ein zentraler Ort identitätsstiftender Lebenspraxis geworden. Schule sollte darauf vorbereiten, indem sie Freizeit zur Mitte des Lernens in Freiheit macht" (Zellmann 2003: 49).

In einem programmatischen Aufsatz zum Verhältnis von Schule und Freizeitpädagogik wird der Gegensatz von Schule und Freizeit aufzuheben versucht, indem die Orientierung an Freizeitpädagogik in der Ganztagsschule als deren zentrales Innovationsmoment hervorgehoben wird. An der Übernahme eines freizeitpädagogischen Auftrags gesunde die Schule wie umgekehrt. Die Freizeitpädagogik hilft der „Schule als Arbeitswelt sich von ihrem neurotisierenden Zwangscharakter" zu befreien (ebd.: 51). Die Freizeitpädagogik verhilft der Schulpädagogik also dazu, Selbstbestimmung zur Geltung zu bringen, sie verhilft der Schule – ganz im Sinne Rumpfs – zum „wirklichen Leben" (vgl. auch Hilbig 1983). Umgekehrt eröffnet die Allianz von Freizeit- und Schulpädagogik die Chance, dass in der Schule zur Freizeit erzogen wird, also ein kompetenter Umgang mit Freizeit gefördert wird (Zellmann 2003: 49). Das Verhältnis wird dabei nicht additiv, sondern integrativ gedacht: Nicht Freizeitblöcke neben dem üblichen Unterricht, sondern fließende Übergänge. Freizeitpädagogik wird so zur „logische(n) Weiterführung der Reformpädagogik" (ebd.: 55), auch wenn vor einer Verschulung der Freizeit gewarnt wird.

Vor dem Hintergrund der neueren Bildungsdiskussion und der damit zusammenhängenden Einführung von Ganztagsschulen wird auch im sozialpädagogischen Fachdiskurs der Kinder- und Jugendhilfe versucht, der außerschulischen Arbeit mit Kindern und Jugendlichen in der Freizeit ein reformuliertes Bildungsverständnis zu unterlegen, um so die Spezifik informeller Bildungsprozesse auszuloten und ihr Verhältnis zu den formellen Bildungsprozessen in der Schule auszutarieren (vgl. Otto/Rauschenbach 2004a). Otto und Rauschenbach heben die Bedeutung informeller Bildungsprozesse für verschiedene Bildungsdimensionen hervor. Schule wird eher als Ort der kulturellen Reproduktion im Sinne materialer Bildung, also als Instanz der Vermittlung kanonisierter und curricularisierter Wissensbestände betrachtet, während die Kinder- und Jugendhilfe einem erweiterten Bildungsverständnis folgen würde. Im Unterschied zur Schule stelle sie die gesamte Persönlichkeit ins Zentrum und ziele auf „Subjektbildung, Identitätsfindung und die Fähigkeit zu einer selbstbestimmten Lebensführung, aber auch Beziehungskompetenz, Solidarität, Gemeinsinn oder die Fähigkeit zur Übernahme von sozialer Verantwortung" (Otto/Rauschenbach 2004b: 23).

Die Schule wird hier also auf ihre spezifische Funktion einer Wissensvermittlung begrenzt, während im außerschulischen Raum der Freizeitbildung in Angeboten der Kinder- und Jugendhilfe, den „anderen Orten der Bildung und des
Lernens" (ebd.: 21), das Potenzial lokalisiert wird, „einem gesellschaftlich erweiterten Bildungsbegriff" zu entsprechen, ganzheitliche Bildungsprozesse an-
zustoßen, auf die „Stärkung der gesamten Persönlichkeit" zu zielen (Ot-
to/Coelen 2004: 8). Dies korrespondiert mit anderen sozialpädagogischen Deutungen, nach denen „Freizeit ein selbst zu organisierender Lebensbereich (ist),
den die Kinder auch weitgehend nach ihren Interessen gestalten"
(Hössl/Janke/Kellermann/Lipski 2002: 216). Hier wird unter Freizeit das Leben
der Kinder verstanden, das – wiederum in idealisierter Konstruktion – durch
personale Autonomie und authentisches Lernen gekennzeichnet sei.[1]
       Die Verhältnisbestimmung zur Schule folgt denn auch wesentlich vorsich-
tiger als in den freizeitpädagogischen Texten. Otto und Rauschenbach fordern
eine doppelte Verortung der Kinder- und Jugendhilfe: als *eigenständiger* Ak-
teur *jenseits* von Schule oder in partnerschaftlicher *Kooperation* mit ihr" (Ot-
to/Rauschenbach 2004b: 25). Sie antizipieren ein doppeltes Konkurrenzproblem
zu ganztägigen Schulangeboten: Zeitlich, insofern das Zeitbudget der Adressaten für die Inanspruchnahme von Angeboten der Kinder- und Jugendhilfe ver-
knappt würde, und inhaltlich, insofern inhaltsgleiche Angebote in der Schule
und der Kinder- und Jugendhilfe angeboten würden. Die Kinder- und Jugendhilfe wäre damit unter Druck gesetzt, ihren „Mehrwert" deutlich zu machen. Die
Akzentuierung informeller Lernprozesse im sozialpädagogischen Diskurs als
Reflex auf die bildungspolitischen Programme der Ausweitung von Schule verweist auf den Diskurs um das informelle und lebenslange Lernen, der vor allem
im Bereich der Erwachsenen- bzw. Weiterbildung geführt wird.

5   Lebenslanges Lernen, Informelles Lernen, Permanentes Lernen

In der nationalen und internationalen Diskussion um lebenslanges Lernen (vgl.
Forum Bildung 2001, Dohmen 2001, Overwien 2001, Fatke/Merkens 2006)
wird dem ‚Lernen im Leben' ein neuer Stellenwert zugeschrieben. Dohmen
(1999) spricht in diesem Zusammenhang von einer „Entgrenzung des Lernbeg-
riffs". Das Konzept des Lebenslangen Lernens (LLL) geht davon aus, dass
„Lernen sich nicht mehr nur auf Erziehungsprozesse in der Kindheit und Jugend
beziehen kann, sondern unabschließbare, lebensbegleitende Bildungsprozesse

---

[1] Eine solche sozialpädagogische Sichtweise wird auch gestützt durch das konstruktivistische Para-
digma der gegenwärtigen Kindheitsforschung (vgl. Honig 1999).

erfordert, welche kontinuierlich Persönlichkeitsentfaltung und Identitätsent-
wicklung sichern" (Faulstich 2001: 75). Die „zunehmende Dynamisierung des
Beschäftigungssystems" erfordere eine „verstärkte Flexibilisierung im Bil-
dungssystem" (ebd.). In diesem Diskurs äußern sich jedoch nicht nur affirmative
Stimmen, die die Seite des Gewinns des lebenslangen Lernens für die Biogra-
phiegestaltung und soziale Integration der Individuen betonen, sondern auch die
Kehrseite dieses Prozesses kritisch in den Blick nehmen. Auf dieser anderen
Seite stehen der Zwang und die Zumutung, permanent zu lernen. So schreiben
Conein und Nuissl (2001: 38): „Heute richtet sich der Begriff des ‚lebenslangen
Lernens' gewissermaßen als ‚Bringschuld' an die Menschen; aus der ‚Hol-
schuld', dem Vorhalten eines angemessenen Bildungsangebotes, ist die Ver-
pflichtung für die Menschen geworden, ein Leben lang zu lernen". Ähnlich for-
muliert Pätzold: „Die Verantwortung des Einzelnen liegt zwischen den Polen
Selbstentfaltung und Zwang zum lebenslangen Lernen (Pätzold 2008: 139).
Konstatiert wird eine „Diskrepanz zwischen von außen gesetztem *Lernen müssen* und nur als individuell *gewollt* erbringbarem *Lernen* wollen" (ebd.: 43). Das
Lebenslange Lernen – oder das „lebenslängliche Lernen" (Arnold 2008a: 133)
muss also immer auch kritisch vor dem Spannungsverhältnis zwischen „Lernen
wollen, können, müssen" analysiert werden.

Verbunden mit der zeitlichen Entgrenzung des lebenslangen Lernens ist eine institutionelle Entgrenzung, die mit dem Begriff des informellen Lernens
bezeichnet wird. Diese Ausweitung der Thematisierung von Lernen ist eine
sachliche und soziale, denn nun geht es um das Lernen außerhalb ‚künstlich
geschaffener', d.h. institutionell arrangierter Lernprozesse (vgl. Dohmen 2001:
18). Arnold allerdings versteht die Hinwendung zu lebenslangem Lernen als
eines Prozesses der Informalisierung und der Formalisierung von Bildung, einer
Hinwendung zu „formalen Ansätzen" und es verwundert kaum, dass er sich
sowohl einen emphatischen Bildungsbegriff und die Tradition kritischer Bildungstheorie zitiert und gleichzeitig in moderner Diktion betont, es gehe um
„die Stärkung der Ich-Kräfte und die Erweiterung der methodischen und sozialen Kompetenzen der Subjekte" (Arnold 2008b: 142).

Das Konzept des lebenslangen Lernen wird in kritischer Lektüre mit politischen und ökonomischen Interessen verbunden. Die „zunehmende Entgrenzung
von Arbeit und Leben" führe „auch zur Entgrenzung von Lernen", mit der
Chance, „dass in Zukunft auch außerhalb des Bildungswesens erworbene Kompetenzen in ein flexibleres Beschäftigungssystem transferierbar" seien (Overwien 2001: 361). In diesem Sinne weisen Alheit und Dausien (2002: 566) darauf
hin, dass dessen Ziele Wettbewerbsfähigkeit und Anpassungsfähigkeit der
‚workforce' seien, es instrumentalisiere insofern ebenso wie es emanzipiere,

oder, wie Bröckling es in seiner Kritik an der Menschenführung im Selbstmanagement ausdrückt: „Empowerment und Demütigung gehen Hand in Hand"
(Bröckling 2002: 162; vgl. Bröckling 2007; vgl. auch die kritischen Perspektiven in: Fejes/Nicoll 2008).

Der im Diskurs um das lebenslange Lernen favorisierte Lernbegriff lehnt
sich an konstruktivistische Lerntheorien an und bemüht den Gegensatz zwischen
„quasi natürlichem Erfahrungslernen" und „einem künstlich arrangierten, didaktisch präparierten, erfahrungsfern-abstrakten, theoretisch-verbalen Lernen dessen, was es schon an fertigem Wissen gibt, in schulartigen, von unmittelbaren
Lebenserfahrungen in der außerschulischen Umwelt abgehobenen pädagogischen ‚Schonräumen'" (Dohmen 2001: 27).

Einerseits finden sich also im Diskurs Positionen, die das informelle Lernen als „ganzheitliches Selbstlernen" idealisieren – „eine größere Aufgeschlos-
senheit für das ungeplante ‚wilde' Lernen in ganzheitlichen Lebens- und Handlungszusammenhänge außerhalb bewusst geregelter Lernarrangements" (Dohmen 2001: 21) – und diesem gegenüber das formale Lernen in Institutionen ab-
werten. Gleichzeitig wird aber auch die Unvollkommenheit informalisierter
Lernprozesse betont, die den Bedarf einer „Entwicklungshilfe und Ergänzung
dieses Lernens und seine Einbeziehung in weitere kontinuierlichere und nach-
haltigere Lernzusammenhänge" (ebd.: 26) legitimiert. So gesehen erscheint die
Beachtung informeller Lernprozesse in der Ganztagsschule als eine Strategie,
das informelle Lernen unter formale Regie zu nehmen und zugleich bei den
Schülerinnen und Schülern die Fähigkeit zum selbstgesteuerten lebenslangen
Lernen zu fördern.

6   Ausblick: „Verfreizeitung" als Scholarisierung der Freizeit

Resümiert man die Thematisierungslinien der referierten Diskurse, wird deutlich, was ihr gemeinsamer Nenner ist: Das Lernen in der Institution wird partiell
diskreditiert als künstliches, fremdbestimmt-verregeltes, unspontanes und rezep-
tives Lernen ohne Nachhaltigkeit und subjektive Emphase und es wird einem
natürlichen, selbsttätigen, subjektiv bedeutsamen Lernen im Lebensvollzug kontrastiert, das außerhalb der Arbeitszeit und der Schule seinen eigentlichen Ort
hat. In bestimmter Hinsicht übernimmt „Freizeit" die Stelle und die Konnotationen, die im didaktischen Diskurs bisher dem „Leben" reserviert waren. Dieses
Konzept sinnlich-leiblicher Unmittelbarkeit der Erfahrung und subjektiver Authentizität als Merkmale von Lernprozessen – im „Leben" oder in der „Freizeit„
– entpuppt damit gleichzeitig seine Widersprüchlichkeit. Implizites Ziel der in

den Diskursen entworfenen Programme eines informalisierten Lernens ist der sich selbst managende Lerner, der gewissermaßen über Kompetenzen zweiter Ordnung verfügt und das Lernen gelernt hat. Lernen wird das Programm der Subjektformung.

Betrachtet man die Ausweitung der Ganztagsschule auf den Bereich der Freizeit, lässt sich die These eines neuen Schubs der Pädagogisierung der Gesellschaft formulieren. Der gesellschaftliche Prozess der „Verfreizeitung" wird in den Lebensphasen der Kindheit und Jugend begleitet durch eine Scholarisierung der Freizeit. Schule und Freizeit werden erneut paradox aufeinander bezogen. Die freie Zeit wird zum Objekt schulpädagogischer Formung, aus freier Zeit außerhalb der Schule wird schulisch-institutionalisierte Freizeit. Indem die Schule Freizeit zum Gegenstand des Lernens macht und nach Integrationsmöglichkeiten von Unterricht und Nicht-Unterricht sucht, fördert sie nicht nur die Fähigkeiten und Fertigkeiten sinn- oder anspruchsvoller Freizeitgestaltung, sondern sie arbeitet mit am Projekt der Kultivierung von Lernsubjekten, die sich den Erfordernissen der ökonomisierten und flexibilisierten Wissensgesellschaften anpassen, indem sie wollen, was sie sollen. Die Schule erscheint als Ort systematischen Lernens dazu prädestiniert zu sein, das informelle Lernen in der Freizeit, die in den Diskursen nicht anders denn als Lernzeit gedacht wird, zu formalisieren. Mit der Vermittlung von Fähigkeiten zum Management der Freizeit erfüllt die Schule aber auch jene Aufgabe, die sie schon immer hatte: auf das Leben vorzubereiten – nun allerdings unter anderen, nämlich erweiterten Bedingungen.

Literatur

Alheit, Peter/Dausien, Bettina (2002): Bildungsprozesse über die Lebensspanne und lebenslanges Lernen. In: Tippelt, Rudolf (Hrsg.): Handbuch Bildungsforschung, Opladen: Leske und Budrich: 276-305.

Arbeitsstab Forum Bildung (2001): Lernen ein Leben lang – Bericht der Expertengruppe des Forum Bildung. Bonn.

Aristoteles (1995): Philosophische Schriften 4. Politik. Übersetzt von Eugen Rolfes. Darmstadt: Wissenschaftliche Buchgesellschaft.

Arnold, Rolf (2008a): Lebenslanges Lernen. In: Päd Forum 36./27. Jg., H. 3: 133/134.

Arnold, Rolf (2008b): Lernen im Lebenslauf. In: Päd Forum 36./27. Jg., H. 3: 142-145.

Bröckling, Ulrich (2002): Totale Mobilmachung. Menschenführung im Qualitäts- und Selbstmanagement. In: Ders./Krasmann, Susanne/Lemke, Thomas (Hrsg.) Gouvernementalität der Gegenwart. Studien zur Ökonomisierung des Sozialen. Frankfurt a-M.: Suhrkamp Verlag: 131-176.

Bröckling, Ulrich (2007): Das unternehmerische Selbst. Soziologie einer Subjektivierungsform. Frankfurt a.M.: Suhrkamp Verlag.

Conein, Stephanie,/Nuissl, Ekkehard (2001): „Lernen wollen, können, müssen!" Lernmotivation und Lernkompetenz als Voraussetzungen lebenslangen Lernens. In: Arbeitsstab Forum Bildung: Lernen ein Leben lang – Bericht der Expertengruppe des Forum Bildung, Bonn: 38-46.

Dohmen, Günther (1999): Das andere Lernen. Für einen entgrenzten Lernbegriff. In: Psychologie heute, Oktober 1999: 46-51.

Dohmen, Günther (2001): Das informelle Lernen. Die internationale Erschließung einer bisher vernachlässigten Grundform menschlichen Lernens für das lebenslange Lernen aller, hrsg. vom Bundesministerium für Bildung und Forschung (BMBF). Bonn.

Fattke, Reinhard/Merkens, Hans (Hrsg.) (2006): Bildung über die Lebenszeit. Wiesbaden: VS Verlag für Sozialwissenschaften.

Faulstich, Peter (2001): Lernzeiten für Lebenslanges Lernen. Expertise. In: Arbeitsstab Forum Bildung (2001): Lernen ein Leben lang – Bericht der Expertengruppe des Forum Bildung, Bonn: 75-84.

Fejes, Andreas/Nicoll, Katherine (Hrsg.) (2008): Foucault and Lifelong Learning. Governing the subject. London/New York:Routledge.

Helmstetter, Rudolf (2002): Austreibung der Faulheit, Regulierung des Müßiggangs. Arbeit und Freizeit seit der Industrialisierung. In: Bröckling, Ulrich/Horn, Eva (Hrsg.): Anthropologie der Arbeit. Tübingen: Gunter Narr: 259-279.

Hilbig, Norbert (1983): Schule und Freizeit, in: Vahsen, Friedhelm G. (Hrsg.): Beiträge zur Theorie und Praxis der Freizeitpädagogik. Hildesheim.

Hössl/Kellermann/Lipski (2002), in: Furtner-Kallmünzer, Maria/Hössl, Alfred/Janke, Dirk/Kellermann, Doris/Lipski, Jens (2002): In der Freizeit für das Leben lernen. Eine Studie zu den Interessen von Schulkindern. München: DJI.

Honig, Michael-Sebastian (1999): Entwurf einer Theorie der Kindheit, Frankfurt/M.: Suhrkamp Verlag.

Lamprecht, Markus/Stamm, Hanspeter (1994): Die soziale Ordnung der Freizeit. Soziale Unterschiede im Freizeitverhalten der Schweizer Wohnbevölkerung, Zürich: Seismo-Verlag.

Nahrstedt, Wolfgang (1972): Die Entstehung der Freizeit, Göttingen: Vandenhoeck & Ruprecht.

Opaschowski, Horst W. (1976): Pädagogik der Freizeit. Grundlegung für Wissenschaft und Praxis, Bad Heilbrunn/Obb.: Julius Klinkhardt.

Otto, Hans-Uwe/Coelen, Thomas (2004): Auf dem Weg zu einem neuen Bildungsverständnis: Ganztagsschule oder Ganztagsbildung? In: Otto, Hans-Uwe/Coelen, Thomas (Hrsg.): Grundbegriffe der Ganztagsbildung. Beiträge zu einem neuen Bildungsverständnis in der Wissensgesellschaft. Wiesbaden: VS Verlag für Sozialwissenschaften: 7-16.

Otto, Hans-Uwe/Rauschenbach, Thomas (Hrsg.) (2004a): Die andere Seite der Bildung. Zum Verhältnis von formellen und informellen Bildungsprozessen, Wiesbaden: Verlag für Sozialwissenschaften.

Opaschowski, Horst W. (1996): Pädagogik der freien Lebenszeit, Opladen: Leske + Budrich.

Opaschowski, Horst W. (2003): Pädagogik der Freizeit: Historische Entwicklungen und zukünftige Entwicklungsperspektiven, in: Popp, Reinhold/Schwab, Marianne (Hrsg.): Pädagogik der Freizeit, Hohengehren: Schneider-Verlag: 13-26.

Overwien, Bernd (2001): Debatten, Begriffsbestimmungen und Forschungsansätze zum informellen Lernen und zum Erfahrungslernen, in: Senatsverwaltung für Arbeit, Soziales und Frauen: Tagungsband zum Kongress „Der flexible Mensch". BBJ-Verlag: Berlin: 359-376.

Pätzold, Henning (2008): Verantwortung und lebenslanges Lernen. In: Päd Forum 36./27. Jg., H. 3: 139-14.

Prahl, Hans-Werner (1977): Freizeitsoziologie. Entwicklungen – Konzepte – Perspektiven. München: Kösel-Verlag.

Prange, Klaus (1995): Die wirkliche Schule und das künstliche Lernen, in: Zeitschrift für Pädagogik, 41. Jg., Nr. 3, 327-333.

Ramseger, Jörg (1993): Unterricht zwischen Instruktion und Eigenerfahrung. Vom wiederkehrenden Streit zwischen Herbartianismus und Reformpädagogik, in: Zeitschrift für Pädagogik, 39, Jg., Nr. 5, 825-836.

Rauschenbach, Thomas/Otto, Hans-Uwe (2004): Die neue Bildungsdebatte. Chance oder Risiko für die Kinder- und Jugendhilfe, in: Otto, Hans-Uwe/Rauschenbach, Thomas (Hrsg.): Die andere Seite der Bildung. Zum Verhältnis von formellen und informellen Bildungsprozessen, Wiesbaden: Verlag für Sozialwissenschaften.

Rumpf, Horst (1981): Die übergangene Sinnlichkeit. Drei Kapitel über die Schule, München: Juventa

Rumpf, Horst (1986): Die künstliche Schule und das wirkliche Leben. Über verschüttete Züge im Menschenlernen, München: Ehrenwirth.

Terhart, Ewald (2002): Unterricht, in: Lenzen, Dieter (Hrsg.): Erziehungswissenschaft. Ein Grundkurs, Reinbek bei Hamburg: Rowohlt: 133-158.

Zellmann, Peter: Pädagogik der Freizeit & Schule, in: Popp, Reinhold/Schwab, Marianne (Hrsg.): Pädagogik der Freizeit, Hohengehren: Schneider-Verlag: 44-64.

Ziehe, Thomas (1991): Zeitvergleiche. Jugend in kulturellen Modernisierungen, Weinheim und München: Juventa.

Zum Verhältnis von Schule und Schülern

Fritz-Ulrich Kolbe, Kerstin Rabenstein

Aus strukturfunktionalistischer Sicht weist Schule allen Kindern ab einem bestimmten Alter den Status 'Schüler' und damit die Aufgabe zu, gemäß den Erwartungen der Institution Schule zu handeln (vgl. Parsons 1968). In der Schule werden Kinder zum ersten Mal in ihrem Leben nicht mehr wie bisher in der Familie partikularistisch behandelt, sondern mit universalistischen Wertorientierungen konfrontiert. In strukturfunktionaler Perspektive wird dieses Verhältnis von Schule und Schülern im Sinne der gelingenden Reproduktion moderner Gesellschaften positiv kommentiert, da der Erwerb der Schülerrolle als eine die spätere Berufsrolle vorbereitende Rolle und damit als notwendige Voraussetzung für den Übergang in das Berufsleben verstanden wird.

In einigen Erzählungen der Professionellen an den weiterführenden Schulen, die wir rekonstruiert haben, werden die Schüler oder Teile der Schülerschaft nun als besonders 'defizitäre', den speziellen Anforderungen der weiterführenden Schule nicht gerecht werdende Wesen vorgestellt. In den Rekonstruktionen der symbolischen Konstruktion von Ganztag an der Havelschule (Oberschule) werden beispielsweise das Sozialverhalten und die Persönlichkeitsentwicklung der Schülerinnen und Schüler als defizitär beschrieben (vgl. Brehler/Weide in diesem Band). Für die Regenbogenschule wurde herausgearbeitet, dass die für Förderschulen charakteristische gesteigerte schulische Zuwendung den Schülern gegenüber mit der zeitlichen Ausweitung durch die Ganztagsschule eine nochmalige Intensivierung erfährt (vgl. Scholz u. a. in diesem Band). An den Gymnasien wird bei einem großen Teil der Schüler die für gymnasiale Bildung erforderliche Bereitschaft und Fähigkeit zu diszipliniertem Arbeiten vermisst (vgl. Rabenstein u. a. in diesem Band). Diese Defizitkonstruktionen haben gemeinsam, keine kognitiven Schwächen und Leistungsdefizite der Schüler zu benennen, sondern falsche oder fehlende Verhaltensweisen und Haltungen von Schülern, wie z.B. fehlende motivationale und soziale Voraussetzungen schulischem Lernens in den Mittelpunkt zu stellen. Die Ganztagsschule wird in diesem Fällen legitimiert mit den gegenüber der Halbtagsschule anderen oder erweiterten Möglichkeiten, die Schüler zu erziehen und 'Schul- und Arbeitsfähigkeit' mit erzieherischen Mitteln herzustellen. Dabei geht es in vielen der Schulen im Kern um einen 'neuen' Schülerhabitus, der auf die Selbstregulierung des Lernens ausgerichtet ist.

Die Diskrepanz zwischen den Erwartungen der Schule an ihre Schüler und den Haltungen und Voraussetzungen, die Kinder und Jugendliche in die Schule mitbringen, wird spätestens seit den 1970er Jahre thematisiert und es wirdauf sie mit der Forderung nach einer 'schülerorientierten' Schule reagiert.[1] Was wir im Folgenden zu zeigen versuchen, ist, dass sich in den letzten Jahrzehnten in der schulpädagogisch-didaktischen und pädagogisch-psychologischen Diskussion auf den ersten Blick weitgehend unabhängig voneinander und innerhalb verschiedener theoretischer Rahmenkonzepte eine die strukturfunktionalistische Konzeption der Schülerrolle in Frage stellende Sicht durchgesetzt hat. An notwendigerweise skizzenhaften Auszügen aus der Diskussion erstens in der Schulpädagogik um den Schüler und den Lebensweltbezug schulischen Lernens (1. Abschnitt) sowie zweitens der Lernpsychologie um den Lernenden und die intrinsische Motivation (2. Abschnitt) zeigen wir, wie als Kompensation für eine diagnostizierte fehlende 'Passung' zwischen Schule und Schülern Konzeptionen von Schule, Unterricht und Lernen entworfen werden, die sich an der kindlichen bzw. jugendlichen Lebenswelt und Innenwelt des Subjekts orientieren (vgl. auch Drieschner 2007, 103). Die in der strukturfunktionalistischen Perspektive stark gemachte Anforderung an Schüler, zu lernen, gemäß den Erwartungen der Institution zu handeln, wird dabei in Frage gestellt und die Schülerrolle bzw. die Rolle des Lernenden statt dessen als eine Tätigkeit entworfen, die in steigendem Maße durch die individuellen Interessen und Bedürfnisse, die subjektiven Sichtweisen und emotionalen Befindlichkeiten des einzelnen Schülers motiviert sein sollte und von den Schülern in weiten Teilen selbstständig und in Eigenregie ausgeführt werden kann und soll. Im dritten Abschnitt, unserem Fazit, kommentieren wir die Ergebnisse in zweierlei Weise: Zunächst diskutieren wir die Frage, wie diese Grenzverschiebungen von der Vorstellung des Schülers als Funktionsträger einer Rolle hin zum Bild des Schülers einerseits als 'ganzer Person' und andererseits einer inneren Steuerungsinstanz selbstständigen Arbeitens vorläufig einzuschätzen sind (Abschnitt 3.1). Abschließend betrachten wir die mit Ganztagsschule verbundene reformpädagogische Semantik aus pragma-

---

[1] Da hier der Frage, wie zurzeit der Schulkritik Ende des 19./ Anfang des 20. Jahrhunderts das Verhältnis zwischen Schule und Schülern gedacht wird, an dieser Stelle nicht nachgegangen werden kann, lässt sich für die Diskussion in den 1970er Jahren zwar kein erstes Aufkommen, eher wahrscheinlich eine erneute Intensivierung der Diskussion über das Verhältnis von Schule und Schülern beobachten.

tistischer Perspektive im Anschluss an John Dewey (Abschnitt 3.2). Inwieweit diese Entwicklung auf die sich vollziehenden gesellschaftlichen Ausdifferenzierungsprozesse insgesamt zu beziehen ist, wird von Fritz-Ulrich Kolbe und Sabine Reh im abschließenden Kapitel des Buches erörtert.

1   Vom Schüler als Funktionsträger einer Rolle zum Schüler als 'ganze' Person. Die schulpädagogisch-didaktische Diskussion

Dass es die Schülerrolle gibt, wird in der schulpädagogischen Diskussion bislang nicht explizit angezweifelt. Als Ausgangspunkt pädagogischer Auseinandersetzungen mit dem „Problem des Schülers" (Böhm 1977a: 176) und seiner Rolle (vgl. Calvert 1975; Böhm 1977; Krüger 1978) in den 1970er Jahren wird immer wieder auf das Fehlen einer „Theorie des Schülers" (Böhm 1977a: 176) hingewiesen, einer „Psychologie des Schülers" (Böhm 1977a: 176) ebenso wie einer „soziologischen Analyse der Rolle und Stellung des Schülers" (Bauer 1971: 27), wenngleich historisch Anknüpfungspunkte einer „Pädagogik des Schülers" (Böhm 1977: 177) an reformpädagogische Ideen durchaus in Rechnung gestellt werden. Eine Neujustierung der Schülerrolle wird jedoch zum einen im Kontext des sich verändernden Rechtsverhältnisses zwischen Schule und Schülern für notwendig erachtet.[2] Andererseits wird im Zusammenhang mit dem Entwurf einer Schule, „die den Schüler ernster nimmt als die traditionelle Belehrungsschule" (Krüger 1978: 99), einer „schülerorientierten Schule" (ebd.), eine Erweiterung oder Veränderung traditioneller Strukturelemente der Schülerrolle gefordert. Heute – drei Jahrzehnte später – wird über die unterschiedlichen Schulformen und Schulstufen hinweg konstatiert, dass die in der Schule favorisierten Methoden und Inhalte nicht mehr zu den Kindern bzw. Jugendlichen passten, die sie besuchten (vgl. Heinzel 2005; Helsper/Böhme 2002). Paradoxerweise gehen die Schüler Umfragen zufolge weniger gerne zur Schule als frühere Schülergenerationen, obwohl das Klima an den Schulen „liberaler, offener und schülerfreundlicher" geworden sei und die Lehrer-Schüler-Beziehungen „weniger autoritär und statt dessen eher partnerschaftlich" ausgerichtet seien (Fölling-Albers 2000: 127). Im Folgenden fragen wir danach, wie seit den 1970er Jahren in der schulpädagogischen Diskussion das Verhältnis von Schule

---

[2] Seit den 1970er Jahren verändert sich auch die rechtliche Stellung des Schülers in der Schule. Indem mehr Rechte, Wahl- und Mitbestimmungsmöglichkeiten der Schüler erkämpft werden (vgl. Vogel 1977/1972), wird der Schüler zunehmend weniger im Rahmen eines 'besonderen' Gewaltverhältnisses, sondern als Rechtssubjekt konstituiert (vgl. Heckel 1977).

und Schülern beschrieben wird und was auf Seiten der Schüler als nicht mehr zu der Schülerrolle passend ausgemacht wird.

In den 1970er Jahren erfährt die Diskussion der erzieherischen Verhältnisse in der Schule insbesondere durch die Rezeption der Theorie des Symbolischen Interaktionismus ihre besondere Nuancierung (vgl. Böhm 1977: 179; u. a. auch Wellendorf 1973; Ulich 1977/1974, Moeller 1977/1969). Identitätsbildung, verstanden als Ausbalancierung sowohl lebensgeschichtlich nacheinander als auch nebeneinander stehender Rollenerwartungen, so die zentrale These, sei in der Schule zwar stets gefordert, zugleich aber auch immer gefährdet (vgl. Wellendorf 1973 u. 1973/1976). Passten sich die Kinder in hohem Maße der Erwartung der Institution Schule an, ihr Verhalten, ihre Affekte und Triebe zu kontrollieren, würden die persönlichen Bedürfnisdispositionen gegenüber den sozialen Rollenerwartungen in den Hintergrund gedrängt. Geschähe dies auf Dauer, wie Wellendorf (1973) am Beispiel schulischer Rituale untersucht, wäre die Identitätsentwicklung der Kinder zu einseitig an den sozialen Erwartungen der Institution orientiert. Zudem hätten die Bedürfnisse und Affekte der Individuen als Ausdruck ihrer personalen Identität – insofern sie überhaupt zum Tragen kämen – nur innerhalb der von der Institution festgesetzten Regeln eine Chance in die Darstellung von Identität einzugehen, so dass die Voraussetzung der Identitätsbildung, die persönlichen Wünsche, Gefühle und Bedürfnisse relativ ungestört darzustellen, nicht gegeben seien.

An diese Überlegungen anschließend stehen im Zentrum einer Reihe quantitativer und qualitativer Studien in den 1970er und frühen 1980er Jahren die Strategien, die die Schüler zum Umgang mit der Negierung ihrer individuellen Bedürfnisse und Wünsche in der Schule entwickeln. So werden in den Untersuchungen zu Etikettierungs- und Typisierungsprozessen in der Schule und deren Folgen für die Identitätsbildungsprozesse von Kindern und Jugendlichen (vgl. Goffman 1967; Becker 1973; Brusten/Hurrelmann 1973; Cicourel/Kitsuse 1976/1968) solche Schüler Gegenstand der Untersuchungen, deren Leistungen, Verhalten oder Gefühle nicht zu den Erwartungen der Institution passen. In den Forschungen zu den unerwünschten Nebentätigkeiten von Schülern (vgl. Heinze 1980; Petillon 1987; Zinnecker 1978) werden erstmals jene Strategien von Schülern untersucht, die das geltende Regelwerk stillschweigend unterlaufen, ohne sich öffentlich und offiziell gegen dieses zu stellen, und die zur Entstehung einer identitätsstiftenden Gemeinschaft von Schülern, einer Schülersubkultur, beitragen (vgl. Zinnecker 1978).

Die Kritik an der Institution, die die Bedürfnisse und Interessen der Schüler negiere, findet in den 1970er Jahren ihre Umsetzung in Ansätzen schülerorientierten Unterrichts (vgl. Schmaderer 1976, Einsiedler/Härle 1976, Wagner 1976,

Krüger 1978). Der Grundtenor der bis heute letztlich nicht gelungenen Versuche, diesen Begriff systematisch zu einem Konzept auszuarbeiten, lautet, dass eine schülerorientierte Schule nicht nur – wie in der traditionellen Schülerrolle – die Verhaltensweisen fördere, die der Aufgabe des Schülers zu lernen Rechnung trügen (wie Stillsitzen, Zuhören, Sich melden, Drankommen, Reden, Lesen, Schreiben), sondern auch andere, die traditionelle Rolle erweiternde Aufgaben (wie selbstständiges Vorgehen, Kooperieren, Spielen, Arbeiten, Lehren, Mitbestimmen und Verantwortung tragen) (vgl. Krüger 1978: 99). Zudem solle der Schüler nicht nur Objekt, sondern auch Subjekt seines Lernprozesses sein (vgl. Einsiedler/Härle 1976: 14.). Der Lehrer hätte die „Grundkräfte kindlicher Entwicklung wie den Bewegungsdrang, den Selbstständigkeitsdrang, den Gesellungstrieb u. ä. im Unterricht zu berücksichtigen und bewusst für die Unterrichtsgestaltung nutzbar zu machen" (Dietrich 176, 10). Im Unterschied zu anderen Formen offenen Unterrichts fokussiert der Begriff insbesondere darauf, „die Lerngegenstände stärker aus dem inneren Erlebens- und Verständnishorizont der Schüler" (Groddeck 1982 623) zu begreifen (vgl. auch Einsiedler 1983). Somit wird es notwendig, mehr über ‚den' Schüler, sein Denken und seine Wünsche zu wissen.

In den 1980er Jahren zeigen Befragungen von Schülern unterschiedlichen Alters und unterschiedlicher Schulform, was die Jugendlichen selbst über Schule denken. Ihre subjektiven Sichtweisen auf Schule zu kennen werde – so Hurrelmann (1983: 30) – aufgrund der Ausdehnung der Schulzeit, der historisch neuartigen Situation, dass Jugendzeit entscheidend durch Schulzeit geprägt werde, erforderlich (vgl. Hurrelmann 1983: 30). Bis heute breit rezipiert wird zum Beispiel die These, dass die Schule nicht (mehr) zu den Jugendlichen passe, weil sie schulisches Lernen auf Leistung reduziere (vgl. Furtner-Kallmünzer/Sardei-Biermann 1982: 56) und nur auf den Erwerb eines Abschlusses bzw. einer Qualifikation für eine spätere Berufstätigkeit ausgerichtet sei, aber den Jugendlichen nicht ermögliche, gegenwärtig als subjektiv bedeutsam erlebte Erfahrungen zu sammeln (vgl. Hurrelmann 1983; Furtner-Kallmünzer 1983). Darüber hinaus wird hervorgehoben, dass die Schüler selbst der Subjektneutralität von Schule, der Rollenförmigkeit und Sachlichkeit der Beziehungen zwischen Lehrern und Schülern kritisch gegenüber ständen (vgl. Furtner-Kallmünzer/Sardei-Biermann 1982). Dieser Befund überrascht vor dem Hintergrund, dass die Jugendlichen der 1980er Jahre – ähnlich wie die Generation vor ihnen – den Gleichaltrigenbeziehungen höchste Priorität zuschrieben und die Bedeutung der Beziehungen zu den Lehrern gegenüber der vorhergehenden Generation eher abgenommen hatte (vgl. Aster/Kuckartz 1988). Zudem äußern die befragten Schüler neben dem Wunsch, von den Lehrern als konkrete

Subjekte mit eigenen Bedürfnissen, Interessen und Erfahrungen angesehen zu werden, auch den Wunsch, dass die Lehrer sich ihnen gegenüber distanziert verhalten, alle Schüler gleich behandeln, keine Stimmungen zeigen und ihre eigenen Probleme und Bedürfnisse nicht in die Interaktion einbringen sollen (vgl. Furtner-Kallmünzer/Sardei-Biermann 1982: 36-38). Dennoch plädieren die Autorinnen der Studie in ihrem Fazit für ein pädagogisches Verhältnis zwischen Lehrern und Schülern, das sich auf die 'ganze' Person des Schülers zu beziehen hätte (vgl. Furtner-Kallmünzer/Sardei-Biermann 1982).

Wurde bis dahin noch von den einzelnen Individuen abstrahiert und 'dem' Schüler für alle als gleich unterstellte Bedürfnisse zugeschrieben, gibt es seit den 1980er Jahren eine Tendenz, die Subjektivität Einzelner bzw. bestimmter Schülergruppen anhand von Fallstudien genauer zu beschreiben. So richtet der 1983 erschienene Sammelband den Blick auf (neue) Formen von Subjektivität (vgl. Breyvogel/Wenzel 1983), wie sie sich etwa in Grafitti (vgl. Sturm 1983), biographischen Erzählungen von Schülern (vgl. Helsper 1983; Schön 1983) oder körperlichen Auseinandersetzungen unter Jungen (vgl. Schulze 1983) zeigen würden. Hintergrund ist ein konstatierter sich vollziehender Bruch zwischen den Generationen, der nicht mehr mit dem Generationenkonflikt, sondern mit sich verändernden Subjektstrukturen erklärt werden könne. Deswegen machen sich die Autoren dafür stark, das Subjektive, das gemeinhin abgewertet werde, in den Vordergrund zu rücken.

Das sich seit den 1980er Jahren entwickelnde Interesse für Kindheit als 'veränderter Kindheit' (vgl. Fölling-Albers 1995 u. 2001) macht auffälliges bzw. störendes Verhalten von Schülern im Unterricht ebenfalls mit Blick auf deren besondere Subjektivität erklärbar: Kennzeichnend für die veränderten Probleme der Lehrer mit den Schülern seien vor allem Verhaltens- und Aufmerksamkeitsprobleme vieler Schülerinnen und Schüler, die sich u. a. darin zeigten, dass diese im Unterricht spontane Bedürfnisse nicht zurückstecken könnten, es nicht aushalten könnten, sich nicht zu persönlich Wichtigem, sondern zu Sachthemen äußern zu sollen bzw. zu warten drangenommen zu werden (vgl. Fölling-Albers 1995: 13). Ethnographische Forschungen seit den 1990er Jahren zu den sozialen Lebenswelten von Schülern in und außerhalb von Schule und Unterricht (vgl. Behnken/Jaumann 1995; im Überblick Zinnecker 2000) zeichnen im Weiteren ein zunehmend differenziertes Bild unterschiedlicher Lebenswelten und einzelner Lebenswege von Schülern, dem individuellen

Kind- bzw. Jugendlichensein.[3] Das Auflösungsvermögen der überwiegend fall-bezogenen Studien wird tendenziell immer größer. Auch die Perspektive auf Kinder wird in den 1990er Jahren neu akzentuiert: Kinder werden ausdrücklich als Akteure und Konstrukteure ihrer Lebenswelten im Sinne eines „doing children" (Breidenstein/Kelle 1996: 64) verstanden und auch in der Grund-schulpädagogik immer weniger nur als „Opfer von Sozialisationseinwirkungen" gesehen (Fölling-Albers 2003: 36). Detailstudien können aber auch zeigen, dass und wie in pädagogischen Situationen der Individualität der Kinder versucht wird vermehrt Rechnung zu tragen, was im Gegenzug auf Seiten der Schüler zu einem Widerstand gegen die Reduktion auf die „traditionelle Schülerrolle mit ihren reduzierten und vorgeschriebenen Verhaltensspielräumen und Inhaltsbe-reichen" führe (Fölling-Albers 1995: 16).

Das Singuläre und Einzigartige des einzelnen Schülers, seiner Subjektivität und seines Lebensweges in den Mittelpunkt zu rücken, ist auch das Anliegen der sich seit den 1990er Jahren verstärkt entwickelnden Schülerbiografieforschung (vgl. Helsper/Bertram 1999; Kramer/Helsper 2000; Helsper/Böhme 2002), die danach fragt, wie Schüler die Schule und ihre Rollenanforderungen individuell erleben, erzählen und deuten. Während zunächst der Fokus auf das subjektive Erleben des einzelnen Schülers gerichtet ist (vgl. Nittel 1992), gilt seit Ende der 1990er Jahren das Forschungsinteresse dem fallspezifischen Passungsverhältnis zwischen einzelnen Schülern und Einzelschulen (vgl. Kramer 2002). In der Zusammenführung der Analysen der „symbolischen Ordnung der Schule" und der „symbolischen Ordnung der Biografie" wird ein Modell „schulbiographi-scher Passungsverhältnisse" entworfen (Kramer 2002: 13). Das Verhältnis von Schule und Schülern wird also nicht mehr generalisierend für alle gleich be-stimmt, sondern anhand von Einzelfällen (vgl. Helsper/Bertram 1999: 269). So ist es die Subjektivität des Einzelnen, die in manchen Fällen gut, in anderen gerade nicht zu den Bildungsvorstellungen und Schüleridealvorstellungen der von ihm besuchten Schule passt (vgl. zum Beispiel Kramer 2002, Idel 2007).

Auf diese Weise wird also die Subjektivität des einzelnen Schülers zuneh-mend besser erforscht und damit im Diskurs zum Vorschein gebracht. Rekur-riert wird mittlerweile auch etwa in Begründungen von Formen geöffneten Un-terrichts auf die steigende Heterogenität der Kinder im Hinblick auf ihre kinder-kulturellen Praxen, familiale Herkunft, Entwicklungs- und Leistungsdifferenzen.

---

[3] Auch in der quantitativen Forschung hat sich ein an der Lebenswelt der Schüler und ihrem Ver-hältnis zur Schule interessierter Forschungszweig entwickelt, in dem mit zunehmend komplexen methodischen Arrangements das Verhältnis von Jugend und Schule untersucht wird (vgl. Fend 1997; Krüger u. a. 2000).

Mit pädagogisch-didaktischen Konzepten, die sich als Antwort auf die diagnostizierte Pluralität verstehen (vgl. Prengel 1993; Graumann 2002; Bräu/Schwerdt 2005), ist ebenfalls die Erwartung verbunden, unterschiedliche Lernvoraussetzungen, Lernerfahrungen und -interessen, Kompetenzen und Strategien der Kinder gezielter zu berücksichtigen. Die Forderung nach einer 'schülerorientierten Schule' setzt sich – wenn auch nicht unter diesem Label – in den verschiedenen Trends in der Didaktik fort, denen bei aller Unterschiedlichkeit im Einzelnen gemeinsam ist, dass die schulischen Erwartungen sich vom Sachanspruch beim Lernen zur subjektiven Bedeutung des Wissens und seiner aktiven, selbstgesteuerten Aneignung verlagern (vgl. auch Drieschner 2007: 113). Verbunden mit diesen pädagogisch-didaktischen Vorstellungen ist eine Erhöhung der subjektiven Dimension des Unterrichts, der Abbau der Differenzen zwischen Alltagswelten und schulischen Anforderungen (vgl. Drieschner 2007: 107). Paradoxerweise ist es dann gerade der von Kindern und Jugendlichen in der Schule gelebte „Individualisierungsanspruch" (Fölling-Albers 1993), der seit Ende der 1990er Jahre als Überforderung von Schule und Lehrern in der schulpädagogischen Diskussion problematisiert wird (vgl. Fölling-Albers 2003).

Nun bleiben diese Entwicklungen in der Schulforschung nicht ohne Folgen dafür, wie das Verhältnis von Schule und Schülern gedacht wird. Im Vergleich zu den Anfängen der Pflichtschulzeit habe sich, so Fölling-Albers (2000), das Bild des Kind-Seins und Schüler-Seins somit zumindest in Teilen eine Umkehrung erfahren: „Kind-Sein und Jugendlicher-Sein, früher durch das Schüler-Sein definiert, werden nunmehr als Leben 'neben' dem Schüler-Sein betrachtet" (Fölling-Albers 2000: 120). Während die Durchsetzung der Institution Schule historisch als Voraussetzung für die Entstehung eines bis heute gültigen Begriffs von Kindheit begriffen werde, setze sich nunmehr die Ansicht durch, Kind-Sein oder Jugendlicher-Sein würden durch die Schule gerade unmöglich gemacht.

'Kind-Sein' in der Schule (wieder) zu ermöglichen, ist das Anliegen der seit Mitte der 1990er Jahre in der grundschulpädagogischen Diskussion verstärkt geforderte Verzahnung von Kindheits- und Grundschulforschung (vgl. Behnken/Jaumann 1995; Renner 1999; Panagiotopoulou/Brügelmann 2003; Breidenstein/Prengel 2005). Kinder bräuchten zwar nicht die Rückkehr in eine andere Welt, so aber doch zumindest ein Gegengewicht zu den pädagogisch kontrollierten Räumen innerhalb von Schule. Im Anschluss an Langevelds (1960) Dialektik von Schule und Nicht-Schule, die im Widerstreit von Bestimmbaren und notwendig Unbestimmbaren in der Welt des Kindes besteht, wird das Gegengewicht beispielsweise in einer komplementären Welt von Unbestimmtem und frei Bestimmbarem konzeptualisiert.

Deutlich gegen eine Ausweitung pädagogischer Zuständigkeit von Schule bzw. Lehrern und für ihre Begrenzung und Spezifizierung spricht sich hingegen Ziehe (1996 u. 2002) in Bezug auf das Verhältnis zwischen Schule und Jugend aus. Die seit den 1970er Jahren zu beobachtenden Entwicklungen in der Schul- und Unterrichtsreform beschreibt er als eine gesteigerte Annäherung des Unterrichts an die Schülerhorizonte – als „[e]ine Pragmatisierung der Inhalte, eine Informalisierung der Umgangsweisen, eine Subjektivierung der Selbstwahrnehmung" (Ziehe 1996: 38) –, die nicht weiter zu steigern sei. Die Ausweitung pädagogischen Kalküls, auch eines gut gemeinten, kritisiert er scharf und stellt ihr das Recht des Schülers auf eine gewisse Intransparenz der Schüler-Welt und auf bewertungsfreie Zonen innerhalb des Schulalltags entgegen. Die Differenz zwischen der Schule und der jugendlichen Lebensform wird als konstitutiv angesehen, die von der Schule nicht aufgehoben, sondern nur der Umgang mit ihr erleichtert und begleitet werden kann. So schlägt auch Wünsche (1993: 2002) im Anschluss an Jakob Muth (1966) vor, die Tätigkeiten, die Schüler in der Schule verrichten, nicht als Daseinsform oder austauschbare Rolle,[4] sondern als 'Schülerberuf' zu verstehen, und somit auch den Schüler vom Kind, Jugendlichen und Zögling abzugrenzen. Den Schülerberuf[5] versteht Muth (1966) als einen an das Kind bzw. den Jugendlichen ergehenden Ruf im Sinne einer ihm angetragenen Aufgabe.

Wir kommen zu einem ersten Fazit. Retrospektiv betrachtet, liest sich die schulpädagogische Diskussion um das Verhältnis von Schule und Schülern seit den 1970er Jahren weitgehend als eine Ausdifferenzierung der These, dass die Schule die individuellen Bedürfnisse und Gefühle, Wünsche und Interessen der Schüler negiere, die sich aus der symbolisch-interaktionistischen Konzeption einer durch Balance entstehenden Ich-Identität speist. In den Fokus der empirischen Forschung gerückt werden die subjektiven Sichtweisen der Schüler, ihre Lebenswelt und Subjektivität. Immer differenziertere Beschreibungen werden insofern ermöglicht, als zunächst die Subjektivität und Lebenswelt 'der Schüler' als einer Gruppe, dann unterschiedlicher Gruppen von 'Schülern' und schließlich einzelner Schüler immer genauer untersucht werden. Untersuchungen aus

---

[4] Muth setzt sich ab von dem Begriff der 'Rolle', da diese eine seiner Meinung nach austauschbare Tätigkeit bezeichnet: Während der Erwachsene verschiedene Rollen einnehmen könne – wie die des Schauspielers, des Briefträgers etc., muss der Heranwachsende Schüler sein, ob er will oder nicht (vgl. Muth 1966: 9).
[5] Berufstätigkeit zeichnet sich bei Muth (1966: 5-22) dadurch aus, dass die Schulsituation für den Schüler Ernstcharakter hat (z. B. Klausuren, Tests etc.), dass jede/r ihn mehr oder wenig gut ausübt, mehr oder weniger begabt dafür ist, dass sie eine bestimmte Zeit des Tages in Anspruch nimmt und dass der Schüler für eine bestimmte Gegenleistung (Zeugnisse, Abschlüsse etc.) bestimmte Aufgaben zu erfüllen hat.

ethnographischer und sozialkonstruktivistischer Perspektive betonen zudem seit den 1990er Jahren verstärkt die aktive Herstellung sozialer Welten in der Schule durch die Kinder selbst.

Mehr über die subjektiven Sichtweisen und Bedürfnisse der Schüler sowie ihre im Alltag gemachten Erfahrungen in und außerhalb der Schule zu erfahren, wurde erst in dem Maße wichtiger, in dem Lernen als Prozess verstanden wurde, den es zwischen Schülern, Lehrern und Eltern auszuhandeln gelte (vgl. Zinnecker 2000: 675). Wurde zunächst noch das grundsätzliche Fehlen der Schülersicht im schulpädagogischen Diskurs beklagt (vgl. Fromm 1987), wird mittlerweile auch der Erforschung der Schülersicht auf Schule und Unterricht ein hoher Stellenwert beigemessen und den Schülern ein Expertenstatus für das Wirken didaktischer Arrangements aus ihrer Sicht zugesprochen (vgl. z. B. Meyer/Schmidt 2001; Gruehn 2000; Radisch u. a. 2007). Die genaue Kenntnis des Schülers, das fallspezifische Verstehen des Schülers, wird mittlerweile auch als Teil der Professionalität von Lehrern verstanden.

In der Diskussion lässt sich insgesamt die Tendenz erkennen, dass nicht mehr vorrangig dem Kind – wie aus strukturfunktionalistischer Perspektive (vgl. Parsons 1968) – die Aufgabe zugewiesen wird, zu lernen gemäß den in der Schule geltenden, sich von Familie und peer-Kultur konstitutiv unterscheidenden Normen und Regeln zu verhalten. Vielmehr wird weitgehend der Schule bzw. dem didaktischen Handeln der Lehrer die Aufgabe zugewiesen, auf die konstatierten Veränderungen auf Seiten der Kinder und Jugendlichen, die in der Forschung zunehmend genauer beschrieben werden können, zu reagieren und sich den Bedürfnissen der Kinder anzubequemen, wie Wünsche (2002: 372) kritisch bemerkt. Kinder und Jugendliche werden eingeladen, ihre Alltagserfahrungen, subjektiven Sichtweisen und Bedürfnisse, ihre kinder- und jugendkulturelle Erfahrungs- und Verhaltensmuster in vollem Umfang in der Schule zur Geltung zu bringen, sich nicht mehr auf die Schülerrolle reduzieren zu lassen. Schülersein wird somit tendenziell, um es mit Wünsche (1993: 378) zu formulieren, als 'Daseinsform' begriffen, mit anderen Worten: der Schüler wird (wieder) zum Kind bzw. Jugendliche, der in der Schule als ganze Person in Erscheinung treten darf bzw. soll.

2 Vom selbstgesteuerten Lernen als Merkmal von Lernsituationen hin zu den Selbststeuerungsdispositionen der Lernenden. Die pädagogisch-psychologische Diskussion

In den 1980er Jahren entsteht eine neuere Diskussion um selbstgesteuertes Lernen. Weinert (1982) systematisierte damals eine sehr unpräzise Begriffsverwendung in der Weise, dass er von selbstgesteuertem Lernen als Merkmal von Lernsituationen sprach – nicht primär als Charakterisierung kognitiver Prozesse 'im' Lernenden. Kriterien waren ihm, wenn Spielräume für die selbstständige Festlegung von Lernzielen, -methoden und Lernzeiten verfügbar seien und diese auch wahrgenommen würden, und dadurch Lernende ihr Vorgehen auch als eigenständige Gestaltung wahrnehmen könnten, die verantwortlich auszuüben sei (vgl. Weinert 1982: 102 f.). In den 1990er Jahren entstanden dann neue psychologische Konzepte (vgl. Schiefele/Pekrun 1996), die demgegenüber eine neue, kognitivistische Engführung einführten: Das Konstrukt Lernender hebt nun darauf ab, dass diese aktiv konstruierend agierten und sich dabei bezüglich der Zielsetzungen, Selbstbeobachtung, mentalen Planung und Selbstkontrolle selbst steuerten. Schiefele und Pekrun entwerfen mit der Frage danach, wie ein Lerner sich selbst steuern kann, eine erste Vorstellung von einem Aufbau einer inneren Instanz oder Selbststeuerungsdisposition.

Für die pädagogisch-psychologische Diskussion in der „Pisa-Phase" sind zwei Diskussionslinien besonders hervorzuheben. Einmal ist es die neuere Motivationstheorie der „Selbstbestimmung" (Deci/Ryan 1993), welche die Bedingungen für Lernerfolg durch hohe Lernmotivation davon abhängig macht, im welchem Maß den Lernenden Erfahrungen von eigenständiger Kompetenz, Autonomie und sozialer Eingebundenheit ermöglicht werden. Zum zweiten ist es die umfassendere Konzeption der Selbststeuerung des Lernens (vgl. zum Überblick Kiper/Mischke 2008), die über Motivationsfaktoren hinaus weitere Aspekte einbezieht, und postuliert, dass erfolgreiches Lernen von der umfassenden Fähigkeit der selbstständigen und zur Selbststeuerung kompetent gemachten Subjekte abhänge, wesentliche Komponenten für Lernen auch selbstständig zu steuern. Präsupponiert wird dabei einmal, die Subjekte hätten selbstständig ihre Motiviertheit hervorzubringen. Umfassender wird außerdem im Selbststeuerungs-Diskurs konzeptualisiert, welche eigenen Dispositionen das Subjekt darüber hinaus noch für erfolgreiche Lernprozesse selbstständig hervorbringen muss. Der Diskurs in der „Nach-PISA-Phase" knüpft mit zwei Strängen daran an.

Die neuere Motivationstheorie der 'Selbstbestimmung' wird im Anschluss an die PISA-Studie und in Teilen der BIQUA-Unterrichtsforschung verstärkt rezipiert (vgl. Klieme 2006; Rakoczy 2006). Wurde traditionell nach äußeren und inneren Faktoren gefragt, welche die Motivationslage Lernender bestimmen, und welche als vorgängige situative Rahmungen oder vorgängige Dispositionen Einzelner aufgefasst wurden, so verändern sich in der weiteren psychologischen Diskussion diese Vorannahmen: Um intrinsisch hoch motiviert und maximal lernfähig zu sein, muss das Subjekt eine konstruktive Eigenleistung integrativer Art erbringen (vgl. Deci/Ryan 1993; Deci/Ryan 2000). Rakoczy resümiert in ihrer Darstellung für die Diskussion hierzulande: Deci/Ryan (1993) zufolge bietet „die Erfüllung der Bedürfnisse nach Kompetenz, Autonomie und sozialer Eingebundenheit die energetische Grundlage für die organismische Integration (...), sie geht mit positivem emotionalem Erleben einher und ermöglicht es dem Individuum (...), den Zustand höchster Selbstbestimmung – intrinsische Motivation – zu entwickeln" (Rakoczy 2006: 824). Diese Eigenleistung gelingt danach in dem Maße, in welchem „die Bedürfnisse nach Kompetenz, Autonomie und sozialer Eingebundenheit" (Rakoczy 2006: 824) durch das Setting und seine Lernsituationen erfüllt werden. Ryan und Deci werden hier von der Unterrichtsforschung rezipiert, um „Motivationsunterstützung" (vgl. Klieme 2006; Rakoczy 2006) im Unterricht zu konzeptualisieren und Operationalisierungen für eine diesbezügliche Qualität zu gewinnen.

Das Bedürfnis nach Autonomie wird dadurch befriedigt, dass man sich als wirksam erlebt, über eigene Tätigkeiten bestimmen kann und aus eigenen Orientierungen heraus und gemäß eigener Interessen handeln kann. Dem Bedürfnis nach Kompetenzerfahrung lässt sich dann entsprechen, wenn Einfluss auf die Umwelt ausgeübt wird und die Individuen ihr Bedürfnis nach Selbstwirksamkeitserfahrung als Selbstbestätigung suchende erfüllen können. Das Bedürfnis, sich sozial eingebunden zu erleben, „caring for and being cared for by those others" (Ryan/Deci 2002), wird befriedigt durch als sicher erlebte Beziehungen, in denen andere Individuen überzeugend zu einem selbst stehen. Rakoczy (2006) wendet dies so auf Unterricht, dass sie von der Anforderung spricht, sich „positive Rückmeldungen durch Lehrer zu erarbeiten" (ebd.: 826).

Als Voraussetzung für hohe Lernleistungen stellen diese Arbeiten bezogen auf Motivation deshalb heraus, dass die Schülerinnen und Schüler in dem Umfang, in dem das Lernsetting diese positiven Erfahrungen erlaubt, in der Lage dazu sind, selbst ihre eigene Motiviertheit hervorzubringen. Mit Hilfe der Praktiken, welche Lehrer im Unterricht dafür vorgeben, werden die Schülerinnen und Schüler zu sich selbst motivierenden Subjekten.

Der gleichen Phase der Diskursentwicklung zuzurechnen sind auch die Konzeptionen selbstgesteuerten Lernens, wie sie für erziehungswissenschaftliche Forschung exemplarisch im Forschungskontext „Untersuchungen zur Bildungsqualität von Schule" herangezogen wurden (vgl. Prenzel/Allolio-Näcke 2006). Beispielsweise Otto u.a. (2006: 211) legitimieren mit PISA 2004 als zeitgemäß, „die Entwicklung der Fähigkeit zum eigenverantwortlichen, selbstregulierten Lernen neben der Vermittlung von Fachwissen als eine der Hauptaufgaben" zu betrachten. Das BIQUA-Programm untersuchte entsprechend „Trainingsverfahren zur Förderung selbstregulierten Lernens" (ebd.). Zentraler Bezugspunkt der Autoren dort ist das Prozessmodell der Selbstregulation von Schmitz (2001) beziehungsweise zuerst von Zimmerman (2000), das als Aufgaben für Lernende unter anderem die Festlegung der Ziele, das Hervorbringen von emotionalen und motivationalen Dispositionen, eine Planung des Vorgehens unter Verwendung von Lernstrategien und ein Auslösen von Willensdispositionen unterscheidet, vor allem aber die methodische Selbstbeobachtung und Selbstbewertung (vgl. zur Rezeption dieses Ansatzes im Rahmen von BIQUA Otto u.a. 2006: 213ff. und Leopold u.a. 2006: 268ff.).

Die umfassendere Konzeption der Selbststeuerung des Lernens bezieht über Motivationsfaktoren hinaus also weitere Aspekte mit ein, und postuliert, dass erfolgreiches Lernen von der umfassenden Fähigkeit der kompetent gemachten Subjekte abhänge, wesentliche Komponenten im Lernprozess auch selbstständig zu steuern. In dieser aktuellen Selbstregulierungstheorie bringen die Schülerinnen und Schüler nicht nur ihre Motiviertheit, sondern die Voraussetzungen für Selbstreguliertheit, insbesondere Selbstbeobachtung, selbst hervor. Besonders betont wird dann, dass „ein Lernender die Verantwortung für seinen Lernprozess übernimmt und ihn selbstständig und zielorientiert überwacht und steuert" (Leopold u.a. 2006: 268). Die genannten selbstregulativen Subprozesse sollen sich dabei nicht nur auf Kognitives, sondern auch auf die „Regulation von motivationalen und kontextbezogenen Faktoren" (Leopold u.a. ebd.) beziehen. Das tradierte kognitionspsychologische Denken wird deshalb hier in seinem Konstrukt eines lernenden Individuums nochmals zugespitzt, indem alles Lernen und die Verantwortung dafür, dass geeignete Bedingungen dafür hergestellt werden, wesentlich auch in die lernende Person selbst verlegt werden.

Die zugrundeliegenden psychologischen Modellierungen lassen sich als unterschiedliche Antworten auf die Frage nach der Modalität der Ich-Beteiligung beim Lernen verstehen (vgl. die aktuelle Darstellung bei Kiper/Mischke 2008). Neben Vorstellungen von Selbstmanagement verstanden als

Selbstkontrolle lässt sich ein breiter vertretenes Modell der Selbststeuerung bei Lernprozessen (vgl. z.b. Schiefele/Pekrun 1996; Wild/Gerber 2006) allgemein herausarbeiten. Unter Steuerung wird hier die Steuerung der kognitiven Verarbeitung präsentierter Inhalte verstanden. Thematisiert werden „Lerntechniken und Lernstrategien", Vorgehensweisen, um etwas zu verstehen, dann „metakognitive Strategien" wie Wissen über die eigene Person, über Vorgehensweisen beim Lernen und dessen Planung und Kontrolle, und schließlich Umgangsweisen mit lernbezogenen Ressourcen wie der Situationsgestaltung, der Zeit, der eigenen Kraft (vgl. Schiefele/Pekrun 1996). Wild und Gerber (2006) spitzen diese Konstruktion gegenwärtig so zu, dass sie unterschiedliche Strategie-Elemente taxonomisch ordnen. So entsteht kennzeichnender Weise eine Taxonomie innerer Dispositionen des Lernenden – nicht mehr eine seiner Fähigkeiten und Fertigkeiten wie bislang. Dass mit diesen Dispositionen die Vorstellung verbunden wird, dass Lernende selbstverantwortlich managerial mit ihren so verstandenen Ressourcen umgehen, wird auch daran deutlich, dass „metakognitive Strategien" in ihrer Verwendung so erläutert werden: „dazu gehört, das eigene Lernen zu diagnostizieren und zu kontrollieren auf der Basis der Kenntnis der eigenen Stärken und Schwächen. Dabei ist ein Wissen über die eigenen intellektuellen Kompetenzen und die Fähigkeit, eigene Denkprozesse zu überwachen und zu steuern, notwendig" (Kiper/Mischke 2008: 34). Selbstgesteuertes Lernen ist deshalb auch zugleich „selbstmotiviertes Lernen" (vgl. Kiper/Mischke 2008: 34.).

Die psychologischen Konstrukte beanspruchen Relevanz auch für Schulunterricht, das verdeutlichte Weinert (1982) schon in der früheren Phase der Diskussion, indem er vorschlug, mit Schülern und Schülerinnen Lernerfahrungen und Lernstrategien zu thematisieren und ihnen Verantwortung auch für die eigenen Lernfähigkeiten zuzuschreiben. Schon hier kommt also die Selbstbeobachtung der Schüler und Schülerinnen und ihr Wissen über Lernstrategien ins Spiel, und es zeichnet sich ab, dass eine innere Instanz dafür konstruiert wird. Kiper und Mischke (2008) präsentierten dann gegenüber schulpädagogischen, unterkomplexen Ansätzen, die bereits „Aktivierung der Schüler mit Lernen gleichsetzten" (so z.B. gegen Klippert 2001; Bönsch 2002, aber auch Bastian 2007), die pädagogische Psychologie selbstgesteuerten Lernens als bessere Reformpädagogik. Mit Bezug auf Friedrich und Mandel (1997) wird hier argumentiert, dass geöffnete Unterrichtsformen, in denen Lernende selbst viel mit entscheiden, wann was und wie sie lernten, nur mit gleichzeitigen hohen Leistungen der Lernenden möglich seien: sie müssten nicht nur das „Vorwissen aktivieren (...) und sich Ziele setzen, eine Lernhandlung durchführen und die

(...) dafür erforderlichen kognitiven Strategien aktivieren," sondern auch „mit Hilfe von Kontroll- und Eingreifstrategien regulieren, die Lernleistung (...) bewerten und Motivation, Konzentration und Volition aufrechterhalten" (Kiper/Mischke 2008: 58).

Es verwundert deshalb nicht, dass im Folgenden dann auch die Vermittlung von „Motivations-, Volitions- und Lernstrategien" zum Programm erklärt wird, und zwar mittels Praktiken der öffentlichen Selbstprüfung dadurch, dass „handlungsbegleitend Denken und Handeln verbalisiert wird" und – Friedrich und Mandl zustimmend – ein „internalisiertes Modell" als „Soll-Vorgabe für die Überwachung der Durchführung einer Handlung" (Friedrich/ Mandl 1997: 254) entworfen wird. Neben Selbstprüfungspraktiken gehören dann die Gestaltung von Lernumgebungen und Lernbegleitung zur Programm, letzteres deshalb, weil die „Aneignung von Metastrukturen (...) die Begleitung durch Experten" (erfordere), (...) z.B. zur Bewusstmachung von Lernprozessen, (...) zur Behebung individueller Schwächen, zur Kontrolle und Bewertung, aber auch zur Bewusstmachung und Steuerung von Einstellungen und Ansichten" (Kiper/Mischke 2008: 59). Begleitung meint also, Schüler und Schülerinnen auf dem Weg zu jungen Selbststeuerern des Lernens beizubringen, wie sie sich und ihre Orientierungen zu formen hätten. Hier wird abgelöst von Sache, Inhalt, situativ emergenter Bedeutung und der selbstkritischen Rückbindung professionellen Handelns ein Auftrag zur Durchführung von Praktiken erteilt, welche subjektformierende Qualität besitzen - auch wenn die jungen Selbstkontrolleure immer auch zugleich als junge Selbst-Ermächtigte gedacht werden können.

Kiper und Mischkes (2008: 63ff) Konstrukt „selbstregulierten Lernens im Schulalltag" stellt dann auch darauf ab, „sich selbst zu managen", und entfaltet im Anspruch an Schule, Schüler und Schülerinnen die Strukturen erwerben zu lassen, „die ihnen Selbststeuerung und Selbstregulation ermöglichen". Das lesen wir als ein entgrenzendes Programm zur Erziehung der 'ganzen' Person. Als Mittel schlagen sie vor, eine „Metaebene zum Unterricht anzulegen", in welcher mit Schülern über „ihre Erwartungen und Einstellungen, (...) über motivationale und volitonale Techniken, Vorsatzbildung und Formen der Beobachtung des eigenen Lernens" (ebd.) gesprochen werden kann. Dass es sich hier um eine erweiterte Erziehung des Selbst durch die Schule handelt, machen die den Lehrkräften zugeordneten Erziehungs-Funktionen deutlich: u. a. Wissen über Selbstregulation zu vermitteln, Aufgaben dazu zu stellen, auf die Wichtigkeit von „Selbstinstruktion und die Überwachung des Lernprozesses" hinzuweisen (Kiper/Mischke 2008: 64), aber mehr noch „störende Faktoren im Lernprozess an(zu)sprechen" und zur Selbstbewertung aufzufordern – eine Praktik teilöffentlicher Selbstprüfung. Entgrenzend wird hier die Rolle der Schüler/innen zur Lebensform Schüler, entworfen wird ein schulisches Selbst, das nach den schulischen Anforderungen geformt ist. Die hinzugefügte Liste zu vermittelnder Teilkompetenzen macht dies dort deutlich, wo sie über Selbstbeobachtung hinaus Fähigkeiten „zur Affekt- und Impulskontrolle" entwirft oder Fähigkeiten „zum Stoppen hinderlicher Gedanken" oder zur „Gegenkonditionierung" oder dazu, „emotionale Belastungen (zu) bewältigen" (Kiper/Mischke 2008, ebd.) – obwohl Schule doch den Bedarf zu solchen Kontrollleistungen selbst mit hervorbringt.

Die aufgezeigte Entwicklung der pädagogisch-psychologischen Diskussion zur Selbststeuerung zeigt eine Entgrenzung des Pädagogischen in Richtung „nach innen" auf, bezüglich des hergestellten Selbstverhältnisses bzw. der hervorzubringenden inneren Haltung. Als Selbstverhältnis wird im Konzept der Selbststeuerung Lernender schließlich jetzt eines der Selbstbeobachtung, der Selbstbewertung und der selbstständigen Selbstdisziplinierung entworfen.

3 Fazit

Im Folgenden ziehen wir ein Resümee zunächst hinsichtlich des in beiden rekonstruierten Diskussionslinien sowie den symbolischen Konstruktionen der Professionellen ausgemachten erweiterten Anspruch der Subjektformung (Abschnitt 3.1). Um unsere kritische Einschätzung dessen zu fundieren, diskutieren wir abschließend die mit Ganztagsschule verbundene reformpädagogische Semantik aus einer pragmatistischen Perspektive im Anschluss an John Deweys Begriff der Erfahrung (Abschnitt 3.2).

3.1 Von der Schülerrolle im Frontalunterricht zum Schülerselbst beim selbstregulierten Lernen.

Unsere empirischen Befunde bezüglich der symbolischen Konstruktionen der Professionellen lassen sich als Fortsetzung der rekonstruierten Linien der schulpädagogisch-didaktischen und der pädagogisch-psychologischen Diskussion zum Verhältnis von Schule und Schülern verstehen. In den Interviews stellen die von uns befragten Professionellen jene Defizite der Schülerinnen und Schüler heraus, die weniger konformes Verhalten in einer Schülerrolle, also gesellschaftliche bzw. institutionelle Erwartungen an das Verhalten als Schüler in der

Schule, denn die innere Disponiertheit einer Person betreffen: Ein großer Teil der Schülerschaft muss bestimmte Haltungen und Gefühle, emotionale und soziale Voraussetzungen noch erwerben, um den schulischen Erwartungen überhaupt entsprechen zu können. Als geeigneter Ort einer solchen nachholenden Persönlichkeitsentwicklung wird die Ganztagsschule proklamiert. Auch in der schulpädagogisch-didaktischen Diskussion lässt sich eine Ausweitung der pädagogischen Zuständigkeit von Schule bzw. Lehrern auf den Schüler als 'ganzer Person' beobachten, dessen individuelle Bedürfnisse und subjektiven Sichtweisen in den Unterricht einzubeziehen sind. So liegen aus der empirischen Forschung mittlerweile immer genauere Beobachtungen zu den Lebenswelten und der Subjektivität einzelner Schülerinnen und Schüler vor. Ein Trend in dieselbe Richtung lässt sich anhand der Diskussion um selbstreguliertes Lernen in der pädagogischen Psychologie nachvollziehen. War der Schüler hier zunächst noch ein psychologisches Subjekt, das lernt und für das der Lehrer deswegen bestimmte didaktische Maßnahmen zu treffen hatte, geht es in der neuren Diskussion um die innere Disponiertheit der Schüler im Sinne einer 'Selbststeuerungsinstanz'. Das Subjekt des Lernens muss sich nun selbst als Ganzes (mit allen seinen Gefühlen, Vorlieben und Gewohnheiten) beobachten können, um die für es individuell notwendigen Bedingungen des Lernens – wie Motiviertheit, gerichtete Aufmerksamkeit etc. – eigenständig – mittels einer inneren Selbststeuerungsinstanz – herstellen zu können. Die pädagogische Zuständigkeit wird ausgeweitet auf das Hervorbringen einer bestimmten Haltung sich selbst und dem eigenen Lernen gegenüber.

Dass in der schulpädagogischen Diskussion zum Verhältnis von Schule und Schülern von einer Schülerrolle gesprochen wird, die es am Anfang und im Laufe der Schulzeit zu erlernen bzw. einzuüben gilt, weist darauf hin, dass die Akteure durchaus von einer Differenz zwischen den Erwartungen, die die Schule als Institution an die Kinder und Jugendlichen stellt, und den Voraussetzungen, die diese mitbringen, ausgehen. In der strukturfunktionalistischen Theorie nach Parsons (1968) wird diese Differenz zwischen den partikularistisch orientierten Rollenerwartungen in der Familie und den universalistisch orientierten Rollenerwartungen in der Schule als konstitutiv für eine gelingende Sozialisation der Heranwachsenden angesehen. Diese müssen lernen, neben affektgeladenen, partikularistischen und wenig spezifizierten Rollen auch sozial und sachlich differenzierten Erwartungen und universellen Orientierungen gerecht zu werden.

In dem symbolischen Konstruktionen der Professionellen sowie in der schulpädagogisch-didaktischen und der pädagogisch-psychologischen Diskussion verändern sich nun aber die an die Schüler bzw. Lernenden gerichteten institutionellen Erwartungen: Die Grenzen zwischen 'Kind-sein' bzw. 'Jugendlicher-sein', das als Handeln nach partikularen Rollenerwartungen in Familie bzw. unter den Peers verstanden werden kann, und 'Schüler-Sein' werden verschoben, indem aus den Erwartungen an die Schülerrolle Erwartungen an den Schüler als 'ganzer' Person werden, an das 'Schülerselbst', das in den Fokus erzieherischer Einflussnahme der Schule gerückt wird. Das 'Schülerselbst' darf und soll nicht nur Individuelles einbringen und individuell handeln, es muss zugleich auch individuell diszipliniert sein und handeln. Die schulischen Anforderungen, nach denen das 'Schülerselbst' sich formt bzw. formen soll, sind nicht mehr allein universalistisch orientiert, sondern stützen sich und richten sich dann auch auf die individuellen Wünsche, Interessen und Gefühle der Schüler. So sind die Schüler beispielsweise angehalten, bei der Themenwahl und -bearbeitung sowie der Selbststeuerung, Selbstbeobachtung und -bewertung ihres Arbeitsprozesses ihre individuellen Wünsche und subjektiven Bedürfnisse als Ausdruck von Selbstständigkeit einzubringen und dabei diese bereits entsprechend den Anforderungen selbstregulierten Arbeitens geformt zu haben. Das, woran die Schüler sich zu orientieren haben, ist also nicht mehr nur eine äußerlich bleibende Verhaltensnorm, sondern wird in der inneren Disposition der Schüler verankert.

Erweitert sich damit die Schülerrolle? Kommen 'nur' neue und andere Anforderungen hinzu? Oder wird vielmehr mit diesen Anforderungen an die Schülerrolle die Konzeption von 'Rolle', wie sie die strukturfunktionale Theorie nach Parsons (1968) bereit hält, in Frage gestellt? Wenn Privates und Subjektives als Bestandteil der Schülerrolle auftaucht, hat es keinen Sinn mehr, von einer spezifisch schulischen – in Abgrenzung zur familiären – Rolle zu sprechen, die schulische Rolle ist somit nicht mehr so distinkt. Und das hieße dann, dass die schulische Organisation von Lernprozessen – folgt man den in der Diskussion zum Vorschein kommenden Vorstellungen – anscheinend mit erweitertem Anspruch in die Subjektformung eingreift und in diesem Sinn die ganze Person mehr einbezieht. Allgemein gesprochen, erhöht sich zugleich der Grad der Vergesellschaftung und der Grad der Individuierung der Einzelnen. Die Entwicklung in beiden rekonstruierten Diskussionslinien besitzt also einen Doppelcharakter der Subjektformung: eine stärkere Ermächtigung des Individuums und zugleich seine stärkere Unterordnung, oder anders gesagt: mehr individuelle Lerngestaltung und Eigenständigkeit sowie mehr eigenständig hervorgebrachte Selbstdisziplinierung. Um diesen kritischen Kommentar zum erweiterten Anspruch der Subjektformung zu untermauern, betrachten wir abschließend die mit Ganztagsschule verbundene reformpädagogische Semantik. Dabei greifen wir auf John Deweys Begriff der Erfahrung zurück.

3.2 Kritische Anmerkungen zum Wandel der leitenden Sichtweise aus der Perspektive von John Deweys Begriff von Erfahrung

Auf Positionen der 'progressive education' zur sogenannten Projektmethode (Kilpatrick) und einer Konzeption des Lernens durch Erfahrung, für welche im besonderen John Dewey als Autor herangezogen wird, wird in der reformpädagogisch orientierten Diskussion um ein pädagogisch innovatives Konzept für die Ganztagsschule häufig verwiesen.[6] Sie verspricht mit der Verwirklichung von mehr Selbsttätigkeit und Selbstständigkeit eine Verbesserung schulischen Lernens durch mehr Orientierung an Schülerbedürfnissen. Den oben beschriebenen Doppelcharakter solcher Veränderungen – Ermächtigung und Unterwerfung zugleich zu beinhalten – verdeckt diese Semantik durch ihren Verweis auf Deweys Grundsätze des Erfahrungslernens. Genauer betrachtet vertritt Dewey aber keine dafür legitimierende Position, sondern sein Denken bestätigt eher den Doppelcharakter des erweiterten Anspruches der Subjektformung. Indem er Selbsttätigkeit nicht einfach mit mehr Autonomie verbindet, sondern mit einer Unterordnung unter die Logik der Sache, und indem er mit Lernen und Wissen keine Ermächtigung der Individuen zur Autonomie, sondern eine ambivalente Zuschreibung verbindet, lässt sich im Anschluss an sein Denken eine kritische Sicht auf die reformpädagogische Semantik zur Ganztagsschule begründen. Dewey denkt pragmatistisch, ihm ist es um den Prozesscharakter von Wirklichkeit und sozialer Praxis zu tun ist. Zentral dafür ist ein emphatischer Begriff der Genese von individueller und letztlich dann auch immer kollektiver *Erfahrung*, verstanden als eine nicht nur kognitive, sondern ganzheitliche Praktik der Auseinandersetzung mit Praxis und ihrer kollektiven gesellschaftlichen Gestaltung, die zur Reproduktion und Veränderung dieser führt. Institutionalisiertes *Lernen und Erziehung* kommen so als nur besondere Ausprägung des allgemeinen Pro-

---

[6] So referiert etwa Holtappels (1996) in einem Beitrag zur Ganztagsschulreform durch Schulöffnung nicht nur auf Deweys Schüler Kilpatrick, sondern beansprucht einen Bezug auf drei Hauptwerke Deweys, wenn er zur Gestaltung ganztägiger Organisation in Kombination mit so genannter „Öffnung" von Schule und Unterricht auf drei Lernprinzipien verweist: das Prinzip projektorientierten Lernens als eines Lernens in Zusammenhängen – gegen einen zergliedernden Fachunterricht gewendet, das Prinzip handlungsorientierten Lernens als „praktische Eigentätigkeit", um „authentische Erfahrungen" zu sammeln und das Prinzip kooperativen Lernens im Sinne des Lernens in und für eine Gemeinschaft Lernender.

zesses einer emphatisch verstandenen Entwicklung und Weiterentwicklung von *Erfahrung* in den Blick, in der Individuen sinnlich erfahrend und begrifflich in der Auseinandersetzung mit der Praxis diese anders begreifen und verändern. Was ist in diesem Zusammenhang unter Erfahrung zu verstehen?

Dewey bestimmt Erfahrung als eine Bewegung der Subjekte nach außen, als Handeln und versuchendes Einwirken, welches aber zugleich damit verbunden ist, dass die Akteure auch die Folgen dieses Tuns erleiden, indem der Gegenstand auf die Akteure zurück wirkt. Erfahrung wird also als umfassende Praktik bestimmt, die ihre Qualität darin gewinnt, dass ein Handeln „hineinverfolgt" wird in seine Folgen, und die durch das Handeln hervorgebrachte Veränderung „zurückwirkt auf uns selbst und in uns eine Veränderung bewirkt, dann gewinnt die bloße Abänderung Sinn und Bedeutung, dann lernen wir etwas" (Dewey 1986: 140). Aneignung in diesem Sinn verändert die Handlungsdispositionen, und auch das Realitätsverständnis im Sinn begrifflicher Erkenntnis. Erfahren besitzt außerdem einen Charakter versuchsartigen Handelns, das in der Auseinandersetzung mit den Folgen über den Zusammenhang der Dinge belehrt. Deweys Formulierung vom Erfahren als eines „Experiments mit der Welt zum Zwecke ihrer Erkennung" darf man nicht kognitivistisch oder empiristisch verstehen. Wissen besitzt für ihn Prozesscharakter, bleibt konstitutiv vorläufig. Außerdem geht er von einem umfassenden Verständnis einer sozialen Situation mit verschiedenen Wahrnehmungsdimensionen aus, in der zuerst körperliche Wahrnehmung und Deutungsressourcen zur Disposition stehen, und erst im Anschluss daran Erkenntnisse im Sinne begrifflichen Wissens (vgl. Lehmann-Rommel 2005). Die beschriebene Organisation des Erfahrungsprozesses kann als 'eigenständig' auszuführende Praktik der Subjekte verstanden werden.

Erstens stellt Dewey deshalb fest, dass *Lernen und Erziehung* „in erster Linie eine Sache des Handelns und Erleidens, nicht des Erkennens" seien. Wenn Unterricht nur als Wissensaneignung „durch unmittelbare geistige Bemühung" missverstanden werde, dann reduziere man die ganzheitliche Auseinandersetzung auf Intellektuelles, spalte andere Momente fruchtbaren Handelns ab. Dewey will damit nicht die Bedeutung von Reflexion für Erfahrung bestreiten. „Das Denken.. ist (so verstanden) das absichtliche Bemühen, zwischen unserem Handeln und seinen Folgen die Beziehungen im einzelnen aufzudecken, so dass die beiden zu einem Zusammenhang verschmelzen" (Dewey 1986: 147). Es hebt also die intellektuellen Bestandteile der Erfahrung heraus. Gleichzeitig streicht er heraus, dass dieses Denken in der Erfahrung grundsätzlich unabgeschlossenen, noch in der Entwicklung begriffenen Sachlagen gilt, und konstitutiv so unabgeschlossen bleibt, wie es Praxis als sich verändernder Prozess bleibt.

Denken stellt eine *ganzheitliche Praxis* dar, die nicht durch ihre Resultate verdinglicht werden kann. „Wissen" ist demgegenüber als sekundär bedeutsame Verdinglichung des Bemühens um Erkenntnis zu verstehen.

Zweitens stellt Lernen so gesehen eine spezielle Ausprägung des Prozesses der Genese von Erfahrung dar, in welcher durch *Tätigkeit und Wirkung* versuchsweisen Handelns, durch „denkende Erfahrung" und damit mögliches „verständiges Handeln" (wenn auch nicht teleologisch gedacht) Fortschritte im Verständnis der Handlungsprobleme und in der Gestaltung der Praxis möglich werden. Zentrales Merkmal ist Deweys Verzicht auf normative Positionen. Er fokussiert allein den Vollzug menschlicher Praxis und der Erfahrungsprozesse in ihr, die er mit der Vorstellung einer fortschreitenden Entwicklung des Verständnisses der Praxis durch die Akteure verknüpft, aber nicht im Sinn einer Höherentwicklung menschlicher Vernunftfähigkeit.

Warum ist nach Dewey Selbstständigkeit als Spielraum zu verstehen, der Logik der Sache gerecht zu werden? „Tätigkeit" und „Wirksamkeit" (s.o.) als Momente des Erfahrungsprozesses unterliegen dem Primat der Situation, sie sind in Handlungssituationen kommunikativ vermittelt. Die Wirkung versuchsweisen Handelns kann deshalb nicht als durch rationale Steuerung hervorgebracht gedacht werden. Sie entsteht vielmehr als „responsiveness" auf das Zusammenspiel von Interaktion und Sache, für die dieser Spielraum erforderlich ist. „Die aufmerksame Beobachtung von Situationen in ihrer Doppeltheit von Aktivität und Rezeptivität ist der Kern von Erfahren und Tätigsein" (Lehmann-Rommel 2005: 82), und damit auch von Erziehung und Bildung, die solche Eigentätigkeit zur Voraussetzung haben.

Dewey beharrt auf dem reifizierenden Charakter missverstandener Zielvorgaben für Lernen. Demgegenüber verteidigt er aus dem Erfahrungsprozess begründete Handlungsziele, die durch die Akteure und aus diesem heraus aufzustellen sind, im Grunde genommen deshalb, weil allein solche Ziele aus der Sache selbst, nämlich dem Problemlösungsversuch beziehungsweise Lernen an der Sache entspringen. Die erforderliche Qualität der Auseinandersetzung mit der Sache entsteht durch den Handlungsspielraum der Akteure dafür, der Eigenlogik der Sache gemäß handeln zu können, so wie diese sich in der Auseinandersetzung mit den Wirkungen der Tätigkeit der Akteure niederschlägt, und als Spielraum dafür, gleichzeitig in der eigenen Tätigkeit einen eigenen Sinnzusammenhang hervorbringen zu können.

Damit ergeben sich zwei Folgerungen: Erstens kann Selbstständigkeit nicht unabhängig von der Sachlogik begründet werden. Sie ist deshalb nicht Selbstzweck, sondern nach den Anforderungen der Sachlogik begründet und zu bestimmen. Zweitens ist nun ein Selbstverhältnis Lernender angedeutet, in welchem Lernende sich gerade als Teil der zu verstehenden Wirklichkeit in der Praktik der Erfahrung begreifen und sich nicht als erkennendes Subjekt gegenüber den Erkenntnisobjekten auffassen, sondern den Prozess der Praktik der Erfahrung als Medium, in dem sich das Subjekt und sein Wissen hervorbringt. Sie können sich so nicht als Subjekt verstehen, das sich selbst zum Gegenstand wird, wenn es sich vornimmt, sich selbst zu disponieren, beispielsweise um hochmotiviert mehr zu lernen, oder sich dafür „Methoden" anzueignen.

Dewey formuliert mit dem konstitutiven Vorrang der Auseinandersetzung mit der Sache eine Qualität des Erfahrungsprozesses als bildender Auseinandersetzung mit der Sache – nicht eine Forderung nach Selbsttätigkeit als abstrakter Norm. Er fordert für Lehrer und Schüler die Freiheit, selbst gemeinsam die Lerntätigkeit als wirklichen Erfahrungsprozess gestalten zu können – in diesem Sinne Selbstständigkeit, aber nicht Allein-Tätigkeit, Selbststeuerung oder Selbstmanagement als Strukturierungsprinzipien des Lernens in vorgegebenen institutionellen Rahmungen.

Insgesamt betrachtet übergehen die reformpädagogischen Forderungen also das Moment der Unterwerfung, das in den neuen Formen des selbstregulierten Lernens und des damit einhergehenden Schüler-Selbstverhältnisses neben dem Moment der Ermächtigung enthalten ist. Dem gilt es zu widersprechen. Dewey verteidigt in seiner Kritik an missverständlichen Vorstellungen von Erfahrung, Lernen und Wissen gerade eine ambivalente Vorstellung von Erfahrung, nicht einfach ein Verständnis von Erfahrung, die über Selbstständigkeit zu Autonomie führt. Lernen bleibt vielmehr relativ und kontingenten Möglichkeiten verhaftet, Wissen bleibt notwendig immer partikular, und Selbstständigkeit dem Primat der Auseinandersetzung mit der Logik der Sache des Lernens untergeordnet.

Wie ist nun abschließend die Grenzverschiebung hin zum erweiterten Anspruch auf Subjektformung einzuschätzen? Insgesamt zeichnet sich eine Entgrenzung des Einwirkungsanspruches nach „innen", das heißt auf immer differenzierter beobachtbaren inneren Strukturen des Subjektes ab. Die Organisation von Lernprozessen greift anscheinend mit erweitertem Anspruch – über die Sozialisation in die Schülerrolle hinaus – in die Subjektformung ein (vgl. auch Rabenstein 2007). Mit der Konzeption der Selbststeuerung wird der Anspruch verknüpft, dass schulisch vermittelt eine innere Instanz durch die Subjekte hervorgebracht wird, die sie zur Selbststeuerung im Lernen kompetent befähigt. Empirisch handelt es sich um Konstrukte von Praktiken eines Selbst-Managements zwischen sich zu eigen gemachter (Selbst-)Domestizierung und der (Situations-)Gestaltung nach individuellen Vorstellungen. Deshalb finden sich auch und zugleich Konstrukte von Praktiken der individualisierenden Selbst-Inszenierungen und es geht nicht nur um Selbstdomestizierung im Sinne einer nach innen verlagerten Selbstdisziplinierung. Insofern stellen die entworfenen Praktiken ein Selbstverhältnis der selbstständigen Subjektformung vor, das aber doppelte Bedeutung besitzt.

Literatur

Aster, R.I./Kuckartz, U. (1988): Jugend und Schule. Eine Sekundäranalyse schulspezifischer Fragen der Shell-Studie „Jugendliche und Erwachsene 85". In: Zeitschrift für Sozialisationsforschung und Erziehungssoziologie 8 (1988), H.3: 200-213.

Bastian, Johannes (2007): Einführung in die Unterrichtsentwicklung. Weinheim/Basel.

Bauer, Adam (1971): Zur Soziologie des Schülers. In: Lemberg, Eugen u. a. (Hrsg.): Schule und Gesellschaft. Forschungsprobleme und Forschungsergebnisse zur Soziologie des Bildungswesens. Darmstadt: Wissenschaftliche Buchgesellschaft: 27-55.

Becker, Howard S. (1973): Außenseiter. Zur Soziologie abweichenden Verhaltens. Frankfurt am Main.

Behnken, Imbke/Jaumann, Olga (Hrsg.) (1995): Kindheit und Schule. Kinderleben im Blick von Grundschulpädagogik und Kindheitsforschung. Weinheim.

Böhm, Winfried (Hrsg.) (1977): Der Schüler. Bad Heilbrunn: Klinkhardt.

Böhm, Winfried (1977a): Nachwort des Herausgebers. In: Böhm, Winfried (Hrsg.) (1977): Der Schüler. Bad Heilbrunn: Klinkhardt: 176-182.

Bönsch, Manfred (2002): Selbstgesteuertes Lernen in der Schule. Neuwied/ Kriftel.

Bräu, Karin/Schwerdt, Ulrich (Hrsg.) (2005): Heterogenität als Chance. Vom produktiven Umgang mit Gleichheit und Differenz in der Schule. Münster: Waxmann.

Breidenstein, Georg/Kelle, Helga (1996): Kinder als Akteure. Ethnographische Ansätze in der Kindheitsforschung. In: Zeitschrift für Sozialisationsforschung und Erziehungssoziologie (ZSE) 16.1: 47-67.

Breidenstein, Georg/Prengel, Annedore (Hrsg.) (2005): Schulforschung und Kindheitsforschung – ein Gegensatz? Wiesbaden VS Verlag für Sozialwissenschaften.

Büchner, Peter (1996): Das Kind als Schülerin oder Schüler. Über die gesellschaftliche Wahrnehmung der Kindheit als Schulkindheit und damit verbundene Forschungsprobleme. In: Zeiher, H./ Büchner, P./Zinnecker, J. (Hrsg.): Kinder als Außenseiter? Weinheim/München: 157-189.

Breyvogel, Wilfried/Wenzel, Hartmut (Hrsg.) (1983): Subjektivität und Schule. Pädagogisches Handeln zwischen Subjektivem Sinn und institutioneller Macht. Essen.

Brusten, Manfred/Hurrelmann, Klaus (1973): Abweichendes Verhalten in der Schule. Eine Untersuchung zu Prozessen der Stigmatisierung. München.

Cicourel, Aaaron V./Kitsuse, John I. (1977/1968): Die soziale Organisation der Schule und abweichende jugendliche Karrieren. In: Böhm, Winfried (Hrsg.) (1977): Der Schüler. Bad Heilbrunn/Obb.: 37-52. Erstabdruck in: Rubington, E./Weinberg, M. S. (Hrsg.) (1968): Deviance. The Interactionist Perspektive. New York/London.

Deci, E.L./Ryan, R.M. (1993): Die Selbstbestimmungstheorie der Motivation und ihre Bedeutung für die Pädagogik. In: Zeitschrift für Pädagogik 39:223-238.

Deci, E.L./Ryan, R.M. (2000): The "What" and "Why" of goal pursuits: Human needs and the self-determination of behaviour. In: Psychological Inquiry 11: 227-268.

Dewey, John: Erziehung durch und für Erfahrung. Ausgewählt und eingeleitet von Helmut Schreier. Stuttgart 1986.

Dietrich, Theo (1976): Der schülerorientierte Unterricht – ein Grundprinzip der Pädagogik in Vergangenheit und Gegenwart. In: Schmaderer, Franz Otto (Hrsg.) (1976): Die Bedeutung eines schülerorientierten Unterrichts. Grundsätze, Möglichkeiten, Maßnahmen. München: Ehrenwirth: 9- 17.

Drieschner, Elmar (2007): Erziehungsziel „Selbstständigkeit". Grundlagen, Theorien und Probleme eines Leitbildes der Pädagogik. Wiesbaden: VS Verlag für Sozialwissenschaften.

Einsiedler, Wolfgang/Härle, Helmut (Hrsg.) (1976): Schülerorientierter Unterricht. Donauwörth: Ludwig Auer.

Einsiedler, Wolfgang (1983): Unterricht, schülerorientiert. In: Enzyklopädie Erziehungswissenschaft. Handbuch und Lexikon der Erziehung in 11 Bänden und einem Registerband. Bd. 8. Erziehung im Jugendalter – Sekundarstufe 1, Stuttgart: 628-632.

Fend, Helmut (1997): Der Umgang mit Schule in der Adoleszenz. Aufbau und Verlust von Motivation und Selbstachtung. Entwicklungspsychologie der Adoleszenz in der Moderne. Band 4. Bern: Huber.

Fölling-Albers, Maria (1993): Der Individualisierungsanspruch der Kinder – eine neue pädagogische Orientierung „vom Kinde aus". In: Neue Sammlung, 33. Jg., H. 3: 465-478.

Fölling-Albers, Maria (1995): Kindheit und Schule. Überlegungen zu einem Annäherungsprozess. In: Behmken, Imbke/Jaumann, Olga: (Hrsg.): Kindheit und Schule. Kinderleben im Blick von Grundschulpädagogik und Kindheitsforschung. Weinheim und München. 11 – 20.

Fölling-Albers, Maria (2000): Entscholarisierung von Schule und Scholarisierung von Freizeit? In: Zeitschrift für Soziologie der Erziehung und Sozialisation, 20. Jg., H.2: 118-131.

Fölling-Albers, Maria (2001): Veränderte Kindheit – revisited. Konzepte und Ergebnisse sozialwissenschaftlicher Kindheitsforschung der vergangenen Jahre. In: dies. u. a. (Hrsg.): Kindheitsforschung, Forschung zum Sachunterricht. Jahrbuch Grundschule III. Fragen der Praxis – Befunde der Forschung. Beiträge zur Reform der Grundschule S 62. Hrsg. Vom Arbeitskreis Grundschule. Seelze: 10 – 51.

Fölling-Albers, Maria (2003): Grundschulpädagogik, Grundschulforschung und Kindheit. In: Panagiotopoulou, Argyro/Brügelmann, Hans (Hrsg.) (2003): Grundschulpädagogik *meets* Kindheitsforschung. Zum Wechselverhältnis von schulischem Lernen und außerschulischen Erfahrungen im Grundschulalter. Jahrbuch Grundschulforschung 7. Opladen: Leske & Budrich: 34-43.

Friedrich, Helmut F./Mandl, Heinz (1997): Analyse und Förderung selbstgesteuerten Lernens. In: Weinert, Franz E./ Mandl , Heinz (Hrsg.): Enzyklopädie der Psychologie. Themenbereich D. Serie 1. Band 4. Göttingen/Bern/Toronto/Seattle: 237-293.

Furtner-Kallmünzer, Maria (1983): „Wenn Du später was werden willst ..." Berufsbezug und Sinn der Schule. München.

Furtner-Kallmünzer, Maria/Sardei-Biermann, Sabine (1982): Schüler: Leistung, Lehrer und Mitschüler. In: Beisenherz, H. Gerhart u.a. (Hrsg.): Schule in der Kritik der Betroffenen. München: 21-63.

Fromm, Martin (1987): Die Sicht der Schüler in der Pädagogik. Untersuchung zur Behandlung der Sicht von Schülern in der pädagogischen Theoriebildung und in der quantitativen und qualitativen empirischen Forschung. Weinheim: Deutscher Studienverlag.

Goffman, Erwing (1967): Stigma. Über die Techniken der Bewältigung beschädigter Identität. Frankfurt am Main.

Graumann, Olga (2002): Gemeinsamer Unterricht in heterogenen Gruppen. Von lernbehindert bis hochbegabt. Bad Heilbrunn: Klinkhardt.

Groddeck, Norbert (1982): Unterricht, offener. In: Enzyklopädie Erziehungswissenschaft. Handbuch und Lexikon der Erziehung in 11 Bänden und einem Registerband. Bd. 8. Erziehung im Jugendalter – Sekundarstufe 1, Stuttgart: 621-625.

Gruehn, Sabine (2000): Unterricht und schulisches Lernen. Schüler als Quellen der Unterrichtsbeschreibung. Münster: Waxmann.

Heckel, Hans (1977): Zwanzig Thesen zur Rechtsstellung des Schülers in der Schule. In: Böhm, Winfried (Hrsg.) (1977): Der Schüler. Bad Heilbrunn: Klinkhardt: 146- 149.

Heinze, Thomas (1980): Schülertaktiken. München: Urban und Schwarzenberg.

Heinzel, Friederike (2005): Kindheit irritiert Schule – Über Passungsversuche in einem Spannungs-feld. In: Breidenstein, Georg/Prengel, Annedore. (Hrsg.): Schulforschung und Kindheitsfor-schung – ein Gegensatz? Wiesbaden VS Verlag für Sozialwissenschaften: 37-54.

Helsper, Werner (1983): Subjektivität und Schule. Über den Versuch, in der Schule (k)ein Subjekt sein zu dürfen. In: Breyvogel, Wilfried/Wenzel, Hartmut (Hrsg.) (1983): Subjektivität und Schule. Pädagogisches Handeln zwischen Subjektivem Sinn und institutioneller Macht. Essen: 29-47.

Helsper, Werner/Bertram, Mechthild (1999): Biographieforschung und SchülerInnenforschung. In: Krüger, Heinz-Hermann/Marotzki, Winfried (Hrsg.): Handbuch Biografieforschung. Opladen: 259-257.

Helsper, Werner/Böhme, Jeanette (2002): Jugend und Schule. In: Krüger, Heinz-Hermann/Grunert, Cathleen (Hrsg.): Handbuch Kindheits- und Jugendforschung. Opladen: Leske + Budrich: 567-591.

Holtappels, Heinz-Günter (1996): Schulleben in Ganztagsschulen In: Pädagogik 48, Heft 2/1996: 39-41.

Hurrelmann, Klaus (1983): Schule als alltägliche Lebenswelt im Jugendalter. In: Schweitzer, Friede-rich/Thiersch, Hans (Hrsg.): Jugendzeit – Schulzeit. Von den Schwierigkeiten, die Jugendli-che und Schule miteinander haben. Weinheim und Basel: Beltz: 30-56.

Idel, Till-Sebastian (2007): Waldorfschule und Schülerbiografie. Fallrekonstruktionen zur lebensge-schichtlichen Relevanz anthroposophischer Schulkultur. Wiesbaden: VS Verlag.

Kiper, Hanna/Mischke, Wolfgang (2008): Selbstreguliertes Lernen, Kooperation, Soziale Kompe-tenz. Stuttgart.

Klieme, E. (2006): Empirische Unterrichtsforschung: aktuelle Entwicklungen, theoretische Grund-lagen und fachspezifische Befunde. In: Zeitschrift für Pädagogik 52, (6): 765-773.

Klippert, Heinz (2001): Eigenverantwortliches Arbeiten und Lernen. Bausteine für den Fachunter-richt. Weinheim: Basel

Kramer, Rolf-Thorsten/Helsper, Werner (2000): SchülerInnen zwischen Familie und Schule – systematische Bestimmungen, methodische Überlegungen und biographische Rekonstruktio-nen. In: Krüger, H.-H. / Wenzel, H. (Hrsg.): Schule zwischen Effektivität und sozialer Ver-antwortung. Opladen: 201-234.

Kramer, Rolf-Torsten (2002): Schulkultur und Schülerbiographien. Rekonstruktionen zur Schulkul-tur II. Opladen: Leske + Budrich.

Krappmann, Lothar/Oswald, Hans (1985): Schulisches Lernen in Interaktionen mit Gleichaltrigen. In: Zeitschrift für Pädagogik, 31. Jg., 1985, Nr. 3: 322-337

Krüger, Heinz-Hermann/Grundmann, Gunhild/Kötters, Catrin (2000): Jugendliche Lebenswelten und Schulentwicklung. Opladen.

Krüger, Rudolf (1978): Der Schüler – Beruf und Rolle. Ansätze zu einer schülerorientierten Schule. Ansbach: Michael Prögel Verlag

Langeveld, Martinus J. (1960): Die Schule als Weg des Kindes. Versuch einer Anthropologie der Schule. Braunschweig: Westermann.

Lehmann-Rommel, Roswitha Tätigsein und Wirksamkeit in Deweys Ästhetik. In: Tröhler, D./ Oelkers, J. (Hrsg.) (2005):: Pragmatismus und Pädagogik. Studien zur historischen Pädagogik und Sozialpädagogik Bd. 3. Zürich: 69-86.

Leopold, Claudia/ den Elzen-Rump, Viola/ Leutner, Detlef (2006): Selbstreguliertes Lernen aus Sachtexten. In: Prenzel/ Allolio-Näcke, a.a.O.: 268-290.

Meinert A. Meyer/Ralf Schmidt (2001): Schülermitbeteiligung im Fachunterricht. Weinheim: Beltz.

Moeller, Michael Lukas (1977/1969): Die Prüfung als Kernmodell psychosozialer Konflikte. In: Böhm, Winfried (Hrsg.) (1977): Der Schüler. Bad Heilbrunn/Obb: 113-118. Erstabdruck in: Kölner Zeitschrift für Soziologie und Sozialpsychologie, 21 (1969): 355-361.

Muth, Jakob (1966): Schülersein als Beruf. Heidelberg: Quelle & Meyer.

Nittel, Dieter (1992): Gymnasiale Schullaufbahn und Identitätsentwicklung. Eine biografieanalyti-
    sche Studie. Weinheim.
Otto, Barbara/Perels, Franziska/Schmitz, Bernhard/Bruder, Regina (2006): Längsschnittliche und
    prozessuale Evaluation eines Trainingsprogrammes zur Förderung sachspezifischer und fä-
    cherübergreifender (selbstregulativer) Kompetenzen. In: Prenzel/ Allolio-Näcke, a.a.O.: 211-
    239.
Parsons, Talcott (1968): Die Schulklasse als soziales System: Einige ihrer Funktionen in der ameri-
    kanischen Gesellschaft. In: Ders.: Sozialstruktur und Persönlichkeit. Frankfurt am Main: EVA
    161 – 193.
Panagiotopoulou, Argyro/Brügelmann, Hans (Hrsg.) (2003): Grundschulpädagogik meets Kindheits-
    forschung. Zum Wechselverhältnis von schulischem Lernen und außerschulischen Erfahrun-
    gen im Grundschulalter. Jahrbuch Grundschulforschung 7. Opladen: Leske + Budrich.
Petillon, Hanns (1987): Der Schüler. Rekonstruktion der Schule aus der Perspektive von Kindern
    und Jugendlichen. Darmstadt. Wissenschaftliche Buchgesellschaft.
Prengel, Annedore (1993): Pädagogik der Vielfalt. Verschiedenheit und Gleichberechtigung in Inter-
    kultureller, Feministischer und Integrativer Pädagogik. Opladen.
Prenzel, Manfred/Allolio-Näcke, Lars (Hrsg.) (2006): Untersuchungen zur Bildungsqualität von
    Schule. Abschlussbericht des DFG-Schwerpunkt-Programmes. Münster.
Rabenstein, Kerstin (2007): Das Leitbild des selbstständigen Schülers. Machtpraktiken und Subjek-
    tivierungsweisen in der Pädagogischen Reformsemantik. In: Rabenstein, Kerstin/Reh, Sabine
    (Hrsg.): Kooperatives Arbeiten von Schülern. Zur Qualitätsentwicklung von Unterricht. Wies-
    baden: VS Verlag: 39-60.
Radisch, Falk u. a. (2007): Unterrichts- und Angebotsqualität aus Schülersicht. In: Holtappels,
    Heinz-Günter/Klieme, Eckhard/Rauschenbach, Thomas/Stecher, Ludwig (Hrsg.): Ganztags-
    schule in Deutschland Ergebnisse der Ausgangserhebungen der „Studie zur Entwicklung von
    Ganztagsschule" (StEg.). Weinheim und München: Juventa: 227-260.
Rakoczy, Katrin (2006): Motivationsunterstützung im Mathematikunterricht: Zur Bedeutung von
    Unterrichtsmerkmalen für die Wahrnehmung der Schülerinnen und Schüler. In: Zeitschrift für
    Pädagogik 52, (6): 822-843.
Renner, Erich/Riemann, Sabine/Schneider, Ilona K. (Hrsg.) (1999): Kindsein in der Schule. Inter-
    disziplinäre Annährungen. Weinheim: Deutscher Studienverlag.
Ryan, R.M./ Deci, E.L. 2002: An overview of Self-Determination Theory: An organismic-dialectical
    perspective. In: Deci, E.L./ Ryan, R.M. (ed): Handbook of Self-Determination Research.
    Rochester: 3-33.
Schiefele, Ulrich/ Pekrun, Reinhard (1996): Psychologische Modelle des fremdgesteuerten und
    selbstgesteuerten Lernens. In: Weinert, F.E. (Hrsg.): Psychologie des Lernens und der Instruk-
    tion. Enzyklopädie der Psychologie. Themenbereich D. Serie I, Band 2.
    Göttingen/Bern/Toronto/Seattle.
Schmaderer, Franz Otto (Hrsg.) (1976): Die Bedeutung eines schülerorientierten Unterrichts.
    Grundsätze, Möglichkeiten, Maßnahmen. München: Ehrenwirth.
Schmitz, Bernhard (2001): Self-Monitoring zur Unterstützung des Transfers einer Schulung in
    Selbstregulation für Studierende. Zeitschrift für Pädagogische Psychologie 15: 179-195.
Schön, Bärbel (1983): „Vielleicht würde ich alles anders machen, vielleicht würde ich auch bleiben,
    wie ich bin". Ein Mädchen zwischen Schule und Beruf. In: Breyvogel, Wilfried/Wenzel,
    Hartmut (Hrsg.)(1983): Subjektivität und Schule. Pädagogisches Handeln zwischen Subjekti-
    vem Sinn und institutioneller Macht. Essen: 48-61.
Schulze, Theodor (1983): „Sie prügeln sich, sie prügeln sich!" Eine Studie zur Entwicklung des
    Selbstbewusstseins und zur Veränderung gesellschaftlicher Machtverhältnisse. In: Breyvogel,
    Wilfried/Wenzel, Hartmut (Hrsg.) (1983): Subjektivität und Schule. Pädagogisches Handeln
    zwischen Subjektivem Sinn und institutioneller Macht. Essen: 62- 84.

Sturm, Hermann (1983): Zeichen an der Wand – Menetekel oder Sinnschrift? In: Breyvogel, Wilfried/Wenzel, Hartmut (Hrsg.) (1983): Subjektivität und Schule. Pädagogisches Handeln zwischen Subjektivem Sinn und institutioneller Macht. Essen: 19-28..

Ulich, Dieter (1977/1974): Soziale Beziehungen und Probleme der Macht in pädagogischen Interaktionen. In: Böhm, Winfried (Hrsg.) (1977): Der Schüler. Bad Heilbrunn/obb: 84-106. Erstabdruck in: Halbfas, Hubertus u. a. (Hrsg.) (1974): Lernen und soziale Erfahrung. Stuttgart: Klett: 110 – 136.

Vogel, Johann Peter (1977/1972): Mitbestimmung in der Schule. In: Böhm, Winfried (Hrsg.) (1977): Der Schüler. Bad Heilbrunn: Klinkhardt: 133-145. Zuerst erschienen in: Neue Sammlung, 12 (1972): 216-229.

Wagner, Angelika C. u.a. (Hrsg.) (1976): Schülerzentrierter Unterricht. München, Berlin, Wien.

Weinert, Franz E. (1982): Selbstgesteuertes Lernen als Voraussetzung, Methode und Ziel des Unterrichts. In: Unterrichtswissenschaft 1982 (2): 99-110.

Wellendorf, Franz (1973): Schulische Sozialisation und Identität. Weinheim/Basel: Beltz

Wellendorf, Franz (1973/1976): Schule und Identität – Thesen zur schulischen Sozialisation. In: Böhm, Winfried (Hrsg.): Der Schüler. Bad Heilbrunn: Klinkhardt S. 19-36 Erstabdruck in: betrifft: erziehung, 5 (1973): 26-32.

Wild, Elke/Gerber, Judith (2006): Einführung in die Pädagogische Psychologie. Opladen/ Farmington Hills.

Wünsche, Konrad (1993): Tabus über den Schülerjob. In: Zeitschrift für Pädagogik 39. Jg., 1993, Nr. 3: 369-381.

Wünsche, Konrad (2002): Der Schüler. In: Lenzen, Dieter (Hrsg.) unter Mitarbeit von Friedrich Rost. Erziehungswissenschaft. Ein Grundkurs. Reinbek bei Hamburg: Rowohlt: 362-382.

Ziehe, Thomas (1996): Adieu 70er Jahre! Jugendliche und Schule in der zweiten Modernisierung. In: PÄDAGOGIK 48, Nr. 7-8: 35-39.

Ziehe, Thomas (2002): Schule und Jugend – ein Differenzverhältnis. Überlegungen zu einigen blinden Stellen in der Reformdiskussion. In: Neue Sammlung 39. Nr. 4: 619 – 629.

Zimmerman, B.J. (2000): Attaining self-regulation: A social cognitive perspective. In: Boekaerts, P.R./ Pintrich, P.R./ Zeidner, M.(Hrsg.): Handbook of Self-Regulation. San Diego: 13-39.

Zinnecker, Jürgen (1978): Die Schule als Hinterbühne oder Nachrichten aus dem Unterleben der Schüler. In: Zinnecker, Jürgen/Reinert, Gerd-Bodo (Hrsg.): Schüler im Schulbetrieb. Berichte und Bilder vom Lernalltag, von Lernpausen und vom Lernen in den Pausen. Reinbek bei Hamburg: Rowohlt: 29-121.

Zinnecker, Jürgen (2000): Soziale Welten von Schülerinnen und Schülern. Über populare, pädagogische und szientifische Ethnographen. In: Zeitschrift für Pädagogik, 46: 667-690.

Grenzverschiebungen.
Schule und ihre Umwelt – Systembildung und Autonomisierung im Modernisierungsprozess

Fritz-Ulrich Kolbe, Sabine Reh

In den symbolischen Konstruktionen zu Ganztagsangeboten in den Diskursen der Praktiker, wie sie im vorliegenden Band im Kapitel zwei beschrieben wurden, sind Verhältnisbestimmungen zwischen Unterricht und Freizeit, zwischen Schule und Familie sowie zwischen Schülern, Schülerinnen und Schule vorgenommen, die, wie in Kapitel drei gezeigt wurde, in Beziehung gesetzt werden können zu bildungspolitisch-schulreformerischen und disziplinären Diskursen, etwa dem der Schulpädagogik, der Erwachsenbildung und der pädagogischen Psychologie. Herausgearbeitet wurde, dass sich für alle Bereiche Differenzen zu den Deutungen ergeben, die einer tradierten strukturfunktionalistischen Schultheorie entsprechen. In diesem Text wollen wir daher abschließend fragen, welche Veränderung von Schule sich abzeichnet und welche schultheoretischen Neubestimmungen damit erforderlich sind.

Dazu werden wir zunächst in einigen einführenden Erläuterungen klären, in welchem Verhältnis die symbolischen Konstruktionen der Praktiker zur schulischen Praxis und den diese konstituierenden pädagogischen Praktiken stehen. Im zweiten Schritt knüpfen wir an eine seit den 1990er Jahren geführte Debatte über mögliche Grenzverschiebungen zwischen Schule und Umwelt an. Wir stellen dar, dass die theoretischen Entwürfe dabei einen Zusammenhang zwischen gesellschaftlichen Transformationsprozessen allgemein und der Entwicklung der Erziehungs- und Bildungsinstitutionen herstellen (2.1). Die fortgeschrittenen Konzeptualisierungen darunter interessieren hier hinsichtlich ihrer Überlegungen zu einer faktischen zeitlich-räumlichen Erweiterung beispielsweise von Beschulung, aber auch zu einer möglichen erweiterten inhaltlichen Zuständigkeit (2.2), und außerdem hinsichtlich der damit verbundenen Entwicklungsbedingungen beispielsweise für Schülerinnen und Schüler (2.3), also möglicher Grenzverschiebungen in der Dimension der Subjektformung. Daran anknüpfend wollen wir aufzeigen, dass unsere Befunde Anlass geben, über den bisherigen Stand des schultheoretischen Diskurses hinauszugehen; Konsequenzen deutet der Schlussteil an.

1   Symbolische Konstruktionen und die Praxis der Praktiken

Welche Schlussfolgerungen erlauben die Befunde zu den symbolischen Konstruktionen der Praktiker hinsichtlich pädagogischer bzw. unterrichtlicher Praxis? Wie ist ihr Verhältnis zu pädagogischen Praktiken[1] zu denken?

Wie schon in der Einleitung des Kapitels angedeutet, erfassen unsere Befunde Konstruktionen, die den Vollzug der Praktiken in einer Praxis fundieren. Die formulierten Grenzverhältnisse zwischen Schule und ihrer Umwelt sind Elemente im Praktikerdiskurs, der als Bestandteil von Praktiken einen eigenen Beitrag dazu leistet, Schulrealität hervorzubringen. Die Praktikerkonstrukte lassen sich als Teil dessen, was Schultheorie fassen muss, in Beziehung setzen zu den Ergebnissen der Praxisreflexion der tradierten Schultheorie und ihren Begriffen.

Systemtheoretisch informiert lässt sich diese Konstellation folgendermaßen kommentieren: Mit den Praktikerkonstrukten rekonstruieren wir Beobachtungen der Grenzen von Schule im System selbst. Diese Beobachtungen sind Teile der ständigen Erneuerung des Systems, weil es sich von seiner Umwelt unterscheidet, und sich an diesem Unterschied – oder anders gesagt an den Vorstellungen über diese Differenz – orientiert. Unterscheidungen von Schule und Familie, deren Entstehung und Verwendung durch die Akteure, sind als Beobachtungen erster Ordnung aufzufassen, die als Unterscheidungen in den Operationen hervorgebracht werden und so der Reproduktion des Systems in seinen Operationen dienen.

Von diesen Beobachtungen sind aber Beobachtungen zweiter Ordnung, nämlich Beobachtungen darüber, wie in schulischer bzw. unterrichtlicher Praxis

---

[1] Wir verstehen unter dem Begriff der Praktik einen im Zuge des „practice turn" entwickelten Begriff, wie er vor allem von Schatzki (1996) vertreten wird: "temporally unfolding and spatially dispersed nexus of doings and sayings", die miteinander verbunden sind durch ein Verständnis dessen, was zu tun und zu sagen ist, durch explizite Regeln und Prinzipien und durch eine „teleoaffective" Struktur, die mit diesem speziellen Tun oder Sagen einhergehenden Zwecke, Aufgaben, Vorstellungen, Gefühle und Stimmungen (Schatzki 1996: 89), und von denen nur dann gesprochen werden kann, wenn und indem sie aufgeführt werden (vgl. Schatzki 1996: 90), vgl. auch Schatzki/Knorr-Cetina/v.Savigny 2001; zusammenfassend Reckwitz 2006; für pädagogische Praktiken in der Schule ist charakteristisch die Herstellung und Bearbeitung konstitutiver Differenzen, der zwischen einer institutionellen Ordnung des pädagogischen Angebotes und anderen Ordnungen, zwischen Vermittlung und Aneignung und zwischen schulisch legitimiertem und anderem Wissen, vgl. Kolbe/Reh/Fritzsche/Idel/Rabenstein 2008.

beobachtet wird, zu unterscheiden. Sie stellen Selbstbeobachtungen und -beschreibungen des Systems dar bzw. traditionell formuliert, analytische Bestimmungen, die schultheoretische Aussagen enthalten.[2] Auch wenn die Akteure schulische Grenzen in neuer Weise thematisieren, sind deshalb damit noch keine neuen Kategorien der schultheoretischen Selbstbeschreibung entstanden, welche die früheren in Frage stellten. Neue Beobachtungen erster Ordnung sind ein empirisches Datum, das eigens der Theoretisierung bedarf. Wie kann man beide aber so ins Verhältnis setzen, dass neue schultheoretische Überlegungen möglich werden?

Auch wenn offensichtlich die pädagogischen Praktiken selbst in ihren Könnens-bezogenen Momenten, in ihrem inkorporierten praktischen Wissen und hinsichtlich der verwendeten Materialien usf. für eine Rekonstruktion von Lernkulturen zentral sind, können schon die symbolischen Konstruktionen als Teil der für die schulische Lernkultur gültigen kulturellen Schemata rekonstruiert werden. Alle Anteile praktischen, impliziten Wissens der Praktiken "verarbeiten" diese Schemata, ihre symbolische Ordnung, die immer wieder neu hergestellt werden. Denn diese Schemata sind nicht nur "wie ein theoretisch-intellektuelles Sinnsystem im Kopf oder im Diskurs zu begreifen, sondern ein Netz von sinnhaften Unterscheidungen" (Reckwitz 2003: 292f.). „Symbolische Konstruktionen" als Beobachtungen zweiter Ordnung sind als kulturelle Schemata also rekonstruierte abstraktere diskursive Strukturen der Kommunikation über Praxis, die auf dem Können und impliziten Wissen in Praktiken als einem praktischen Vermögen zur Verwendung sinnhafter Unterscheidungen aufgebaut sind. Systemtheoretisch informiert darf man außerdem annehmen, dass symbolische Konstruktionen wie die kulturellen Schemata impliziten Wissens und Könnens als Momente von Praktiken sich im Verhältnis zueinander wechselseitig limitieren. Sie ermöglichen sich wechselseitig und begrenzen sich zugleich im Sinn einer Einschränkung von Anschlussoptionen für den Diskurs und die Ausführung von Praktiken.

Die Rekonstruktion der symbolischen Konstruktionen bietet also einen ersten theoretischen Zugriff auf die für die schulische Lernkulturen gültigen Schemata, der allemal eine Indikatorfunktion für veränderte Strukturierungen

---

[2] Systemtheoretisch: Während Teil des Operierens immer ein Beobachten erster Ordnung ist, handelt es sich beim Beobachten des Beobachtens, also des Beobachtens zweiter Ordnung oder der Beobachtung des "wie" des Unterscheidens darum, Theoretisierungen der Verwendung von Unterscheidungen im Operieren zu entwickeln. Beobachtungen dritter Ordnung stellen in vergleichbarer Logik gedacht "Reflexionstheorien" bzw. Reflexion über Theoriebildung dar, also Metatheorie oder die Erörterung der Grundlagen einer Theorie (ihres theoretischen Zugriffs, ihrer Grundbegriffe und der Begründbarkeit).

zukommt, auch wenn sie durch die anschließenden Angebotsanalysen zu ergänzen ist.

2 Der Diskurs zu Grenzverschiebungen: „Entgrenzung" in der schultheoretischen Diskussion

Der Begriff „Entgrenzung" des Pädagogischen versucht, seit der Begriff in den neunziger Jahren geprägt wurde, einen Strukturwandel mit sehr ambivalent eingeschätzten Auswirkungen zu beschreiben (vgl. Kade/Lüders/Hornstein 1991). Auch wenn der Begriff erst langsam empirisch mehr Kontur gewinnt – wie in Studien von Kade oder Helsper zum Umgang mit Wissen und zu Ungewissheit (Helsper/Hörster/Kade 2002) –, verdeutlichte er die These, dass „pädagogische Denk- und Handlungsformen in den unterschiedlichsten gesellschaftlichen Sphären und Lebensbereichen wie Freizeit, Konsum, Medien und Alltag zunehmend Verbreitung finden und dort das Denken und Handeln aller (...) im Kern verändert." (Kade/Lüders/Hornstein 1991: 40) Pädagogisch-systematisch heißt das, dass „die historisch entstandenen Formen pädagogischen Denkens und Handelns sich (...) von den vertraut gewordenen Bezügen und Bereichen, typischen Institutionen und Räumen lösen und auf neue, von der Pädagogik bisher noch nicht erfaßte Altersstufen und Lebensbereiche übertragen werden" (ebd.). Artikuliert wurde, dass damit nicht nur einem offensichtlich – gesellschaftlich betrachtet – wachsenden Bedarf an Lernen, an schneller Anpassung, an „Flexibilität" entsprochen wird, sondern auch neue Formierungen von Selbst und Diskursen, also Formierungen der Macht, verbunden sind. „Entgrenzung" bedeute demnach eine Veränderung pädagogischen Denkens und Handelns:
- es entstünden neue Mischungsverhältnisse zwischen traditionellen pädagogischen und nicht-pädagogischen Momenten,
- es komme zu einer „Entpädagogisierung" pädagogischer Institutionen (dem Zurückdrängen pädagogischer Denk- und Handlungsmuster, beispielsweise indem Kursleiter sich auf ihre Funktion als Fachleute von inhaltlicher Kompetenz begrenzen, ohne methodische Vermittlung in Betracht zu ziehen),
- und gleichzeitig sei eine Pädagogisierung behandelter Themen (gerade des Zugangs zu Kultur) zu beobachten;
- außerdem vermuten die Autoren, dass nicht zwangsläufig eine Entmündigung der Adressaten folge, weil deren Aneignungskompetenzen wachsen und Aneignungsprozesse sich verselbständigen könnten, nach Adres-

sateninteressen und nicht nach pädagogischer Intention gestaltet würden.

2.1 Transformationsprozesse und die Entwicklung der Erziehungs- und Bildungsinstitutionen

Die erziehungswissenschaftliche Rezeption von Theorien der Modernisierung führte seit Mitte des letzten Jahrzehnts zu breiter gesellschaftstheoretisch verankerten Entwürfen, die „Entgrenzung" pädagogischen Handelns als Produkt paradoxer Modernisierungsprozesse verstehen. Theorien reflexiver Modernisierung (vgl. Beck 1990), aber auch stärker differenzierungstheoretische Konzepte (vgl. van der Loo/van Reijen 1990) waren im besonderen bei Helsper (vgl. Helsper 1996) der Anknüpfungspunkt dafür, Entgrenzungsphänomene pädagogischer Organisationen als Ausdruck einer „immer weiter reichenden Durchsetzung zweckrationaler Organisationgestaltung" zu entwerfen, die „immer weitere gesellschaftliche Bereiche" (Helsper 1996: 537) erfasse und eigene Probleme aufwerfe. Bringe eine solche Durchsetzung einerseits Vorteile, komme es gleichzeitig zu einem Rationalisierungsparadox, da die zweckrationale Strukturierung des Handelns in immer größeren Widerspruch zu den inhaltlichen Zielen der (Bildungs-)Organisationen treten könne, beispielsweise durch die weiter zunehmende Bürokratisierung schulischer Unterrichtsorganisation.

In diesem Ansatz werden als Folge weitergehender Rationalisierung gesellschaftlicher Institutionen Entwicklungstendenzen hypothetisch skizziert, die für den Wandel von Schule interessant sein können. Mit Bezug auf die referierten Gesellschaftstheorien wird eine widersprüchliche Tendenz prognostiziert zu mehr und stärker zweckrational dominierten sozialen Sektoren und zugleich eine stärkere "Freisetzung von Intensitätsansprüchen von Nähe und Affektivität in Beziehungen": es komme zur „Informalisierung aller Beziehungen" auch in zweckrational dominierten Bereichen und damit zu hoch problematischen Beziehungsstrukturen. Für die Schule steige die Distanz wie Nähe der Beteiligten zueinander, obwohl eine Nähebegrenzung erforderlich sei, „wo Lehrerhandeln zu Intimisierung und Familialisierung neige", etwa wenn „Nähe und Stützung signalisiert wird, die (...) dazu verführt, in der Schule die ‚bessere' Familie zu suchen" (Helsper 1996: 539f.). Diese „familiale Aufladung des Schulischen" lasse Individualisierungsmöglichkeiten verloren gehen.

Schon hier wird deutlich, dass die Lebensbewältigung in diesen Verhältnissen als Leistung eines starken, weil reflexiven Subjekts gedacht wird, dessen Subjektivierung nicht beleuchtet wird. Dieses scheint Folge eines theoretisch zu kurz greifenden Verständnisses von Differenzierung. Dass gesellschaftliche Strukturen immer stärker die Gestalt systemischer Zusammenhänge annehmen, wird von Helsper nur als Steigerung von Organisiertheit wahrgenommen und der Zusammenhang von „Differenzierung und Selbsterhaltung" (van der Loo/van Reijen 1992: 102) übersehen. Konzeptioniert wird der Prozess systemisch-funktionaler Ausdifferenzierung gesellschaftlicher Institutionen nicht als einer, in dem durch gesteigerte Selbstbezüglichkeit sozialer Systeme Stabilität, Komplexität und Möglichkeiten ihrer Erhaltung und Veränderung hinzugewonnen werden. Übersehen ist damit zugleich auch, dass eine gesteigerte Selbstbezüglichkeit psychischer Systeme in differenzierungstheoretischer Perspektive auch als historische Veränderung von Prozessen der Subjektivation gelesen werden kann.

In Helspers Ansatz werden Paradoxien durch fortschreitende Pluralisierung und Enttraditionalisierung der Lebensformen und Werthaltungen und durch steigende Individualisierung der Lebensführung aller im Vergleich zu früheren Formen der Verbindlichkeit von Normen und Konventionen benannt. Die Konzeptualisierung jener Paradoxien wird im Anschluss Ausgangspunkt zu Thesen über den Wandel des gesellschaftlich verfügbaren Wissens, seinen Charakter und wachsende Ungewissheit (vgl. Helsper/Kade/Hörster 2002), der ebenfalls eine Ausdehnung der mit Vermittlung befassten Institutionen als Reaktion auf die gesellschaftlichen Strukturveränderungen hervorruft.

Phänomene, auf die die symbolischen Konstruktionen der schulischen Akteure Bezug nehmen und auf die auch eine weitere Theorieentwicklung Bezug nehmen muss, werden in Helspers Konzeptualisierung entstehender Paradoxien durch fortschreitende Pluralisierung, Enttraditionalisierung und Individualisierung beschrieben:

Erstens vermitteln die Prozesse der Pluralisierung, dass Schule „entauratisiert" wird, und dies alle Orientierungen bis hin zur Selbstverständlichkeit der Selbstdisziplin brüchig werden lässt. LehrerInnen handeln dann in Verhältnissen von Ungewissheit, und es scheint an ihnen zu seinen, in dieser Lage eine Integration von Weltdeutungen vorzunehmen und Brückenschläge zwischen divergenten Wissensbeständen zu konstruieren.

Zweitens führen die Prozesse der Individualisierung in dieser Sicht ebenfalls zu neuen Konstellationen (vgl. Helsper 1996); Individuen würden im Diskurs vermehrt als „ich-starke Handlungszentren" entworfen, der tradierte Diskurs des Selbst werde dadurch in Selbstpraktiken und Selbstcodierungen überführt, und der Diskurs über Sozialisation sei – so schon Helsper – von einem pädagogischen Diskurs geprägt, der den Anspruch auf Selbständigkeit überhöht. In diesem Kontext würden schließlich Entscheidungen der Individuen als in den Lebenslauf und damit in die je individuell-subjektive, vom Lernen selbst abhängige Organisation der Bildung verlagert entworfen, würden alle selbst über die Differenzen bestimmen, die etwa der schulische Lernprozess erzwingt.

2.2. Modernisierung und Entgrenzung als Produkt funktionaler Ausdifferenzierung

Eine Entgrenzung des Pädagogischen wurde auch in Betrachtungen des Bildungssystems diagnostiziert und prognostiziert, die Modernisierung als einen Ausdifferenzierungsprozess konzeptualisieren. Verstanden wird darunter zum einen die Erweiterung der Zuständigkeit pädagogischer Institutionen, zum anderen auch deren stärkere Strukturierung als Gesamtsystem und als Teil eines Systems.

Die Perspektive auf Ausdifferenzierung als einem Prozess der Systembildung nimmt nicht nur die Veränderung von Institutionen und die Entstehung neuer Institutionen mit neuen Funktionen wahr. Sie rekonstruiert Krisenphänomene in pädagogischen Institutionen (wie beispielsweise die Ausdehnung ihrer inhaltlichen Angebote und die wachsende Eigensinnigkeit der Aneignung der Angebote durch KursteilnehmerInnen oder SchülerInnen) auch als Folge des Umstandes, dass diesen Institutionen immer mehr Möglichkeiten zuwachsen, nach ihrer Eigenlogik vorzugehen („Autonomisierung"), und zugleich auch die Aneignung des pädagogischen Angebots durch die Adressaten immer eigendynamischer und eigensinniger ausfällt.

Zudem werden heute auch außerhalb von pädagogischen Organisationen pädagogisch strukturierte Interaktionen aufgefunden. „Entgrenzung" wird in diesem Sinne zu einem Begriff, der die „gewachsene Pluralität pädagogischer Realitäten außerhalb der pädagogischen Institutionen" (Kade 1997) bezeichnet.

Aus systemtheoretischer Sicht lässt sich diese Form der „Entgrenzung" als Element der weiteren Systembildung des Pädagogischen im Rahmen einer fortschreitenden Modernisierung verstehen. Nicht mehr nur die klassischen pädagogischen Organisationen gehören zur systemischen Struktur, weil „das Pädagogische nicht mehr biographisch (auf Kindheit und Jugend), sozial (auf das „einfache" Volk) oder sachlich (auf Bildungsgüter) begrenzbar ist, sondern zu einer allgegenwärtigen, universellen und lebenslangen sozialen Realität wird" (Kade 1997: 37). Verstehen lassen sich solche Strukturbildungsprozesse des Pädagogischen, wenn man – mit systemtheoretischen Überlegungen – plausibel machen kann, dass auch ohne pädagogische Organisation und Professionalität pädagogische „Strukturierungsmomente" (Kade 1997: 37), die eine soziale Praxis hervorbringen, entstehen. Kade etwa schlägt vor, das Spezifische des Pädagogischen in systemtheoretischer Perspektive an Strukturierungsmomenten – und nicht an Institutionen und Organisationen – festzumachen. Pädagogisch ist dann das, was strukturell betrachtet der Funktion der Vermittlung dient, und dabei dasjenige, was von der Welt thematisiert werden kann, nach dem Code Vermittelbar/Nicht-Vermittelbar unterscheidet. Vor diesem Hintergrund gewinnen alle so strukturierten Prozesse bereits eine eigene Form, „gewinnen ihre eigene Ordnung und reproduzieren sich" (Kade 1997: 42) als selbstbezügliche und sich selbst erhaltende Struktur.

So gesehen liegt es also im Trend gesellschaftlicher Entwicklung und lässt es sich als weitere Ausdifferenzierung erkennen, wenn außerhalb klassischer pädagogischer Institutionen und Organisationen nun immer stärker gerade solche Strukturierungen entstehen, die bislang nur im institutionellen Kern des Pädagogischen zu finden waren, die aber allein ausreichen, um pädagogische Prozesse hervorzubringen. Deshalb entspricht der weiteren Systembildung pädagogischer Organisationen gleichzeitig eine Ausbreitung und damit Entgrenzung pädagogischer Strukturierungen in Bereiche außerhalb pädagogischer Institutionen.

Nimmt man diese Grundstruktur als entscheidendes Merkmal für pädagogische Prozesse, dann ist es sekundär, „ob Vermittlung (durch pädagogische Programme) realisiert wird, und auch, „wie Vermittlung realisiert wird". Alle neuen Formen medialer Vermittlung z.B. im Rahmen der Massenmedien, aber auch „pädagogische Arrangements" oder „offene Lernumfelder" nicht institutionell-organisierter Art werden dann in ihrer pädagogischen Bedeutung erfassbar.

Auf die durch unterschiedliche Formbildungen, vor allem durch Unterricht, bearbeitete Kluft zwischen Wissensvermittlung und Aneignung lässt sich dieser Gedanke ebenfalls beziehen. Fortschreitend entstehen pädagogische Strukturierungen, die diese Differenz in einer Weise weniger stark bearbeiten, dass die Aneignungsprozesse der Adressaten sich immer mehr verselbständigen – im Vergleich zum klassischen Bild pädagogischer Vermittlung im Schulunterricht. Was für pädagogische Arbeitsfelder vielfach beschrieben wird, eine stärkere Eigensinnigkeit (oder „Autonomisierung") der Aneignungsprozesse durch die Individuen, entspricht systemtheoretisch betrachtet einer mit der weiteren Ausdifferenzierung verbundenen wachsenden eigenlogischen Operationsweise der Subsysteme und damit auch der Prozesse auf Seiten der Individuen.

Stärker eigenlogisches Operieren der pädagogischen Institutionen, Entgrenzung der pädagogischen Strukturierungsmomente und stärkere Autonomisierung der Aneignungsprozesse kann dieser theoretische Zugang als Ausdruck ein und desselben Vorganges beschreiben. Darin liegt der Gewinn dieser neuen Interpretation, die die in Helspers Konstrukt unterschiedenen Merkmale fortschreitender Modernisierung als Merkmale des Doppelcharakters ein und derselben Entwicklung erklären kann, nämlich von stärkerer Inklusion ins Pädagogische und mehr „Autonomie" beziehungsweise individualisiert gestalteter Aneignung. Zur Inklusion gehört eine Unterordnung unter systemische Imperative, aber mit ihr sind auch erweiterte Aneignungschancen verbunden. Zur stärker individualisiert gestalteten Aneignung gehört mehr Selbstzwang, aber zugleich auch mehr „Autonomie". Wie dies in anderer Theoriesprache als gleichzeitige Unterwerfung und Ermächtigung der Subjekte gedacht werden kann, ist noch näher zu klären.

Empirisch analysiert wurden in dieser zweiten Diskussionslinie die Grenzverschiebungen weiter als fortgesetzte Systembildung[3], weil pädagogisch strukturierte Interaktions- und Kommunikationsformen in unterschiedlich ausgeprägtem Ausmaß verstärkt in vielen sozialen Handlungsbereichen außerhalb pädagogischer Institutionen vorkommen. Entgrenzung kann man noch differenzierter beschreiben, nämlich als Ausbreitung pädagogisch strukturierter Kommunikation auch außerhalb pädagogischer Institutionen, wenn man als gemeinsamen Kern pädagogischer Strukturierung sozialer Prozesse die pädagogische Struktur der Kommunikation bestimmt. Dann lässt sich auch zeigen, dass diese neuen Kommunikationsformen in unterschiedlichem Maße pädagogisch strukturiert sein können, dass es unterschiedlich stark pädagogisch geformte Kommunikationsprozesse mit und neben weniger oder gar nicht pädagogisch strukturierten Kommunikationsformen schon heute gibt.

Zu diesem Zweck sprechen Kade/Seitters (2003) von pädagogisch strukturierter Kommunikation, wenn eine spezifische „Kopplung von pädagogischer Absicht, Vermittlung, Aneignung und Überprüfung von Wissen" vorliegt, die „aneignungsbezogene Wissensvermittlung" (ebd.: 602) entstehen lässt. Von allen nicht-pädagogischen Formen der Information und bloßer Wissensvermitt-

---

[3] Verwiesen wird auf eine „zunehmende Bedeutung der Pädagogik in allen Lebensbereichen, (...) die sich insbesondere in der steigenden Verausgabung lernbezogener Lebenszeit, in der Steuerung gesellschaftlicher Probleme durch den Einsatz pädagogischer Denk- und Handlungsformen oder in der Durchsetzung der gesellschaftlich biographischen Leitidee des lebenslangen Lernens dokumentiert" (Kade/Seitters 2003: 603).

lung unterscheidet sich diese dadurch, dass „die Vermittlungsbemühungen mit Blick auf entsprechende Aneignungsresultate kommunikativ geprüft, durch eine pädagogische Absicht gerahmt und mit einer meist defizitären Adressatenkonstruktion verbunden" sind (ebd.). Dadurch entsteht ein Verständnis von „Entgrenzung", mit dem die neuen pädagogischen Strukturierungen außerhalb traditioneller Institutionen als unterschiedlich gestaltete Struktur von pädagogischer Kommunikation gefasst werden. Neue, gegenüber dem Bild unterrichtlicher Vermittlung weniger spezifisch strukturierte Angebote weisen eine geringere Vorstrukturierung von Kommunikation und Interaktion auf und ihre pädagogische Absicht bedingt weniger stark das Wissen, das entstehen kann und das, was vermittelt wird. Aneignungsprozesse sind in dem Umfang, in dem Freiräume und andere Bewährungsanforderungen als bei unterrichtlicher Vermittlung wichtig werden, weniger durch die Vermittlungsbemühungen eingeschränkt. Hinzu kommt, dass die Formen, Aneignung einzufordern und zu beobachten, nicht so eng wie dort an Vermittlung gekoppelt sein müssen. Vielmehr entsteht so betrachtet ein Zusammenhang von reflektierter pädagogischer Absicht, aneignungsbezogener Wissensvermittlung und der Überprüfung, ob Aneignungsprodukte entstanden sind, auch schon dann, wenn pädagogische Kommunikation ohne offensichtliche Folge beobachtbarer Sequenzen durch Einbeziehung von mehr Raum und Zeit zustande kommt. Man muss allerdings Aneignung und ihr Einfordern in der Gesamtheit des gemeinsamen Kommunikationsprozesses beobachtbar machen – und das erfordert organisatorische Maßnahmen, in gewisser Weise eine Umstellung auf Organisation.

Während von Helsper also Grenzverschiebungen als problem-erzeugende Überdehnung charakterisiert werden, weil sie als Überschreitung des für die Institution Spezifischen und als eine Überformung der von pädagogischen Institutionen erfassten Bereiche sozialen Handelns gedeutet werden, wird Entgrenzung hier anders entworfen. Sie ist hier Element einer Modernisierung, das auch außerinstitutionell durch die Durchmischung von Kommunikationsstrukturen mit pädagogischen Strukturen „aneignungsbezogener Wissensvermittlung" für ihre Ausdehnung sorgt. Die Modernisierung führt so verstanden nicht notwendig zur Verschärfung antinomischer Spannungen für die Vermittlungs- wie Aneignungsseite, sie scheint eher für neue Aneignungsformen zu sensibilisieren. Auch führt sie mit Blick auf die Möglichkeit professionellen Handelns eher zu der Frage, ob und in welcher Weise dieses auch dadurch zu leisten ist, dass es stärker durch Organisationstätigkeit hervorgebracht werden könnte. Deshalb lassen sich von dieser Position aus nun andere Perspektiven entwerfen:

- Innerhalb pädagogischer Institutionen ergeben sich in dieser Konstruktion andere Strukturierungen des Handelns – sie beschreibt doppeldeutige Strukturierungen, die durch die stärkere Bestimmung der Vermittlungsinhalte nurmehr nach Systeminternem und durch die Umstellung der pädagogischen Konzepte auf Methode, also auf Theorien des „Wie" der Vermittlung entstehen,

- und durch die tendenzielle Verselbständigung der Aneignungsprozesse im Rahmen „offener" Settings und Formen „sich selbst steuernden" Lerner-Handelns. Einerseits stellen die Angebote durch ihre spezifischen Vermittlungsformen mit der inneren Ausdifferenzierung und durch ihre thematische Entgrenzung mehr Bewährungsanforderungen. Andererseits bieten die Arrangements Optionen zu eigensinniger, nicht limitierter Aneignung, zu mehr eigenständigem Handeln Lernender.

Die Beschreibung der Entwicklungen über verschärfte funktionale Ausdifferenzierung kommt nun allerdings dann an ihre Grenzen, wenn es um das ambivalente Zugleich von Bewährungsanforderungen (durch Inklusionsbedingungen) und eigensinniger Aneignung geht. Im systemtheoretischen Ansatz scheint das psychische System weitgehend funktionalistisch konzipiert. Vor diesem Hintergrund scheint das Individuum in seiner Subjektivität nicht erfassbar zu sein. Subjektivität wäre einem bildungstheoretischen Diskussionsstand entsprechend als komplexe, mehrfache Relationalität zu anderem zu verstehen[4] und nicht nur als über Kommunikation vermittelte Beziehung zwischen „sozialem", „psychischem" und „lebendem System" bzw. Organismus.

In der Beschreibung der Entgrenzung durch verschiedene Formen pädagogischer Kommunikation bleibt ausgeblendet, wie sich Nicht-Sprachliches beziehungsweise die Körperpraktiken ausformen und in ihrer Bedeutung verändern. Subjektivität wäre aufgrund ihrer Relationalität als in Praktiken hervorzubringen gedacht, welche konstitutiv auch solche des Körpers und den Umgang mit kulturellen Artefakten einschließen. Die Beschreibung von Entgrenzungsprozessen in fortschreitender Ausdifferenzierung ausschließlich in Bezug auf Kommunikation leistet es deshalb nicht, die subjekt-konstituierenden Praktiken insgesamt zu erfassen.

Der in unseren Daten rekonstruierte Versuch, die schulischen Aufgaben und ihre Grenzen nach Außen und durch Ausdifferenzierung im Inneren neu zu

---

[4] Ricken (2003, 2004: 134) etwa versteht Subjektivität als doppelte oder „relationale Relationalität", d.h. dass Subjekte sich in Beziehungen zu anderen und von anderen her sich selbst erlernen, sich zu sich, zu anderen und zur Welt zu verhalten.

bestimmen, zeigt einen von den Selbstbeschreibungen der Akteure her erkennbaren Strukturwandel. Zu diesem gehört danach nicht nur, dass sich das Verhältnis von Schule und Familie im Sinne einer problematischen Tendenz zur Familiarisierung verändert, und nicht nur, dass sich das Verhältnis von Unterricht und Freizeit so verändert, dass Unterricht Merkmale informaler Beziehungen annimmt. Dazu gehört auch, dass die von den Akteuren entworfenen pädagogischen Arrangements im Sinne einer gleichzeitigen Unterwerfung und Ermächtigung der Subjekte neue Subjektivierungsformen darstellen.

Vor diesem Hintergrund verweisen die entworfenen Konstrukte auf einen Strukturwandel, der – ambivalent hinsichtlich von Unterwerfung und Ermächtigung – die Individuen weiter einbezieht in systemische Organisation und mehr darstellt als ihre „Nutzbarmachung" im Sinne von Leistungsoptimierung bzw. ökonomistischer Rationalisierung, der also eine als ambivalent einzuschätzende Individualisierung des Lernens mit hervorbringt und eine Bewältigung der subjektiven Anforderungen dafür – eine neue „Führung" der Subjekte.

Für die ambivalente Steigerung von Systembildung (durch die Steigerung des Systemischen institutionell-organisatorischer Prozesse wie durch die Steigerung der Eigensinnigkeit von Aneignung) müsste deshalb über die systemtheoretische Beschreibung hinaus thematisiert werden, dass pädagogische Prozesse im Grunde immer auch neue Subjektivierungsformen darstellen.

2.3 Grenzverschiebung in der Dimension der Subjektformung

Entgrenzung wird, wie dargestellt wurde, im systemtheoretisch informierten Diskurs über Schule als Teil und Folge einer wachsenden Verselbständigung des Erziehungssystems im Sinne einer Orientierung an pädagogischer Logik beschrieben, die „individualisierende" Strukturierungen des Lernens und eine Verselbständigung der Aneignungsprozesse im Sinne einer stärkeren Ausprägung ihrer Eigenlogik nach sich zieht. Im Anschluss an einen solchen systemtheoretischen Entwurf von Entgrenzung ist daher die Überlegung zu formulieren, dass sich Formen schulischer Subjektformung oder Subjektivierung verändern.[5]

---

[5] Helspers Rezeption dagegen beließ dies abgeschattet und ohne Bezug zur Unterrichtsinteraktion und zu ihrer sozialisatorischen Bedeutung, indem er nur pauschal über das Zivilisierungs- und Individuierungsparadox feststellte, dass mit ihnen ein Zwang zur Selbstdisziplinierung und Individuierung gesetzt werde, der poststrukturalistisch interpretiert ein „Selbstregieren" darstelle.

In zwei weiteren Strängen des pädagogischen Diskurses über Modernisierung und ihre Wirkungen werden diese Fragen – Veränderungen auf der Subjektseite und ihre Bedeutsamkeit für pädagogische Strukturierungen – aufgenommen. Einer der beiden fällt zeitlich mit der Rezeption der Theorien zur reflexiven Modernisierung zusammen (vgl. zum Überblick Ziehe 1991 u. 1996) und der zweite, der diese Veränderungen vor dem Hintergrund Foucaultscher Analysen des historischen Wandels von Macht- und Subjektivierungsformen, einer Durchsetzung gouvernementaler Regierungsformen im Rahmen eines neoliberalen Politikmusters in der Schule beschreibt, hat vor allem in den letzten zehn Jahren an Bedeutung gewonnen (vgl. Lehmann-Rommel 2004; Pongratz 2004; Breit/Rittberger/Sertl 2005; Rabenstein 2007; in anderer Weise auch Boenicke 1998).

Man könnte nun – ausgehend von der oben dargestellten systemtheoretischen Position Kades – folgende Frage stellen: Ist mit der stärkeren Eigenlogik der Aneignungsprozesse eine „Autonomisierung" der Aneignerseite verbunden, stellt sich die Frage, wie diese gleichzeitig als gesellschaftliche Anpassung zu verstehen ist. In anderer Theoriesprache formuliert: Gibt es für Subjektivationsprozesse eine historisch betrachtet neue Formen schulischer Subjektivierung, die – jetzt wieder systemtheoretisch gesprochen – in den psychischen Prozessen die Referenzen verschiebt, weil die Person nicht mehr nur in der Schülerrolle, sondern als ganze Person adressiert wird?[6]

Ziehe geht zunächst davon aus, dass Modernisierung, Prozesse der Verwissenschaftlichung und Rationalisierung, der Pluralisierung und der Individualisierung zu einer neuartigen „Selbstbezüglichkeit" der Schüler und damit auch zu spezifischen Konsequenzen in der Schule führten (vgl. Ziehe 1996), die mit sehr ambivalenten Folgen verbunden sei. Schule als pädagogische Institution habe mit den gesellschaftlichen Rationalisierungsprozessen einen Verlust an „Aura" und eine „Entzauberung" mit komplexen Folgewirkungen erfahren. Zusammen genommen zwingen Modernisierungsprozesse die Kinder und Jugendlichen in der Schule dazu, trotz prekärer neuer Selbstverhältnisse der „Selbstbeobachtung" sich so zu disponieren, dass sie sich für ein

---

[6] Dies geschieht etwa, wenn die von den Professionellen entworfenen Nähe-Beziehungen z.B. für Schüler in seinen Zurechnungen tendenziell die Grenze zwischen spezifischen Außenanforderungen und davon abgrenzbarem Innenraum verschieben. Das ist insofern möglich, als die Prozesse im Referenzrahmen der ganzen Person stärker auf diese Außenanforderungen bezogen werden und zu ihrer Bewältigung in der Unterrichtsinteraktion eingebracht werden müssen.

Engagement im entauratisierten, Indifferenz fördernden Unterricht selbständig anhalten und motivieren können.

Ein Verlust an Aura lässt sich einmal bezüglich des zu vermittelnden Wissens und des Vermittlungsprozesses beschreiben, weil mit der „didaktischen Rationalisierung" der Subjektbezug des Wissens und seine Bedeutsamkeit fragmentarisch und zweifelhaft werden. Schule wird als hergestellte Wirklichkeit, als kontingent erlebt und deshalb stark nach individuell eingebrachter Perspektive erfahren. Ziehe beschreibt sensibel die Aspekte der bereits angesprochenen Verselbstständigung von Aneignung. Zu ihr trägt auch eine damit verknüpfte schul- und beziehungsbezogene „atmosphärische Rationalisierung" bei, ein Verlust an Dichte und „subsprachlichem Geheimnis". Deshalb wandeln sich auch die Beziehungen zu LehrerInnen, so dass im Grunde ihre Wahrnehmung in zwei Momente auseinanderdriftet. Einmal werden sie vor allem in ihrer Rolle und in einer „versachlichten Personwahrnehmung" erfahren; zum anderen richten sich an Lehrer in einer „subjektivierten Personwahrnehmung" Erwartungen, durch Sympathie und eine persönlichere Beziehung die Schüler zu motivieren. Lehrerinnen und Lehrer haben dann legitimierend inhaltliche „Kulturarbeit" und außerdem „Beziehungsarbeit" zu leisten. Schließlich lässt sich drittens, auch aufbauend auf der Rationalisierung der jugendlichen Lebenswelten, eine wachsende Distanz der Schülerinnen und Schüler im Verhältnis zu den Inhalten von Schule beschreiben, die in unterschiedlicher Weise den Zugang zu den Inhalten verstellt, beispielsweise durch die Mediatisierung der Umwelt oder die Informalisierung der Beziehungen im Lernzusammenhang.

Im Zusammenwirken lassen sich nach dieser Problemkonstruktion nun gravierende Veränderungen des Selbstverhältnisses beschreiben. Zuerst lässt sich eine Ver(sozial)wissenschaftlichung subjektbezogener Vorstellungen beschreiben, die über Deutungen und die Selbstbezüglichkeit fördernde Thematisierungen die Selbstbeziehung von Schülerinnen und Schüler beeinflussen, so dass ein Selbstverhältnis der ständigen „Selbstbeobachtung und Selbstkommentierung" entsteht. Jugendliche nehmen danach vermehrt ein strategisches Verhältnis gegenüber sich selbst ein, ihr Selbst gerät ihnen zu etwas zu Steuerndem, und es kommt zu einer „Selbstsubsumption unter begrifflich oder emblematisch gefasste Selbstzustandsziele". Selbstverhältnisse entstehen so, folgt man Ziehe, zwischen einem Gefühl des Ausgeliefert-Seins und einer Selbstinstrumentalisierung. Ziehes Beschreibung der Praktik der ständigen Selbstbeobachtung stellt heraus, dass hier zugleich eine Instanz aufgebaut wird, die der Selbstprüfung von Gefühl und Wahrnehmung dient.

Des weiteren nehmen Schülerinnen und Schüler sich selbst gegenüber insofern nun ein anderes Verhältnis ein, als sie sich in einer Weise disponieren müssen, die es ihnen ermöglicht, sich ständig selbst anzuhalten und zu motivieren für ein Engagement im ent-auratisierten Unterricht. Denn deren Erfahrungen eigener Wirkungsmöglichkeiten, die über frühe Teilhabe-Erfahrungen entsteht, stehen andere Erfahrungen gegenüber: Die kulturellen Subjektivierungsschübe machen es erforderlich, das eigene Innenleben zu beobachten und dem Unterricht gleichwohl etwas abzugewinnen: für sich Bedeutsamkeit zu generieren und sich intrinsisch zu motivieren. Die Gesamtanforderung besteht also darin, mit den genannten Anforderungen an Selbständigkeit zu Recht zu kommen, und das heißt, entsprechende Subjektivierungsprozesse zu durchlaufen.

Dieser Diskurs der Jugendforschung arbeitet zwar eine neue Subjektivierungsform heraus und entwirft dabei eine innere Instanz der Individualisierung, diese bleibt aber mit Bezug auf die Praktiken des Unterrichts, für den Formen der Öffnung entworfen werden, zu wenig konturiert. Neue Subjektivierungsformen wurden im Anschluss daran auch in anderen Kontexten, etwa im gouvernementalitätstkritischen Diskurs, thematisiert.

So beschreibt nun Lehmann-Rommel (2004), wie das „rationale, disziplinierte, eigenverantwortliche und partizipierende Individuum" unumstrittener Topos der Bildungs- und Schulreform geworden ist und sich damit Modernisierung als ein Wandel von der Disziplinargesellschaft zur Kontrollgesellschaft beschreiben ließe. In diesem sei der Einzelne „nicht mehr qua Repression und Disziplinierung, sondern durch Kontrolle und Evaluation dem Selbstzwang zu kontinuierlicher Fortbildung und permanenter Kommunikation" unterworfen (Lehmann-Rommel 2004: 262). Die „rigide Engführung der Handlungsspielräume im Schulkontext" sei „dysfunktional geworden" (Patzner 2005: 65). Das Projekt des sich selbst bestimmenden oder des sich selbst regierenden oder führenden Individuums, das Rationalisierungsprozesse auf weite „Bereiche seines Denkens, Fühlens und Verhaltens ausweite und flexibel und problemlösend" agiere, habe eine neue Funktionalität gewonnen und damit seien Autonomie, Partizipation und Selbstreflexivität als Momente der „Führung der Führungen" (Foucault 1994: 255), also der Selbstführungen und hier entstehende Fähigkeiten nicht per se schon Instrumente einer kritischen Haltung oder Praxis (Lehmann-Rommel 2004: 262). Das stellen vor allem Pongratz und andere Autoren dar, die entsprechende Kompetenzen des Subjekts, nämlich die einer „Selbstorganisation" als neue, ökonomisch nutzbare Ressourcen und Produktionsfaktoren verstehen. Pongratz entwirft eine historische Folge

schulisch vermittelter machtvoller Subjektivierungsformen, die von „unmittel-
barem Fremdzwang", „internalisierter Autorität" bis zu einem heute beobacht-
baren „Selbstzwang", einem „freiwilligen Gehorsam", reichen. Erreicht würde
dieses im Unterricht durch Subjektivierungspraktiken reformpädagogischer
Settings, die auf „Individualisierung" setzen und auf Formen der selbständigen
Organisation von Arbeit, der Selbstmotivation und vor allem der (Selbst-)
Beurteilung zielen (vgl. Patzner 2005: 67-69; Sertl 2005; Rabenstein 2007).
Dabei allerdings werden zum einen Unterschiede zwischen „internalisierter
Autorität" und „Selbstzwang" im Sinne der Entstehung eines neuen bzw.
veränderten psychischen Korrelats auf Seiten des Subjekts nicht näher erläutert
(Pongratz 2004: 254), zum anderen – und das zeigen vor allem die Texte in dem
Band „Kontrollgesellschaft und Schule" (Breit/Rittberger/Sertl 2005) – wird
damit an alte und einfache Modelle einer „Selbstentfremdung" angeknüpft. Auf
diese Weise wird nun jedoch genau die in der Konzeption von Kade erreichte
Kennzeichnung einer Widersprüchlichkeit von Modernisierungsprozessen in
ihren Auswirkungen auf Subjektivierungsformen und Prozesse der Subjektivation wieder aus dem Blick verloren: Sertl spricht von „entfremdeter Selbstorganisation" (Sertl 2005: 92) und davon – sich auf Bernstein beziehend – dass es in
pädagogischen Verhältnissen lediglich noch um „trainability", die bloße Fähig-
keit, sich schulen zu lassen, gehe und der „eigentliche Sinn der Bildung, die
Identitätsbildung" verfehlt werde (Sertl 2005: 93; ähnlich übrigens in der
Schärfe der Kritik, aber deutlich weniger pauschal und am Fall entwickelt z.B.
Gruschka 2008). Es werde – so Pongratz – Distanz gegenüber schulischen
Prozessen und Schutz eines „eigenen Selbst" erschwert, die Schülerinnen und
Schüler würden stärker in die Schule eingebunden, schutzloser und verletzbarer.
Möglicherweise unterstellt auch Pongratz hier noch – anders als es etwa in weitergehender Interpretation Foucaults Lehmann-Rommel tut – ein unabhängig
von den Subjektivierungspraktiken bestehendes „eigenes Selbst", das nun durch
neoliberale Regierungspraktiken bzw. diesen entsprechende Selbsttechnologien
endgültig und vollständig kolonisiert würde. Lehmann-Rommel dagegen nimmt
an, dass vor dem Hintergrund dieser neuen Regierungspraktiken zusätzlich zu
einer psychischen Instanz, die nicht nur repressiv „Selbstdisziplinierung"
garantiere, andere Fähigkeiten bzw. neue Anteile einer Instanz, die ein prak-
tiziertes Selbstverhältnis darstellt, auch und gerade in der Schule hervorgebracht
würden. Dieses sind solche, mit deren Hilfe das Management der eigenen
Emotionen, des Begehrens und der Konflikte geleistet werden müsse, Selbst-
wertschätzung und intrinsische Motivation etwa (Lehmann-Rommel 2004: 272),
die als Ausweitung normalisierter Handlungsfähigkeit und Rationalität im Sinne

einer Unterwerfung, als Inklusionsmechanismen zu lesen seien, keinesfalls also schon Freiheitsgrade persönlicher Lebensführung garantierten, aber gleichzeitig die Möglichkeiten der Subjekte differenzierten, in konkreten Situationen „Routinen des Normierens, Identifizierens, Bewertens und Ausgrenzens" zu unterbrechen, „an den Grenzen der Anerkennbarkeit zu leben", ohne die „Spannung von Kritik und Affirmation" aufheben zu müssen (Lehmann-Rommel 2004: 279). Das heißt, das nicht der spezifische Inhalt einer Praktik – etwa die Selbstbeurteilung der Schülerinnen und Schüler, die Schülerleitung eines Morgenkreises etwa – an sich schon entweder unterwerfend oder selbstbestimmt, kritisch gegen verfestige Machtstrukturen, also Herrschaft gerichtet erscheint, vielmehr entscheide sich deren Bedeutung auch für das Subjekt in der Situation und einer, wie Lehmann-Rommel es nennt, Aufmerksamkeit auf diese, in der je konkret Unterschiede erzeugt werden (vgl. auch Rabenstein 2007). Damit nun kommt allerdings auch dieser Diskurs in seiner nicht reduktionistisch-rationalitätskritischen Position bei Lehmann-Rommel an den Punkt, an dem es interessant und bedeutsam wird, empirisch pädagogische Praktiken zu erforschen.

Die Befunde, wie wir sie in den symbolischen Konstruktionen der Ganztagsschul-Akteure erhoben haben, zeigen, dass die Organisation von Lernprozessen anscheinend mit erweitertem Anspruch – über die Sozialisation in die Schülerrolle hinaus – in die Subjektformung eingreifend konzeptioniert bzw. verstanden wird. Mit einer solchen Konzeption der Selbststeuerung wird der Anspruch verknüpft, dass jetzt schulisch vermittelt eine innere Instanz durch die Subjekte hervorgebracht wird, die sie zur Selbststeuerung im Lernen kompetent befähigt. Im Detail betrachtet werden neue Praktiken des Sich-selbst-Managens entworfen, deren Qualität teils als zu eigen gemachte (Selbst-)Domestizierung und teils als (Situations-)Gestaltung nach individuellen SchülerInnen-Vorstellungen ausgeformt erscheint. Die Konstrukte thematisieren also Praktiken der individualisierenden Selbstinszenierung und der Situationsgestaltung. Entworfen ist in diesem Sinne nicht einfach eine Form nach innen verlagerter Selbstdisziplinierung, sondern es wird ein Selbstverhältnis der selbständigen Subjektformung fokussiert, das der Vollzug der schulischen Praktiken herbeiführen könnte.

Vor dem Hintergrund der dargestellten, unterschiedlichen Beschreibungen von Auswirkungen des Modernisierungsprozesses auf die (jugendlichen) Individuen in der Schule lässt sich nun abschließend noch einmal zusammenfassen, inwiefern diese in dem von uns skizzierten schultheoretischen Rahmen eines Entgrenzungsdiskurses als Entgrenzung in der Dimension der Subjektformung gesehen werden können. Entgrenzung wäre – und zwar sowohl mit Bezug auf den Diskurs der Jugendforschung, wie ihn Ziehe repräsentiert, als auch, in anderer Weise, mit Bezug auf die gouvernementalitätskritischen Positionen – im Sinne einer ambivalenten Differenzierung schulischer Subjektivierungsformen zu verstehen. Mit einem solchen Verständnis könnte möglicherweise die analytische Kraft des Konzeptes der Schülerrolle selbst, wie etwa zunächst von Parsons entworfen, fragwürdig werden und es könnte sinnvoll erscheinen, dieses zu verändern in Richtung auf den Entwurf der Subjektposition eines universalisierten Lerners in ausgeweiteter pädagogischer Kommunikation. Die weitere Analyse pädagogischer Praktiken muss dies zukünftig zeigen.

3   Fazit

Wir konnten in der Sichtung schultheoretischer Literatur aufzeigen, dass Phänomene, wie sie in den symbolischen Konstruktionen der Praktiker ihren Ausdruck finden, unter dem Begriff bzw. dem Konzept von Entgrenzung diskutiert werden. Dabei ist im Rückgriff auf strukturfunktionalistische Sichtweisen und in deren modernisierungstheoretischer Relektüre bei Helsper eine Ausdehnung der mit Vermittlung befassten Institutionen konstatiert. Diese wird als Steigerung von Organisiertheit und gleichzeitiger Informalisierung verstanden, die zu ausgesprochen problematischen und prekären Beziehungsstrukturen und hohen Anforderungen an das Subjekt als einem ich-starken Handlungszentrum führt. Grenzverschiebung in diesem Sinne konzeptioniert erzeugt als Überschreitung des für die Institution Schule Spezifischen – im Hinblick auf die Bereiche sozialen Handelns und im Hinblick auf die Struktur der in der Institution erforderlichen Beziehungen – Probleme. Einer solchen Sichtweise gegenüber gelingt es der stärker systemtheoretisch argumentierenden Position Kades, den Prozess der Systembildung des Pädagogischen als Ausdifferenzierung zu sehen, in dem einer Ausweitung des Pädagogischen, pädagogischer Kommunikationen über Schule hinaus, eine immer stärkere Autonomisierung des Pädagogischen im Sinne der Eigenlogik des Aneignungsprozesses zur Seite steht. In einer solchen Perspektive erscheint Entgrenzung nicht nur als problemerzeugend, sondern auch als ein Problemlösungsangebot: Durch Komplexitätsreduktion wird die Eigenlogik des Aneignungsprozesses gestärkt. In den Blick geraten hier – ohne dass unserer Ansicht nach die Systemtheorie das angemessen und vollständig in diesem Zugriff konzeptualisieren kann – die sich ändernden Formen der schulischen Subjektivierung und Prozesse der Subjektivation. Unserem Blick auf Praktikerkonstrukte und schultheoretische Positionen folgend handelt es sich – so unsere schultheoretische These – bei den thematisierten Phänomenen um Grenzverschiebungen „nach außen" und zugleich „nach innen" – beides als Moment einer Ausdifferenzierung. Teil dieser Ausdifferenzierung ist eine stärkere „Individualisierung" im Sinne der Produktion neuer Formen von Selbständigkeit. Wie unsere kritische Betrachtung gezeigt hat, könnte – den historischen Wandel der Subjektgenese thematisierend und theoretisch weiterführend – gesagt werden: Hervorgebracht wird das Subjekt in fortschreitend spannungsreichen Subjektivationsprozessen, in denen durch Aneignung kultureller Schemata, z.b. verschiedener schulischer Praktiken der Selbstbeobachtung, zunehmend mehr „innere Instanzen" der Selbstgestaltung entstehen.

Für die empirische Forschung heißt dieses, in den pädagogischen Angeboten an die Rekonstruktion von Praktiken verschiedene Fragen zu stellen (vgl. Kolbe/Reh/Idel/Fritzsche/Rabenstein 2008 u. Rabenstein/Reh 2008): Einerseits kann gefragt werden, wie sich spannungsreiche Subjektivationsprozesse verschärfen, andererseits kann analysiert werden, wie die widersprüchlichen Anforderungen in der Umstellung auf offenere Formen „aneignungsbezogener Wissensvermittlung" und damit die Umstellung professionellen Handelns auf Organisation sich vollzieht (vgl. Kolbe 2006).

Literatur

Beck, Ulrich (1993): Die Erfindung des Politischen. Frankfurt a.M.

Breit, Helmut/Rittberger, Michael/Sertl, Michael (Red.) (2005): Kontrollgesellschaft und Schule. Innsbruck/Wien/Bozen: StudienVerlag (= Schulheft 118).

Helsper, Werner (1996): Antinomien des Lehrerhandelns in modernisierten pädagogischen Kulturen. Paradoxe Verwendungsweisen von Autonomie und Selbstverantwortlichkeit. In: Combe, Arno/ ders. (Hrsg.) 1996: Pädagogische Professionalität. Untersuchungen zum Typus pädagogischen Handelns. Frankfurt a.M.: 521-569.

Helsper, Werner/Hoerster, Reinhard/Kade, Jochen (Hrsg.) (2003): Ungewissheit. Pädagogische Felder im Modernisierungsprozess. Weilerswist.

Foucault, Michel (1994): Das Subjekt und die Macht. In: Dreyfus, Hubert L./Rabinow, Paul: Michel Foucault. Jenseits von Strukturalismus und Hermeneutik. Weinheim: 243-261

Gruschka, Andreas (2008): Präsentieren als neue Unterrichtsform. Die pädagogische Eigenlogik einer Methode. Opladen/ Farmington Hills: Verlag Barbara Budrich (= Pädagogische Fallanthologie Band 1).

Kade, Jochen (1997): Vermittelbar/ nicht-vermittelbar: Vermitteln: Aneignen. Im Prozess der Systembildung des Pädagogischen. In: Lenzen, Dieter/ Luhmann, Niklas (Hrsg.): Bildung und

Weiterbildung im Erziehungssystem: Lebenslauf und Humanontogenese als Medium und Form. Frankfurt am Main: 30-70.

Kade, Jochen/Lüders, Christian/Hornstein, Walter (1991): Die Gegenwart des Pädagogischen – Fallstudien zur Allgemeinheit der Bildungsgesellschaft. In: Oelkers, Jürgen/Tenorth, Heinz-E. (Hrsg.): Pädagogisches Wissen. 27. Beiheft der Zeitschrift für Pädagogik.: 39-66.

Kade, Jochen/Seitters, Wolfgang (2003): Von der Wissensvermittlung zur pädagogischen Kommunikation. Theoretische Perspektiven und empirische Befunde. In: Zeitschrift für Erziehungswissenschaft 6, H.4: 602-617.

Kolbe, Fritz-Ulrich (2006): Institutionalisierung ganztägiger Schulangebote – eine Entgrenzung von Schule? In: Otto, Hans-Uwe/ Oelkers, Jürgen (Hrsg.): Zeitgemäße Bildung. Herausforderungen für Erziehungswissenschaft und Bildungspolitik. München, Basel: 161-177.

Kolbe, Fritz-Ulrich/Reh, Sabine/Fritzsche, Bettina/Idel, Till-Sebastian/Rabenstein, Kerstin (2008): Lernkultur. Überlegungen zu einer kulturwissenschaftlichen Grundlegung qualitativer Unterrichtsforschung. In: Zeitschrift für Erziehungswissenschaft H.1, 2008.

Lehmann-Rommel, Roswitha (2004): Partizipation, Selbstreflexion und Rückmeldung: gouvernementale Regierungspraktiken im Feld Schulentwicklung. In: Ricken, Norbert/Rieger-Ladich (Hrsg.): Michel Foucault: Pädagogische Lektüren. Wiesbaden: VS Verlag für Sozialwissenschaften: 261-283.

Patzner, Gerhard (2005): Schule im Kontext neoliberaler Gouvernementalität. In: Breit, Helmut/Rittberger, Michael/Sertl, Michael (Red.): Kontrollgesellschaft und Schule. Innsbruck/Wien/Bozen: StudienVerlag: 53-71.

Pongratz, Ludwig A. (2004): Freiwillige Selbstkontrolle. Schule zwischen Disziplinar und Kontrollgesellschaft. In: Ricken, Norbert/Rieger-Ladich (Hrsg.): Michel Foucault: Pädagogische Lektüren. Wiesbaden: VS Verlag: 243-259.

Rabenstein, Kerstin (2007): Das Leitbild des selbstständigen Schülers. Machtpraktiken und Subjektivierungsweisen in der Pädagogischen Reformsemantik. In: Rabenstein, Kerstin/Reh, Sabine (Hrsg.): Kooperatives Arbeiten von Schülern. Zur Qualitätsentwicklung von Unterricht. Wiesbaden: VS Verlag: 39-60.

Rabenstein, Kerstin/Reh, Sabine (2008): Über die Emergenz von Sinn in pädagogischen Praktiken. Möglichkeiten der Videographie im ‚Offenen Unterricht'. In: Koller, Christoph (Hrsg.): Sinnkonstruktionen und Bildungsgang. Opladen/Farmington Hills: Verlag Barbara Budrich (im Erscheinen).

Reckwitz, Andreas (2003): Grundelemente einer Theorie sozialer Praktiken. Eine sozialtheoretische Perspektive. In: Zeitschrift für Soziologie 32, H.4.: 282-301.

Reckwitz, Andreas (2006): Das hybride Subjekt. Eine Theorie der Subjektkulturen von der bürgerlichen Moderne zur Postmoderne. Weilerswist.

Ricken, Norbert (2003): Subjektivität und Kontingenz. Pädagogische Anmerkungen zum Diskurs menschlicher Selbstbeschreibungen. In: Vierteljahrsschrift für wissenschaftliche Pädagogik 75: 208-237.

Ricken, Norbert (2004): Die Macht der Macht – Rückfragen an Michel Foucault. In: Ricken, Norbert/Rieger-Ladich (Hrsg.): Michel Foucault: Pädagogische Lektüren. Wiesbaden: VS Verlag: 119-143.

Schatzki, Theodore (1996): Social Practices: A Wittgensteinian Approach to Human Activity and the Social. New York/ Cambridge.

Schatzki, Theordore/ Knorr Cetina, Karin/ Savigny, Eike von (Hrsg.) (2001): The practice turn in contemporary theory. London/ New York.

Sertl, Michael (2005): Von der entfremdeten Arbeit zur entfremdeten Person. In: Breit, Helmut/Rittberger, Michael/Sertl, Michael (Red.): Kontrollgesellschaft und Schule. Innsbruck/Wien/Bozen: StudienVerlag: 85-100.

Van der Loo, Hans/Van Reijen, Willem (1997): Modernisierung. Projekt und Paradox. München

Ziehe, Thomas (1991): Zeitvergleiche. Weinheim/ München.

Ziehe, Thomas (1996): Vom Preis selbstbezüglichen Wissens. Entzauberungseffekte in Pädagogik, Schule und Identitätsbildung. In: Combe/Helsper, a.a.O.: 924-942.

Verzeichnis der Autorinnen und Autoren

Altmann, Stefanie, Studentin für das Amt des Studienrates für die Fächer Politik und Deutsch für Sekundarstufe II an der Technischen Universität Berlin, Mitarbeit als studentische Hilfskraft im Forschungsprojekt „LUGS" („Lernkultur- und Unterrichtsentwicklung in Ganztagsschulen").

Bechthold, Christopher, wissenschaftlicher Mitarbeiter am Institut für Erziehungswissenschaft der Johannes Gutenberg-Universität Mainz.

Brehler, Ylva, Diplom-Pädagogin, Wissenschaftliche Mitarbeiterin am Institut für Erziehungswissenschaft der Johannes Gutenberg-Universität Mainz, Arbeitsschwerpunkte: Hermeneutisch-rekonstruktive Schul- und Unterrichtsforschung.

Breuer, Anne, Wissenschaftliche Mitarbeiterin im Forschungsprojekt „LUGS" am Institut für Erziehungswissenschaft der TU Berlin, Arbeitsschwerpunkt: „Kooperationsstrukturen an Ganztagsschulen".

Coelen; Thomas, Dr. phil. seit SoSe 07 Vertretung einer Professur für Sozialpädagogik an der Universität Siegen, Leiter des Kommunalpädagogischen Instituts in Hamburg; Arbeitsschwerpunkte: Ganztagsbildung bzw. Schule und Jugendhilfe (im internationalen Vergleich), Raum und Identität, Demokratiebildung, Methodologie pädagogischer Sozialforschung.

Fritzsche, Bettina, Dr. phil., z.Zt. Gastprofessorin für Allgemeine und Historische Erziehungswissenschaft an der Technischen Universität Berlin, Arbeitsschwerpunkte: rekonstruktive Sozialforschung, Geschlechterforschung, Jugendforschung, poststrukturalistische Theorien, Evaluationsforschung.

Hartwich, Kerstin, wissenschaftliche Hilfskraft am Institut für Erziehungswissenschaft der Johannes Gutenberg-Universität Mainz.

Idel, Till-Sebastian, Dr. phil., Akademischer Rat am Institut für Erziehungswissenschaft der Johannes Gutenberg-Universität Mainz, Arbeitsschwerpunkte:

Schultheorie, rekonstruktive Unterrichtsforschung, Schulreform, Ganztagsschule.

Klais, Sabrina, wissenschaftliche Hilfskraft am Institut für Erziehungswissenschaft der Johannes Gutenberg-Universität Mainz.

Kolbe, Fritz-Ulrich, Dr. phil. habil., Professor für Erziehungswissenschaft an der Johannes Gutenberg-Universität Mainz. Arbeitsschwerpunkte: Schultheorie, Schulische Sozialisation, Schulforschung.

Krause, Angelika, wissenschaftliche Mitarbeiterin am Institut für Erziehungswissenschaft der Johannes Gutenberg-Universität Mainz. Arbeitsschwerpunkt: Ethnographie und Lernkultur im internationalen Vergleich.

Kuhlmann, Christian, Dipl.-Päd., Unternehmensberater und Prokurist bei der Gildenhaus GmbH in Bielefeld; von 2002 bis 2006 wissenschaftlicher Mitarbeiter an der Fakultät für Pädagogik der Universität Bielefeld im Bereich Schulentwicklung.

Labede, Julia, Studentin der Erziehungswissenschaft an der Technischen Universität Berlin, Mitarbeit als studentische Hilfskraft im Forschungsprojekt „LUGS".

Lahr, Evelyn, Studentin der Erziehungswissenschaft an der Technischen Universität Berlin, Mitarbeit als studentische Hilfskraft am Forschungsprojekt „LUGS", Arbeitsschwerpunkte: Kulturtheorie und ethnographische Unterrichtsforschung.

Rabenstein, Kerstin, Dr. phil., Wissenschaftliche Assistentin an der Technischen Universität Berlin, Arbeitsschwerpunkte: Schul- und Unterrichtsentwicklungsforschung, Methodologie rekonstruktiver Sozialforschung.

Reh, Sabine, Dr. phil. habil., Professorin für Allgemeine und Historische Erziehungswissenschaft an der Technischen Universität, Arbeitsschwerpunkte: Schulentwicklungs- und Professionsforschung, Sozialgeschichte pädagogischer Institutionen und Berufe, Methodologie rekonstruktiver Sozialforschung.

Scholz, Joachim, MA, Wissenschaftlicher Mitarbeiter am Institut für Erziehungswissenschaft der Technischen Universität Berlin, Professur für Allgemeine und Historische Erziehungswissenschaft. Arbeitsschwerpunkte: Historische Institutions- und Professionsforschung, Schulentwicklungsforschung.

Schütz, Anna, Wissenschaftliche Mitarbeiterin im Forschungsprojekt „LUGS" an der Technischen Universität Berlin, Arbeitsschwerpunkte: Schulentwicklungsforschung, Schulleben und Schulkultur.

Steinwand, Julia, Studentin der Erziehungswissenschaft an der TU Berlin, Mitarbeit als studentische Hilfskraft im Forschungsprojekt „LUGS", Arbeitsschwerpunkte: Kooperation von Professionellen in Schulentwicklungsprozessen.

Surmann, Antonia, Studentin der Erziehungswissenschaft an der Technischen Universität Berlin, Mitarbeit als studentische Hilfskraft im Forschungsprojekt „LUGS".

Tillmann, Klaus-Jürgen, Dr. paed.. Professor für Schulpädagogik an der Fakultät für Erziehungswissenschaft der Universität Bielfeld, Wissenschaftlicher Leiter der Laborschule. Arbeitsschwerpunkte: Pädagogik und Didaktik der Sekundarschule, Schulentwicklung, schulische Sozialisaltion, empirische Schulforschung.

Weide, Doreen, Wissenschaftliche Mitarbeiterin Forschungsprojekt „LUGS" an der Technischen Universität Berlin, Arbeitsschwerpunkt: Ganztagsschulforschung.

Handbücher Soziale Arbeit

Thomas Coelen / Hans-Uwe Otto (Hrsg.)

Grundbegriffe Ganztagsbildung
Das Handbuch.
2008. ca. 1.000 S. Geb. ca. EUR 59,90
ISBN 978-3-531-15367-4

Ganztagsbildung ist zu einem Schlüssel-
begriff in der gegenwärtigen Bildungsdebatte geworden, der neue Perspektiven auf ein Bildungsverständnis in der
Wissensgesellschaft eröffnet. Das Handbuch bietet pädagogischen Leitungs- und
Fachkräften sowie WissenschaftlerInnen
und Studierenden erstmalig einen umfassenden Überblick, in dem das Handlungsfeld terminologisch systematisiert wird.

Barbara Kavemann /
Ulrike Kreyssig (Hrsg.)

**Handbuch Kinder und
häusliche Gewalt**
2., überarb. Aufl. 2007. 475 S.
Br. EUR 39,90
ISBN 978-3-531-15377-3

*„Dieses Buch war überfällig, seitdem in
breiteren Kreisen bewusst geworden ist,
dass Gewalt gegen Frauen auch die Kinder belastet und schädigt. Hier wird der
gegenwärtige Erkenntnisstand aus Forschung und Praxis auf international höchstem Niveau verfügbar gemacht. Versam-
melt in diesem Band sind die herausra-
genden ExpertInnen aus allen relevanten
Fachgebieten. Dies wird ein unentbehrli-
ches Handbuch für Ausbildung, Praxis,*

*Politik und weitere Forschung in den
kommenden Jahren."*
Prof. Dr. Carol Hagemann-White,
Universität Osnabrück

Werner Thole (Hrsg.)

Grundriss Soziale Arbeit
2., überarb. und akt. Aufl. 2005. 983 S.
Br. EUR 44,90
ISBN 978-3-531-14832-8

Der „Grundriss Soziale Arbeit" ist ein
sozialpädagogisches Lehrbuch mit der
Funktionalität eines Nachschlagewerks
und das sozialpädagogisches Nachschla-
gewerk mit ausgesprochenem Lehrbuch-
charakter.

Ulrich Deinet /
Benedikt Sturzenhecker (Hrsg.)

**Handbuch Offene
Kinder- und Jugendarbeit**
3., völlig überarb. Aufl. 2005. 662 S.
Geb. EUR 59,90
ISBN 978-3-8100-4077-0

*„Den Herausgebern, beide ausgewiesene
Kenner der Materie, ist es gelungen, fast
eine Enzyklopädie, jedenfalls ein Produkt
vorzulegen, welches den Charakter eines
Standardwerks der Offenen Kinder- und
Jugendarbeit (OKJA) für sich beanspruchen
darf, das die ganze Breite des Arbeitsfel-
des repräsentiert."*
Forum für Kinder- und Jugendarbeit,
03/2005

Erhältlich im Buchhandel oder beim Verlag.
Änderungen vorbehalten. Stand: Juli 2008.

www.vs-verlag.de

VS VERLAG FÜR SOZIALWISSENSCHAFTEN

Abraham-Lincoln-Straße 46
65189 Wiesbaden
Tel. 0611.7878-722
Fax 0611.7878-400

MIX
Papier aus verantwortungsvollen Quellen
Paper from responsible sources
FSC® C105338

If you have any concerns about our products,
you can contact us on
ProductSafety@springernature.com

In case Publisher is established outside the EU,
the EU authorized representative is:
Springer Nature Customer Service Center GmbH
Europaplatz 3, 69115 Heidelberg, Germany

Printed by Libri Plureos GmbH
in Hamburg, Germany